U0452135

遇见青春期

孩子的成长，父母的陪伴

曹云亭 ◎ 著

中国纺织出版社有限公司

图书在版编目（CIP）数据

遇见青春期：孩子的成长，父母的陪伴 / 曹云亭著
．—北京：中国纺织出版社有限公司，2023.1
ISBN 978-7-5180-9183-6

Ⅰ．①遇… Ⅱ．①曹… Ⅲ．①青春期—家庭教育
Ⅳ．①G782

中国版本图书馆CIP数据核字（2021）第241029号

责任编辑：顾文卓　　特约编辑：王晓敏
责任校对：高　涵　　责任印制：储志伟

中国纺织出版社有限公司出版发行
地址：北京市朝阳区百子湾东里A407号楼　邮政编码：100124
销售电话：010—67004422　传真：010—87155801
http://www.c-textilep.com
中国纺织出版社天猫旗舰店
官方微博 http://weibo.com/2119887771
鸿博睿特（天津）印刷科技有限公司印刷　各地新华书店经销
2023年1月第1版第1次印刷
开本：710×1000　1/16　印张：18
字数：261千字　定价：59.80元

凡购本书，如有缺页、倒页、脱页，由本社图书营销中心调换

序

夏日。午后。

我坐在街角的咖啡馆。天很蓝，缕缕白云轻轻洒在落地窗上。我像从海底向上张望。树影摇曳着，如同粉褐色的蝴蝶缓缓拍打着水面，泛起点点涟漪。

那是2018年6月初，儿子即将在这个夏天过去后迈入六年级。还是那个熟悉的他，但似乎又有哪里变得不一样了。

或许是听见了成长中轰隆发动的马达声，或许是感受到了孩子肆意蓬勃的生命张力，也或许是作为一个母亲的养育直觉，我意识到，我对孩子的陪伴也即将进入一个崭新的阶段。

这应该就是我在儿子一脚跨进青春期后，主动迭代养育思维最初的想法。

我建了公众号，把它作为一个工具、一个机制，以鞭策自己在繁忙的工作之余，持续地学习、沉淀。

日子过得飞快。半年后，我一边忙着和孩子一起准备小升初，一边迎来了来自全国各地用户的关注。他们是公众号最早的一批粉丝，他们都有一个共同的特点：青春期家庭的父母。

从陌生到熟悉，很多人从后台粉丝成了我的微信好友。我们经常互动，关于孩子养育，关于家庭关系，关于自身成长。我从一个人默默向前走到和更多的青春期家庭站在一起携手前行，那个原本只是为了自我鞭策的公众号，也成了一份不能辜负的信任，一份无法割舍的责任。

2020年元旦，我正式开始写原创文章。把我对青春期养育的思考，把我和父母、孩子交流的感悟，一篇一篇写出来。每写一个话题，就像在解锁一个谜题，它让我对这个话题有了更深入的认识和理解。慢慢地，我感觉自己有了掀开迷雾的能力，我可以看得越来越清晰。我也从努力理解孩子，转变到理解父母，再转变到更好地理解自己。

这个过程是很有意义的。

当我未雨绸缪地做了养育储备，我和孩子相处时就更加笃定了。

当我持续系统地专业学习，我用认知升级和孩子对话，他也从中习得了更高阶的思维方式。

当我和更多青春期家庭有了连接，我搭建了一些网络小空间，大家可以在一起抱团取暖，尤其是在养育的困难时刻，可以给彼此慰藉、温暖和力量。

我发起的"妈妈的进化"1000天进阶计划仍在持续中。在一个安全的树洞里，我们书写、记录、倾诉、疗愈。

我倡导"妈妈之外"生活新风尚。除了是妈妈，我们还是我们自己，有自己的生活，自己的理想。

曾经，我常说是"为了我的孩子"，我做了现在正在做的事。现在，我很清楚那仅仅是一个触发点，当我出发时，我奔赴的就已经是我自己。那是经由孩子实现的，我的自我成长。

我时常会回到那个街角的咖啡馆，坐在同样的位置，点一杯那天的瑰夏咖啡，重温当时的初心。

我对于青春期养育的聚焦，还会往更纵深的地方延伸。

感谢公众号的粉丝们。在你们的陪伴和信任下，我才能一路走到现在。

感谢我的朋友们。你们无条件的支持，让我很温暖。

感谢我的家人们。有你们，是我最大的幸运。

特别感谢我的儿子陈一。缘来有你。因为有你。谢谢你。

曹云亭

2022年10月24日

目录

PART 1 孩子的进化   001

Chapter 1　青春期之"门"　▷▷　002

Chapter 2　突然的沉默　▷▷　007

Chapter 3　"顶嘴"的孩子　▷▷　010

Chapter 4　压力这位朋友　▷▷　014

Chapter 5　绕不开的手机　▷▷　018

Chapter 6　青春期爱恋及非主流文化　▷▷　030

Chapter 7　学业的漫漫征途　▷▷　038

Chapter 8　孩子的进化之旅　▷▷　053

PART 2 父母的进化   061

Chapter 9　孤独的中年父母　▷▷　062

Chapter 10　养育的突围　▷▷　075

Chapter 11　职场妈妈在养娃　▷▷　089

Chapter 12　家庭有限责任公司　▷▷　096

PART 3　更好的父母　　107

　　Chapter 13　反思型父母 ▷▷　108

　　Chapter 14　11个养育策略 ▷▷　128

　　Chapter 15　5个行动派清单 ▷▷　161

PART 4　我的养育感悟　　177

　　Chapter 16　8个养育故事 ▷▷　178

　　Chapter 17　亲子关系这座桥 ▷▷　205

　　Chapter 18　生活中的育儿哲学 ▷▷　219

PART 5　第三方养育观察　　231

　　Chapter 19　不愿求助的孩子 ▷▷　232

　　Chapter 20　矛盾的"父母时刻" ▷▷　242

　　Chapter 21　养育的迷思 ▷▷　252

　　Chapter 22　家庭自助指南 ▷▷　269

PART 1 ▷▷▷
孩子的进化

Chapter 1　青春期之"门"

似乎没有哪个时候,像青春期阶段如此频繁地提到"门"。

敲不开的房门,被重重甩在身后的大门,紧闭着的心门,都和父母的哑口无言、心碎无奈紧紧地联系在一起。

"青春期之门",不仅是居家的一个场景,更成为孩子成长阶段的隐喻。

门,不仅是一个入口,更是一扇通向成长的"钥匙"。门只是一个名词,但被赋予了更多动态的意义。

万物皆有神奇的生命。"见证"着每家每户喜怒哀乐的门,有着怎样的自白,我们和孩子,又对"门"有着哪些旁白。

"门"的自白

我的名字,叫作"门"。

我将物理空间分隔成"里"和"外"。这让我看上去不那么平易近人,但这是我作为"界限的使者"的责任。

外表沉默不语,内心柔情万丈。

当孩子重重地把我甩上,我看见这边痛苦、无奈的父母,也看见那边烦躁、愤懑的孩子,我恨自己把他们分开。我听见很多很多次叩击我的声音，我希望自己有很长很长的触角，这样我就可以助爸爸妈妈们一臂之力。

有时候，我也庆幸自己把他们分开。当他们都情绪激动时，如果没有我挡在中间，会发生怎样激烈的冲突。那个时候，我总有些私心。妈妈的碎碎念，我也听烦了，我希望可以帮助孩子们清净一会儿。

有一天，我竟然发现自己有一些特异功能，能听见妈妈没有说出口的话。当她们唠叨、愤怒、焦虑时，其实心里满是担忧和牵挂。

我着急，明明心里是那么多的爱，为什么不说出来呢？

关于"门"，父母的旁白

他刚学走路那会儿，总是对一切充满好奇，在屋里横冲直撞。我小心翼翼地把家里每扇门的每一角都包起来，生怕孩子撞到。

不知道哪一天，他突然发现自己踮起脚尖就可以够到门把手，惊喜得像发现了新大陆。他一边用小手够着，一边扭着身子回头看向我，想和我分享这喜悦的时刻。

再长大一些，他离开家，走出家门，去上学。小小的人，背着大大的书包，稚嫩的背影，看着他走出去好远我才肯关上门。

后来，他飞速出门的身影，等不及门关上，就消失得无影无踪。和朋友汇合的欢呼声，与门被缓缓关上的咯吱声形成鲜明的对比，一个急切热烈，一个静默等待。

一扇门，门内门外，两个世界。

十几年过去了，门还是那个门，人和事却发生了很多变化。他房间的门上不知道什么时候贴上了"请勿打扰"。

说实话，是有些失落，还有轻轻的刺痛感。我想，是我需要更多一些时间来适应吧。

关于"门",孩子的旁白

1. 家门

家的大门,对我来说不仅是一个出入口,更是一个稳定后方的象征。

当我把这扇门留在身后,走向远方,我知道我什么时候回来它都为我敞开着,这让我安心。

当这里成为我的精神加油站,就算我可能会短暂迷失,但我保证永远都不会让自己走丢。

2. 房门

贴上"请勿打扰"的标签,我并不觉得很酷。这不是拒绝你们,我只是想要一个独处的空间,一个完全属于自己的地方。

在这里,可以整理自己,和自己对话。当我想放空的时候,就以我觉得舒服的姿势待着,慢慢地,我就又有了能量。

我能听见你们的敲门声和急切的问候,但请给我一点时间,而不是你们要求的"立刻,马上"。我有自己的节奏,逼得太紧让我很有压力。如果我没有"立刻"回应你们,并不代表我不尊重你们。

如果在最能让我放松的家里,都没有可以随心任性的空间,我的压力去哪里释放呢?

3. 球门

青春期旺盛的荷尔蒙,我与它亦敌亦友。

蓝天下,绿草地,足球场,那个球门,是我尽情奔跑、挥洒释放的地方。我的球技可能很烂,但这真的没什么,我的目标并不是准确地把球送进球门,而是奔跑本身。

球门,见证了我的青春。

4. 心门

从没有想过将我的心门关闭。

因为一时的情绪，说言不由衷的话，我知道你不是故意的，但我就是做不到马上原谅。我会当真，我也真的会受到伤害。

我想理解你，我也期待得到你的理解。有时候我听不懂大段大段的话，我也不理解你的言下之意，我愿意听到简单直接，最真诚的话。

我愿意向你敞开我自己，但是也请你不要"逼"我关上心门。关上它，我也很孤独，很难过。我不说话的时候，内心里其实有千言万语，只是说不出来。你的责骂像刻在我心上的一把刀，我假装听不见，假装什么都没有发生，没有表情，没有声音，你以为我无动于衷，但是这些不被理解的失望都刻在了心里，让我自责，也让我愤怒。

我也想当个让人骄傲的孩子。

5. 自我觉知之门

把了解自己的门一点点小心翼翼地打开——原来我是这样的我。

这个过程，有点艰难啊。我总是不能很清晰地看到自己，有时候迷茫，有时候绝望，有时候又觉得生活充满了希望，这让我非常矛盾。

有时候，你说，真是不懂你。是的，更多时候是我不懂我自己。这个奇妙而磨人的青春期啊，就像一面纱，飘飘荡荡，恍恍惚惚。我好希望有个人能和我一起，去揭开那面纱，去发现、去探索。

我想，穿过一道道自我理解之门，我会整合、成长、成熟。

6. 选择之门

很多时候，我对自己并没有准确的判断，内心忐忑。

但即便这样，我也不希望你单方面帮我决定什么。我想亲自去打开那些门——哦，原来还有这样的可能性；哦，原来我一直期待的并不适合我；

哦,原来我是这样的自己。

我希望我有选择的机会。即使我最后依旧选择了最开始的那条老路,但这也是我主动选择后的结果,和没有选择的被动相比,这对我有不同的意义。

Chapter 2　突然的沉默

青春期典型症状之一：沉默不语。

似乎前一分钟还在咋咋呼呼，突然间就安静了。

那个韶到停不住的孩子，如此惜字如金。他以"嗯，哦，好"，表示他听到了、回复了、反馈了。

也有连单音节词都懒得回复的。

你生气：我和你说话你听见了吗？！

他也特别火：不是回答你了吗！？

但是你知道，他可能是在心里回答的，你确实没有听到声音。

言语冲突——战争升级——甩门而进——摔门而出——沉默不语。

循环反复。

沉默，就是一种表达

沉默不语到底是怎么产生的？源起何处，又是如何发生发展的？

我有一种非常深切的感受，当有无数件烦心的事在前方排队等着我时，我往往比较亢奋，话多、动作大、嗓门大。但如果内心平和，情绪整理得很好，我一般话很少，比较安静，也更专注和聚焦。

和亢奋共存的，是我的焦虑，这时的话多是一种防御。而比较安静的时候，我在实践更有效的整合。我可能会和自己说很多话，然后消化，分解，达到更好的平衡。

青春期孩子的心理和成人有很大的不同，但也有很多共通之处。当他们沉默不语时，并不代表他们真的什么也没有说。如果我们可以用心去理解他们，就会发现，沉默本身也是一种表达。在这种外化的沉默背后，他们可能正在对自己说着千言万语。

当孩子沉默时，他们在做什么

孩子的沉默，可能因为此刻他们很混乱，在千头万绪里找不到出去的路。难过、失望甚至自责，不断想着那团烦恼，可能会对自己说很多很多的话，安慰、苛责、消极，抑或努力积极。也可能大脑一片空白，什么都不想，什么都不想想。

不管他们在这段空白里做什么，都是一种很好的内在体验。他们借助这个完整的空间，和自己相处，体验幽闭、充盈，他们会由此找到属于自己的答案。

所有的答案，一定要经由他们自己找到而不是别人告诉他的，才有意义，才能获得真正的成长。

当孩子沉默时，我们的失控感、好奇心会裹挟着关心和担心，以一种孩子不能接受的方式表达出来。这不是一剂良方，它破坏了孩子的自我整理空间。

让他们和自己的沉默待一会儿。最好的陪伴，也可以是沉默不语的。

当孩子沉默时，我们可以怎么做

某一天，孩子放学回家后心情特别差，不想讲话，谁都不理。这时候你会怎么做？

父母 A: 发生什么事了？到底怎么了？你告诉我，我可以帮你一起解决。你说啊，到底怎么了？别耷拉个脸，有什么大不了的事啊。我辛苦给你做了饭，你连话都不和我说一句，有意思吗？！谁没个心情不好的时候，我今天还心情不好呢！

父母 B: (轻轻地拥抱) 有需要的时候就叫我，我一直都在。

两类父母不同的处理方式会产生不同的结果。

孩子可能只是需要一个安静的空间，和自己相处，和自己的情绪相处，用自己的力量去消化、理解、厘清，直至内化和领悟。这段空白对他很重要，他并不是故意摆脸色给你看，不是故意不理你，更不会上升到不尊重长辈的道德层面。

父母 A 的"狂轰滥炸"破坏了他的空白，更增加了他的烦躁。步步为营的关心，不仅没有帮助他，反而把他推到了另一面：原本我是需要你的帮助的，现在，不用了。

原本只是短暂的沉默，也由此变成了更长时间的沉默不语。他无声的表达是：你没有理解我，你只是站在你自己的角度想得到你想要的，而那，并不是我想要的。

一个轻轻的拥抱，抵得上千言万语，也是更平和稳定的表达。身体的链接，传递出坚定的支持力量，"有需要时叫我，我一直都在"给了孩子空间，让他可以完整地不受干扰地和自己待一会儿，和所有的喜怒哀乐、悲伤失望待一会儿，这个不被破坏的完整的体验是非常重要的。在这样的体验和支持下，孩子的沉默只是暂时的。

他会回来，很快。

Chapter 3 "顶嘴"的孩子

孩子的"顶嘴"与父母的愤怒

父母最不能接受的孩子的行为中,"顶嘴"高居榜首。

"顶嘴"意味着:我有不同意见。孩子小的时候,有不同想法很容易被"镇压",当他们走到青春期,有了更强的思辨能力、语言表达能力,"顶嘴"也成为他们宣扬个人民主、独立的象征:我不仅有不同意见,我还要为自己决定,我不要你认为,我要我认为。

这会激起父母的愤怒,伴随着失控感:

(1) 父母的权威受到了前所未有的挑战;

(2) "顶嘴"岂不是意味着你不愿意正视自己的问题,不虚心接受"过来人"的建议,不愿意改正自己的错误,你还有理了?

我们很容易对孩子的"顶嘴"本能地抗拒,完全不能静下心来冷静地听一听孩子到底在说什么,他们想表达什么。就像孩子在面对我们带着情绪的吼叫时,他们也将大脑自动紧闭一样。

会"顶嘴"也是一种能力

孩子"会顶嘴"不是件容易的事,更不是件坏事。

"顶嘴"考验孩子多方面的社会功能：语言表达、逻辑思维、敢于质疑、主动争取、情绪释放……

作为父母，尤其是青春期孩子的父母，你可能正因为家里那个乖巧的孩子开始和你"顶嘴"了而倍感忧伤；但真正让人担心的是，孩子连"顶嘴"都不愿意了，再也不给你和他对话的机会了。

与你顶嘴，你只是失落，觉得失去掌控。

拒绝对话，你需要面对的可能就是自己的无助、绝望。

珍惜孩子还能和我们顶嘴的时光，也许这会让我们感到痛苦，但这却是窗外照进来的光。

智慧的父母懂得用好"顶嘴"这个资源

孩子有给自己争辩的权利吗？我们的经验一定是真理吗？

如果我们能中立地听孩子"顶嘴"，也许会有不一样的收获。他们很勇敢，在努力为自己"代言"，即便是在"敌我"力量悬殊的时候，他们也没有放弃为自己争辩。这一点，就值得肯定。

我们常常会在孩子的"顶嘴"面前哑口无言，倒不是说被他们的来势汹汹吓倒，而是你会发现孩子的反驳并不是完全没有道理，简直就是灵魂拷问。他们有着一针见血、直击本质的能力。这真的会让我们沉默。

有些父母会在沉默三秒后，继续架起自己的权威，避重就轻，转移话题，心里揣着被"盘问"后的不确定，但面子可是不能输的。所以，"顶嘴"在这里就是一种对抗，什么问题也解决不了，亲子关系每况愈下。

有些父母从中洞察，透过孩子的"顶嘴"去发现机会。他们利用这个资源，拉近和孩子的距离，促进亲子双方的成长，"顶嘴"打开了一个窗口：放下对彼此的控制，认可孩子作为一个独立的存在，将带着情绪化的争论，发展成不同意见表达的讨论。我们彼此谁也不需要说服谁，也不需要分出个高低对错，重要的是，我们尊重彼此的不同，我们追求的是"和而不同"。

亲子沟通的 4 个层级

孩子和我们的沟通也是分层级的。

最高级别——双向交流。你们有共同的话题，能互相承接，有来有往。这种状态像一个微型的跷跷板，有引领的一方，也有跟随的一方。这种"平等"是流动的，你不仅是引领者，也不会永远跟随，你们的角色是可以随时互换的。

第二级——你问我答。换一个说法是，你不问，我也不主动沟通。这里可以分为两种类型：一种是只有当孩子主动来找我们，我们才和他互动；另一种是我们追赶着去问孩子，孩子才回应我们。总有一方是被动的，值得注意的是，被动的那方并不特指孩子。

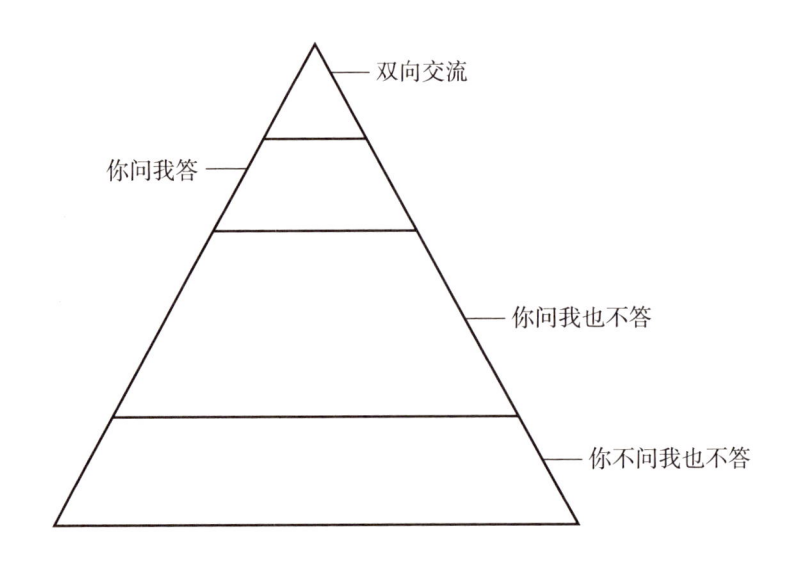

（金字塔图：从顶到底依次为"双向交流""你问我答""你问我也不答""你不问我也不答"）

第三级——你问我也不答。这在青春期的亲子互动里非常常见，问的那方往往是父母，不答的那方更多的是孩子。这里的"不答"是个泛指，包含心不在焉、敷衍应答的"嗯""是""挺好""不知道"等在内。你可以感觉到你们之间的流动受阻了，卡在某一个点，越积越多。

最让父母们感到焦虑的是第三级沟通模式。你不知道孩子到底在想什么，你面对油盐不进无计可施。有时候，你也觉得委屈，付出了那么多，为什么总是得不到一点点回应。

"哀莫大于心死"似乎并不是一个恰当的比方，但你不问我也不答——第四层级的沟通模式大致就是这样。绝望了，随便了，就这样吧。你和孩子之间完全没有互动，彼此都陷入痛苦。或者，彼此都隐藏起自己的痛苦，假装云淡风轻。

让有意义的"顶嘴"更多地发生

为什么叽叽喳喳的孩子突然连和我们争吵都不愿意了？

他们是从什么时候开始"懒得理你"的？也许，是在每次争论你总是对的，对了一千零一次后开始的——反正我怎么都是错，一点道理都没有，我闭嘴总行了吧。

孩子的世界比我们想象的更纯粹，他们把"争吵"当成表达诉求的渠道，它代表着——我有话要说，我是这么想的，我不同意你的看法，我想为自己争取权利。他们可以这么做吗？显然可以。理解孩子这个诉求的父母，会把"争吵"变成可以双向交流的"对话"。

而如果你把每一次争吵都看作是对自己、对父母权威的蔑视，孩子也会把它定义为对抗，而不是对不同意见的探讨。尽管你或许不赞同孩子和你唇枪舌剑也是探讨的一种形式，但从孩子的角度，按照他们的认知发展，他们并没有想得那么复杂。很多时候，青春年少的他们做了一些无厘头的事，说了一些"无脑"的话，不是因为他们"不愿意"做那个翩翩少年，而是他们暂时还"不能"。

你真正需要重视的，是引导孩子明白除了"顶嘴"，还有其他更科学、合理的途径可以表达诉求，并多渠道尝试和练习。

我们日常的做法，就是他们最好的榜样。

Chapter 4　压力这位朋友

曾经无忧无虑的孩子，开始有了心思，第一次真正感受到什么叫作压力。这是成长的标志，伴随着忐忑、恐惧，亦步亦趋，跃跃欲试。

我们每个人，都和压力相伴相生。压力可以变成资源，也可能是阻碍。直面它、了解它、认识它、感受它、"经营"它，是父母需要和孩子一起学习的功课。

我有压力，是正常的吗

压力是一座山，横亘在面前，怎么办？为什么我感到烦躁，静不下来心，无法投入？只有我这样？别人也会这样吗？我这样正常吗？

如果孩子有这样的疑问，我们可以和他打"吹气球"比方：就像我们要吹一个气球，如果没有力量，或者力量不够，气球吹不大；但是如果用力过猛，气球就会爆炸。最理想的状态是，观察气球膨胀的情况，适度用力。

对于压力，我们要有这样的认识：

（1）压力是生活的一部分，感受到压力，是十分正常的状态。不需要回避它。

（2）适度的压力是有利的，我们甚至需要一定的压力，帮助我们挖掘自己的潜力，做得更好；适度的压力利于胜任环境，将人生的刻度向前调几格。适度的压力也就是中等强度的压力，我们也可以把它视为良性压力、正向的压力。

（3）压力和表现之间，是倒 U 型的关系。过度的压力会阻碍思考，影响心智功能。但完全没有压力，也不是件好事，很可能我们也因此没有动力，无法进步。中等强度的压力最利于个人的成长。

孩子的压力是怎么产生的

不管对于孩子还是对于我们自己，了解压力的产生原因，会帮助我们正视它，这个反思的过程也是应对压力很好的途径。

（1）在任务的挑战远远高于自己的能力时，压力往往就会产生。我们不能期待一个小学生轻松去跑马拉松，这给父母的借鉴是：为孩子设定目标时，踮起脚尖、跳一跳就能摘到"苹果"将会激发他们的斗志，增强自信；如果跳起来也总是够不到那个"苹果"，他们也许会在一次次挫败后，自我否定，彻底放弃。

（2）有观众或者假想观众时，对一些孩子可能造成压力。如果过于关注外在评价，过于关心自己在他人心目中的形象，会消耗本应集聚于任务本身的注意力，影响正常发挥。父母引导孩子向内看，不把自己的孩子和其他孩子比较，长期坚持这样做，会帮助他们减少自我消耗，降低压力水平。

（3）并不是只有困境才会产生压力，太想做好，同样会给孩子造成压力。对大多数孩子来说，过度追求完美直接的影响是迟迟不能行动。如果你观察到自己的孩子常常遇到这种情况，可以鼓励他先完成、再完美。行动，是减轻压力的良药。

如何理解孩子在压力大时的表现

有些孩子在压力面前越挫越勇。他们通过战胜一个又一个困难，克服一个又一个压力，迎来身心的蜕变。他们很顽强，有强大的自我调节能力。他们正确看待压力，不会一直陷在里面，对他们来说，压力是有弹性的、可控的、适度的。

有些孩子面对压力，会把自己逼得很紧。他们有战胜压力的雄心壮志，但是自我调节能力稍弱，往往也不善于寻求外部资源，比如，父母的帮助，容易将自己封闭起来。父母要善于观察，如果你的孩子属于这种类型，不能责备他们的努力无果，把手伸向孩子，让他们在需要的时候，随时可以拉一把。

还有一些孩子选择逃避压力，这让很多父母感到头疼。理解孩子逃避的原因，是在给他提供帮助前首先要做的。几乎没有人喜欢压力，但是每个逃避背后的心理动机各不相同。

很多时候，逃避不代表孩子不想做好。正是因为害怕自己做不好，才通过拖延、罢工、不做作业、沉浸在手机里等方式掩饰自己。当他们看上去没心没肺时，也许心里正承受着过度的压力。当他们愤怒、暴躁，甚至暴力时，或许是在用这样的方式告诉父母，他们需要帮助。这样做，虽然不太成熟，但也是一种沟通，父母要理智地识别。

父母可以提供哪些帮助

1. 你是优秀的范本吗

孩子通过学习，以理解如何将压力变成资源。他们学习的对象，首先是自己的父母。他们会观察父母是怎样应对压力的，并有很大的可能性复制、内化这种模式。因此，对孩子最好的帮助，是父母首先做好压力管理，为孩子提供范本。我们只有先提高自己的抗压水平，才有能力给孩子提供帮助。

2. 默默陪伴的力量

在孩子有压力时，任何正确的道理往往都不起作用，只会增加孩子的烦躁。语言并不总是在任何时候都发挥作用，默默的陪伴对他们来说也许更加重要。我们也可以运用一些非语言类的支持，比如拥抱、拍拍肩膀，这足以让他们感受到平静。最重要的是，我们需要内心安宁，才能传递给孩子内在的稳定支持。

3. 合适的介入时机

孩子压力过大时，如果我们过早介入，会剥夺孩子发展复原力的机会。太晚介入，孩子又有压力过载的风险。这需要父母睿智、灵活地去观察、理解孩子。我们并不能总是踩在最正确的节奏上，但这没有关系，只要保证一定水平的稳定支持就可以。

4. 别让自己主观的压力成为孩子的负担

压力是主观的。对于我们来说有压力的事，可能对于孩子来说并没有压力。父母要做的是，不要把自己的压力附加在孩子身上，不要让自己的问题、焦虑、压力成为孩子的负担。

Chapter 5　绕不开的手机

16个开放式问题 | 青少年、父母和手机

青少年与手机，不仅是家庭内部的主要矛盾之一，也已然成为社会问题。

无数专家谈手机，无数文章分析手机使用，但我们不得不承认，在青少年与手机沉迷这个问题上并没有标准答案。每个孩子个体不同，每个家庭生态也千差万别。

当沉迷手机成为全社会都关注的话题，我们往往会陷入"集体无意识"，这更不利于问题的解决。

我提了16个开放式问题，这些问题的答案并不重要，重要的是我们经由这些问题做一个"暂停"，冷静思考在孩子与手机（以下"手机"也代表其他电子产品，在这里统称为"手机"）这个问题上，我们面临的是什么，到底是什么困扰着我们。

问题1

视手机为天敌，眼里只看到它的"害"，是不是已经忘了思考，孩子（父母）也是手机的获益者。

（1）当我们和孩子分开时，"在线"让我们安心，从确认孩子"在线"

中获得的好处大于失联的坏处。

（2）手机确实可以带给孩子查询相关背景资料的便利，不可否认的是，那也是他们打开世界窗口的渠道之一。

（3）当孩子需要放松的时候，他可以使用手机听歌，可以看一场电影。

（4）手机也是学习的工具，比如孩子需要上在线课程，使用 APP 背单词、听英语。

> 客观地看待"手机"，别因为它的"坏"彻底否认了它的"好"。这可以帮助我们端正心态，就事论事。

问题 2

我们"厌恶"的，到底是孩子用手机，还是玩手机，或者是无节制地玩手机？

我们只要看到孩子使用手机就不可以吗？还是只要符合我们的要求就可以？如何平衡我们的要求和孩子的需求？符合我们要求的使用，是否只是为了满足我们的控制欲？

> 被摔碎的手机很委屈。手机本身不是恶魔，我们需要和孩子一起思考的是手机的合理使用方式。

问题 3

我们谈手机色变，到底害怕的是什么？

（1）害怕什么？反正手机就是罪恶的，提到手机就暴跳如雷，管你用手机到底是干嘛。

（2）内心的语言是什么？你肯定做不好时间管理，你肯定会被手机困住出不来，你肯定会借着查资料偷玩一会儿游戏，或是偷偷浏览一下网站。

（3）手机分散了孩子的注意力，也挤占了学习时间，不要狡辩，手机就是学习的敌人。

（4）在很多场景下，用手机＝玩游戏，这是吸引的黑洞，是偷走时间的敌人，也是偷走孩子的敌人。

（5）无边的网络，隐藏着太过不健康、无营养的内容。

（6）看多了伤眼睛，容易近视。

（7）孩子被手机控制，父母就失去了对孩子的控制。

> 我们最害怕的是什么？我们有没有仔细想过这个问题，还是只是"一股脑儿"的条件反射？试试，把害怕写出来，看看有什么发现。

问题4

手机，在孩子眼里可能意味着什么？

（1）娱乐工具：游戏和各种应用的设计者确实有着聪明有趣的大脑。

（2）社交工具：毕竟谁也不愿意当2G男孩/女孩。

（3）情感避难所：短暂地忘记，哪怕一会儿的逃避。

（4）重要的象征：象征着独立的自我，象征着孩子可以掌控的自己。

> 孩子越大，手机在他心中代表的意义也完全不同，很多时候我们看到的只是他们用手机本身，而忽视了背后的心理意义。

问题5

一本书，一个篮球都是和手机一样独立的物，为什么唯独手机让孩子觉得有特别的意义呢？

因为稀缺。（引用我儿子给我的答案）

是什么造成了手机的"稀缺"。稀缺的到底是手机这个物件,还是其他,比如有界限的自由?

问题 6

孩子们可能想从手机里获得什么呢?

(1) 被认同的情感需求:不管现实生活中是多么不堪,虚拟的世界里我是一个被景仰的强者。

(2) 自尊和成就感:运用我的智慧,我取得了胜利,我不认为这是概率和运气,我也不认为这是即时的虚幻的成就。

(3) 再来一次的尝试:失败了也没有关系,没有责备,只有"再来一次"的鼓励。

(4) 社交:我可以不受空间限制和我的朋友链接。

如果孩子沉迷手机,不要总盯着他的行为,试试把一部分精力用于思考:在日常生活里,孩子是有哪些现实的需求没有得到满足,才会去虚拟的世界里寻找吗?

问题 7

在孩子的手机管理上,父母的姿态是什么?

配角,协助,还是完全禁止?

孩子使用手机的态度,对于父母来说也有着重要的心理意义。这往往是父母遇到的第一个棘手的权力争夺,如果我们没有很好地觉察,很容易裹挟很多个人情绪,从而扭曲问题的本质。放下"自己",退到配角的位置,是很重要的修炼。

问题 8

我们和孩子一起制定手机使用规则，目的是什么？

这似乎是个很傻的问题，我们不假思索就可以回答：当然是为了帮助孩子做好手机管理，时间管理！但如果我们仔细复盘一下我们曾经在这个问题上的行动，也许会发现一个微妙的心理：

守株待兔。就等着你来犯规呢，所有的规则就是为了验证你并不能按照规则执行。

> 当我有一天发现这个心理的可能性，感到非常惊讶。我们看似在帮助孩子一起守住边界，但背后是不是还有其他博弈？为了显示我们的权威？证明孩子就是不行？我们可以一起反思这个问题。

问题 9

如果孩子违反了手机使用规则，我们的第一反应可能有哪些？

本质上，我们是想扮演一个帮助者的角色，还是一个审判官？

（1）验证后的如释重负：你看，我就说吧，你就是管理不好自己吧。

（2）胜利者上线：离开了我，你能管理好自己吗？你还是离不开我吧。

（3）气愤：不遵守规则，言而无信，出尔反尔，没救了。

（4）提醒：注意，你在犯规了，你踩线了。你可以试着调整下，不然你就得接受惩罚了。

> 我们往往不愿意承认上面的前两点。剥离一下我们的情绪，想想这些情况是不是曾经发生过，哪怕只是稍纵即逝的一瞬间。我们的反应会左右我们的行为，如果可以，思考一下，我们为什么会这样想呢？我们想从中获得什么？

问题 10

当孩子破坏规则时，他们有哪些情绪和感受呢？

（1）愧疚：不要急着否认，他们真的会自责和愧疚。

（2）愤怒：往往表现出对父母的愤怒，深藏的是对自己的愤怒。

（3）无助：又破坏规则了，为什么就是不能遵守呢。

（4）放弃：如果愧疚、愤怒、无助不能被看见和理解，会转化为放弃——我就这样了，爱怎么样怎么样吧。

当孩子破坏规则时，我们也容易受自己情绪的牵制，往往只能看到他的行为本身，并不能真正做到去理解他。这个时候站到他的角度去体会他的感受，确实是很难的。那么，带着觉察慢慢来。

问题 11

制定的规则，为什么就是没有办法执行？

（1）是我们单方面制定的规则，孩子并没有认可，或者是被迫接受。

（2）规则本身有问题，不具备可执行性。

（3）规则本身没有问题，我们的预期太高。

（4）因为我们的完美主义＋急功近利，孩子的进步被忽视，孩子的努力被打击，他又退回到自己的壳里藏起来。

在规则面前，我们应该铁面无私，还是多一些平衡的智慧？是吹毛求疵看孩子的错误，还是包容地看到孩子的努力和进步？我们要不要给孩子不断调整的时间，甚至是反复的时间，还是立刻就要求有质的改变？哪种会走得更快些？

问题 12

哪些因素会促使孩子在手机使用上变本加厉？

（1）父母严厉的禁止：过度使用规则造成的"心理稀缺"。

（2）父母无视或者放弃：孩子用自我"牺牲"来验证。

（3）父母的条件反射：反正说到手机就是不好的，孩子不被理解。

（4）不信任和破坏规则之间的恶性循环：总有一方需要先做出改变。是谁应该迈出第一步呢？

> 我们想帮助孩子更好地管理和使用手机，现实是越帮越乱。
> 我们要学习智慧地思考，智慧地沟通，克服冲动，放下偏见。

问题 13

如果孩子在手机使用上已经重度上瘾了怎么办？

（1）别光顾着责备孩子，我们是监护人，我们在一条船上。

（2）去发现孩子哪怕一点点的努力，一点点的进步，一点点的自律改善，并告诉他你看到了，问他是怎么做到的。

（3）不提要求，让孩子试试"无节制"使用手机。你敢尝试一下吗？

> 如果站在这个角度就是看不到风景，换个角度试试。

问题 14

收掉孩子的手机，似乎是个一劳永逸的做法。收到什么时候为止？等到他上了大学？上了大学就能自律了吗？还是永远不让他用手机？

看似好走的路，也许暗藏着更多的荆棘。不经过练习，孩子永远学不会自我管理的技能。晚练习不如早练习，这样成本会更低。

问题 15

成年人（父母）在什么情况下会滥用手机？
（1）心情太糟糕了：不想思考，想获得即时的愉悦。
（2）太无聊了：没有事情做或者不想做事，打发时间。
（3）逃避困难，麻痹自己。

孩子和我们有本质的区别吗？

问题 16

最后一个问题，手机的本质是什么？
学习管理手机，本质上是学习管理诱惑。

孩子们现在遇到的手机问题，将来可能会被新的"形式"替换，比如抽烟赌博等。我们现在所做的一切努力，都是为了协助他学习管理诱惑，帮助他完成从他律到自律。

我想玩游戏，但我也想学习——20个孩子真实的手机自白

自白 1

我特别讨厌"上瘾"这个词。我手机多用了一会儿，我妈必定会说同

样一句话："我就说你上瘾了吧。"有时候是："你再这个样子，就真的完蛋了！"她越是这样说，我就越是"故意"上瘾给她看。

自白 2

只要我一拿起手机，不出一分钟，我妈保证出现，不是送水果，就是问空调开了没有，冷不冷，要不要喝水。真的，每次都太巧了吧，我严重怀疑她是不是在我身上装了监控，她累不累啊？

自白 3

奇怪的是，大人关注的总是我用了多久的手机，是不是在打游戏，为什么他们不会想到我在网上是不是"安全"？因为，偶尔真的会有不好的网站跳出来。第一次我很恐慌，不知道该怎么办，那个时候其实我很想问问爸妈应该怎么办，但我不敢问他们。

自白 4

有段时间，我上网玩疯了，我妈特别生气，她说不管我了，随便我。当她真的不管我在手机上花多少时间的时候，我竟然有点慌。原来没人管的感觉也不是想象中的那么好。但她只坚持了一天，就又回到了从前。

自白 5

在游戏里，我有一种翻篇了重新来过的感觉，那种感觉特别好，就像我有了一个新的身份，不再是原来那个不让人喜欢的我。

自白 6

有一天我在 QQ 上收到了一张"有点那啥"的照片。我很惊讶也很害怕，不知道该怎么办，可是偏偏被我爸看见了，他不由分说就把我骂了个狗血淋头，说我不学好。然后，他要求我立刻把 QQ 删了。我当然不同意啊，他更生气了，说我道德败坏。我也懒得解释了，败坏就败坏吧。

自白 7

我想打会儿游戏，但是我也想学习。我想先打会儿游戏，然后再学习。但在我妈眼里这必然是行不通的。她会不停地和我说这样是不对的，那样是不行的。结果是，我也没节约出多少时间，整个人都很烦，原本是想学习的，但现在没心情了。

自白 8

有时候，我确实会超时。5 分钟，10 分钟。其实如果我没有觉得"压迫"，我最多也不会超过半小时的，而且也不是每次都超过。但我妈越催我，我越是不想放下。

自白 9

为什么不能看会儿手机呢？这就是我放松的方式啊，我就是这么安排的。我也没陷在里面，为什么不可以呢？

自白 10

比如我的朋友约我上线，但我的手机被没收了，我该怎么办呢？我跟朋友说我的手机被没收了吗？那我多没面子啊。我肯定反抗啊，肯定想方设法要拿到手机。

自白 11

你知道那种感觉吧，就是你想出来又出不来，想摆脱又摆脱不了的感觉。对自己说：最后一次，明天"重新做人"。第二天好像又陷入了死循环。我也挺痛苦的。

自白 12

在我家我说什么都不算：什么都被安排得好好的，什么时候做作业，什么时候睡觉，什么时候吃饭，我什么都控制不了。但在游戏里，我可以按自己的方式"出牌"。

自白 13

有时候我拿手机是真的查资料。也确实有时候，是借着拿到手机，先看点别的，再查资料（先查资料，再看别的，那样更危险，因为我爸不知道什么时候就会进来）。但如果他们说我就是拿查资料当个幌子，那我肯定是不同意的。

自白 14

回来后（指从网络回到现实），也挺懵的，不知道自己要干嘛。但在手机里的那段时间，有事情可以做，什么都不用想，感觉是被推着往前走的。

自白 15

其实我有时候不太明白，我妈那么担心我用手机是为什么。她常说老看手机会伤眼睛，但是她允许我看英语原版电影，一看就两个小时，那样就不伤眼睛了？

自白 16

我觉得我妈制定的规则是不现实的，她完全不了解。比如说玩游戏最多15分钟，可是只要我开一局至少就要15分钟，万一我发挥得好（我常常发挥得好，得意），还要再加时间，我总不能玩到一半就丢下吧，我还有队友呢。

自白 17

有一次看到一个爸爸陪孩子一起打游戏的视频,我先是很羡慕,后来一想,这是假的吧,怎么可能呢,真的有这样的爸爸吗?反正我不太相信。

自白 18

现在连洗手间里的我都被"监控"了。我就想在里面安静待一会儿,当然我承认我是带着手机进去的。他们发现我在里面时间太长,现在那里也不安全了。我像不像无家可归?

自白 19

我和我爸妈在手机的问题上肯定是谈不拢的。他们认为一分钟都不应该花在手机上,我觉得有需要的时候为什么不可以使用。我也不想去说服他们,当然他们也没有放弃去说服我。

自白 20

我爸问我,为什么一定需要一部手机。我的回答是,有一部自己的手机,那让我感觉像个大人。

Chapter 6　青春期爱恋及非主流文化

喜欢 TA，不是你的错

青春期的孩子开始对异性有一些"特别"的感觉以及行动，对父母来说是个熟悉又陌生的领域。虽然我们也同样经历过少年时代，甚至依稀记得那时朦胧的情感，但是当我们的孩子长大到同样的阶段，我们依旧可能是困惑、无助的。因为忐忑、担心、焦虑，不知道该给孩子提供怎样的帮助。

"当事人"也同样困惑而矛盾。

（1）突然发现自己对某个人"满心欢喜"，这是不是代表我有问题？

（2）我想忘了他，但是我就是"念念不忘"，我该怎么办？

（3）有时候，他似乎也有些关心的言语，他是不是也喜欢我呢？我能问他吗？我是不是应该告诉他，喜欢他？

（4）我不能无视我的情感，那个吸引力太强了，可是这真的已经开始影响到我学习了，我该给他发信息吗？还是删了他？

面对这些困惑，父母如何回答很重要。这决定了孩子会以什么样的方式和你共享信息，还是悄悄隐藏自己的想法。

作为一个妈妈，我有几句话想说。

（1）喜欢一个人，不是你的错，也不是什么羞耻的事。情绪流动，情感丰沛，说明你长大了，你健康地长大了。

（2）喜欢是一种感觉。如果将这种感觉具象，你喜欢他什么？你可以用文字的形式列举出来吗，你只需要写出来给自己看就可以。读这些文字，你是什么样的感受？那些真正吸引你的，如果可以把它们分类放进一个个盒子里，你会给这些盒子贴上哪些标签？读这些标签，原来真正吸引你的是这些可以被归纳的品质。

（3）如果你被别人喜欢，也可以重复上面的动作，把对方换成对内的自省。你会看到，原来你自己身上有这些优秀的品质值得被别人欣赏。

（4）被美好吸引，被彼此的优秀品质吸引，是不是只有让自己变得更好，你才能值得这份喜欢或者被喜欢？

（5）如果有人喜欢你，而你并不喜欢他，或者现在并不想发展一段感情，那么请坚定地表明你的立场，不要让别人误会，或传递令人误解的信息。

（6）如果喜欢一个人让你感到自卑，甚至你觉得自己"不配"，你要认真地想想问题到底出在哪里。喜欢和被喜欢都应该成为一种积极的力量，这也应该成为你很宝贵的资源。

（7）"我该如何忘记或者无视他？"刻意遗忘，会强化你的不想记起。那只"白熊"会更加顽固地出现在你的脑海。尊重自己的感受，在此基础上做一些积极分心的活动，比如你可以出门做你喜欢的运动，阳光那么好，辜负了是不是有些可惜。

（8）"我是不是应该好好学习？"这个问题不容置疑。任何时候，你都应该好好学习。如果感到有什么影响到了你学习的环境和心境，尽快去做调整，以保证"学习"这个中心不受到影响。"尽快"并不是指立刻、马上、一步到位，它的意思是，接纳当下，然后以不造成二次损伤的适合自己的节奏去做调整。

（9）"我想为他付出一切，他去哪儿我就去哪儿。我这样是不是很傻？"是的，这很傻。任何时候，爱自己都是更重要的；任何时候，你都不要失去自己的独立。

（10）你可能会对他的一句话、一个表情、一次问候特别敏感，也许会浮想联翩，甚至过度解读。在大多数情况下，这只是你的自我纠缠。生活在回忆里，生活在被营造的虚构里，对自己并没有什么实际的帮助。如果你真的很珍惜那个"眼神"，珍藏起来吧，封存起来吧。把它放到一边，然后看看窗外，过好当下的生活。

（11）不要着急，等等看。1个月、3个月、6个月、1年后，你还像现在这样喜欢他吗？在没有答案的时候，就先交给时间，看看它是不是会告诉你点什么。有时候，不是外面的世界变了，不是他变了，而是你自己会改变。你会变得更成熟，你总得给自己留点时间。

（12）也许出于多种原因，你不想让父母知道你此时的"情感状态"。但请你一定要相信，在你需要帮助时，父母是最可靠的。也许他们的想法、做法并不总能深入你心，他们也不一定知道完美的答案，但是他们绝对是你前行路上最无私的伙伴。告诉他们你的想法，和他们商量，试试看。

想染发、化妆的初中女孩

"女儿初二，不久前和我提出想染头发，并用零花钱购买了一些彩妆、粉底、腮红、唇膏，我该怎么办？"

这是一位妈妈的困惑。

女儿身上的这些变化，对没有做好准备的父母来说，确实很容易引起焦虑。透过物，我们看到的往往不仅是物，更是其背后代表的意义——一种通往成人世界的仪式。

很多时候，我们的焦虑都只是一个模糊的概念。经验、固有的思维模式很容易让我们不经思考就落入"理所当然"的陷阱。经由和这位妈妈的沟通，我们来梳理、分解、具象化，看看焦虑这只"纸老虎"到底长什么样？

1. 妈妈担心的是什么

（1）心思放在打扮上，还有心思学习吗？

（2）这么小就想化妆，会不会学坏？

（3）变美了，会不会太过吸引别人的目光，会早恋吗？

（4）我还没做好准备，你怎么能这么快就长大了？

2. 这些担心合理吗

（1）Z世代们不是苦行僧，她们不仅想学习好，还想美美地学习好，这并不矛盾，两者并不站在对立面，我们也不能非黑即白地判断。

（2）以美好的姿态投入学习和生活，可以调动情绪、状态，甚至有"新生"的内在激励感。

（3）以阻止美好来杜绝早恋，是低估了孩子情商的表现，更是一种"壮烈的牺牲"。

（4）以我们的焦虑为由，扑灭孩子成长的火苗，我们最终会得到什么呢？暂时的控制还是另一种意义上的失去？

3. 孩子真正的心理需求是什么

（1）一种成人化的模仿和追求。

（2）对自身新的体验和探索。

（3）变得更美好的需求，不仅仅是外在，也是内在的。

（4）对家庭包容度的实验和试探。

（5）对亲子关系隐形的渴求。

把"洋葱"一层一层剥开来后，这位妈妈做了一些尝试。

她买了几款一次性喷染膏，和女儿一起做了挑染。她们一起画着淡妆去逛街，妈妈给女儿添置了一些品牌的彩妆作为礼物，替换掉女儿准备用零花钱购买的"廉价款"——如果你想用的时候，不至于伤害到自己的皮肤。

她们是在假期里这样做的。在此之前,女儿其实并不确定她是否真的要顶着一头有颜色的头发走进学校。更多时候,她不会真的这样做,除非有人把她推到"不得不"这样去做的境地。

她需要的体验,被巧妙地"安置"在一个合适的区间。

孩子的分寸感,在包容下得以最大地发挥,在睚眦必报下才会变本加厉。

4. 自我探索,需求"无罪"

我是什么样的,我在别人眼里是什么样的,是自我认知的标签,是对"我是谁"的不断探索。每一步探索,都是孩子成长过程中的新阶段。

心理需求"无罪"。

我们需要做的是理解,提供安全空间内的尝试,这比打压、抨击更有意义。

(1)一定要相信,孩子对待新尝试是有过思考的。他们计划做的是有限的经过了筛选的那部分。

(2)正在尝试的内容≠他们永远都会这样做。不妨耐心等一等,看一看。

(3)如果对己无损,对人无害,不违背规则,不违反法律,不妨让他们试试看。

(4)压制只会带来更大的反抗。

(5)对待新尝试,哪里更安全?是在家庭环境里,还是在你无法掌控的陌生环境里?如果有一天,你的孩子说他想试试抽烟,你会怎么做?

(6)行为变化是心理变化的外化表现。这是孩子给予我们的资源,是更好地了解他们的窗口。更高阶的养育,不是紧盯着问题,而是关注背后的成长。

当我们真正地从内心去支持孩子变美的需求,不压抑,在安全的范围内尝试,并和她站在一起,她有什么理由去变"坏"呢?

写"同性恋"文字的孩子

一个爸爸给我留言：女孩，今年高二，总喜欢看一些"奇怪"的网剧和书，不知道如何与孩子交流。

另外一个妈妈很担心：孩子很关注"同圈文化"，还发现她写相关文字、小说，在上面花了很多时间，乐此不疲。

1. 我们和孩子的"不同"是如何产生的

成长于不同年代、背景、环境下的两代人，确实有着很多的不同。这个时代的飞速发展和变化，在拉进我们彼此之间距离的同时，一些根深蒂固的差异依然存在着。

很多家庭中亲子之间的矛盾就在于：你不理解我的理解，我也不认同你的认同。在不同的频道上，各自用自己头脑里的"正确"去审视和评判对方。时空川流不息，我们站到原本的那条河流里，将对方的"不对"无限放大：你怎么会有这样的想法呢？你怎么可以看这些内容？你真是太让人匪夷所思了吧！

表面上是对事的争论，本质上，矛盾的焦点在于我们彼此不了解对方的精神世界，以及了解了以后，是否可以接纳对方的不同。

2. 对于孩子的"不同"，父母担心的到底是什么

（1）担心孩子摄入不健康的信息，毒害他们的身体和思想，会不会因此就走上歪路了呢？

（2）孩子们最大的优势是还有大把的青春时光，但时间对于他们来说又是非常珍贵的。父母担心他们浪费时间，荒废光阴，希望他们把时间花在更有营养，甚至是可以"短期获益"的内容上。

（3）有些孩子表现出来的喜好虽然是健康的，但是并不受主流文化认同，这也极大地挑战着父母的认知。他们担心孩子偏激、小众，未来不被

主流文化接纳。

（4）父母会产生很强的失控感。当孩子的意识形态越来越丰富多元，这也预示着他们逐渐独立，成为一个丰富立体的个体，很多父母对此并没有做好准备。

当把这些担心分离出来，我们可以一一对应，哪些担心是合理的，哪些是我们操心太多。

3. 孩子期待的是什么？我们可以怎么做

孩子期待有一个懂他的父母。有很多孩子在和我交流时，想要的似乎并不是一个具体的答案，而是一个倾诉的渠道，渴望被理解、被认可。

我想，正是因为在家庭的环境里缺少这种理解和接纳，他们才会向外求。懂得向外求的孩子还没有放弃自己，更多的孩子"哀莫大于心死"。但是向外求也是有风险的，你不知道对方是什么人，会身处什么样的环境里，安全还是危险。

我们听不懂孩子的语言，不理解他们的行为，并不是他们的错。但很多时候，我们却常常执拗于要求孩子去做出改变，遵循我们的认知，参照我们的经验，按照我们的格局和视野，不可以逾越我们的"正确"。我们保护了孩子，也可能否定了孩子的丰富性。

在保证安全、探索、多元、包容的背景下，作为父母可以做什么？

（1）在孩子的"不同"面前保持理智，想一想，具象化，我们担心的到底是什么？合理吗？不要着急地一味地否定。

（2）多了解孩子的"喜欢"。如果有可能的话，学习它。这可以帮助我们了解这些知识，也了解我们的孩子，为充分沟通打好基础。对新事物保持好奇和接纳状态的父母，是会受孩子欢迎的。

（3）不反应过度，不过度强化。越是强迫他停止看我们认为"奇怪"的内容，越会激发他的兴趣；越是否定他的价值观，他越是会付诸行动去验证到底是你对还是他对。保持开放的姿态，客观陈述我们的看法，比指责、要求、命令更容易走近他。

（4）家庭永远是治愈的良药。孩子是家庭精神生活的一面镜子，父母需要用心营造，智慧引导，并给孩子提供选择的多样性。

Chapter 7　学业的漫漫征途

学习困难的孩子，问题到底出在哪

作为学生的"主业"，也作为衡量"学生"这个角色"优劣"的重要参考标准，学习，受到社会、学校、家庭的重视完全可以理解。

从广义上说，学习是不停止追寻与探索未知，是一种伴随终身的能力。

从狭义来说，学生时代的学习包含了具体学科的知识积累、学习方法的养成、从具体知识的学习中提升的学科能力，以及更重要的思维能力。

但是，很多孩子在这个过程中遇到了困难，尤其在青春期阶段，这个困难被放大了。

青春期阶段学习的困难源自五个方面：

（1）知识的难度增加了。

（2）科目的增加导致时间分配和管理问题凸显。

（3）适应不同阶段的学习方法未能得到及时有效的调整。

（4）韧性、耐受力、逆商在以往的学习中没有得到训练。

（5）更为关键的非智力因素：青春期内在整合过程中遇到的"风暴"侵袭严重干扰学习的内在环境。

在学习上遇到的问题表现出诸多共性，比如：

(1) 不知道为什么要学习，没有动力。
(2) 学习无法专注，磨蹭。
(3) 假装很努力，但在结果上没有呈现。
(4) 遇到困难就退缩，并由此引发心理问题。

学习本可以快乐，孩子的"痛苦"从何而来

1. 孩子人生中第一个系列性的需要对结果负责的项目

孩子学习的"痛苦"从何而来？来源之一是害怕对结果负责。

学习，是孩子人生中第一个延续的系列性的需要对结果负责的项目。他们的行动、耐力、方法、智慧、挑战、一朝一夕的汗水、持续不断的坚持、度过的每一分每一秒，交织成了那个阶段性的结果呈现。

结果不会陪你演戏。

要对结果负责，最重要的是对每个过程负责。有些孩子不堪重负选择逃避，并不是那一刻的决定。他们有想对结果负责的初心，却发现在每一个等待和荒废里丧失了能力。他们想逃避那个结果，其实是对自己的保护：如果我"逃走"了，谁也看不出我真实的能力是高是低；如果我全力以赴了还是没有学好，那会证明我有多失败。那么宁可做一个临阵逃脱的自己，也不要面对失败的自己。

这是孩子隐藏的心理语言。

学习，贯穿我们一生的始终，学习社交、学习管理、学习生存、学习了解自己……在学生时代，对"学习"这个项目负责，迈入社会，面对的就不仅仅是"学习"这一个项目，而是对生活负责，对工作负责，对家庭负责，对自己的每一个行动负责。

2. 假想的观众是孩子"痛苦"的来源

活在别人的眼光里，是孩子学习"痛苦"的另一个来源。

为自己而战，向内看自己，孩子就能更理智地看待得失，找到自己的节奏。但是在现实生活中，有很多父母因为自己的面子，对孩子提出超出其能力范围的要求，久而久之，孩子的价值评判标准就会转向外界对自己的评价，追求外部的认可。当这种认可总是无法实现时，他们要么严厉苛求自己，要么彻底放弃。

活在自己的真实世界里而不是别人的眼光里，这是一个漫长的修炼过程。我们自己首先要做出表率，看着我们的孩子，了解他们、理解他们、接纳他们，给予他们最稳定的支持，尽量少地受外在环境、外部评价的影响。

3. 让马拉松选手和短跑选手比速度

和自己比，并不会带来痛苦的感觉；让孩子感到"痛苦"的，是那个"别人家的孩子"。

没有对比，就没有伤害。

每个孩子处在各自不同的时区，不分青红皂白拉上一根线对比快慢是没有参考价值的。有的孩子走得快些，他们适合百米冲刺，有的孩子耐力好些，他们更适合跑马拉松。硬生生让一个马拉松选手和一个短跑选手比速度，是不合理，也是不公平的，可这样的对比每天都在上演。

尊重孩子的内在规律，等待他们的花开，不破坏他们的节奏，可能慢些，但一定是值得的等待。毕竟，眼下暂时的成败得失，在人生的长河里，都算不了什么大事。

4. 学走路和学数学，父母的态度为什么不一样

孩子小的时候学走路，害怕了，摔倒了，我们都会给他最真诚的鼓

励：没关系，慢慢来，我们再来一遍；没关系，今天累了，明天我们继续学。

似乎很少有父母在孩子学走路时责备他：你怎么这么笨，连走路都学不会！同样是学习，为什么我们那时可以抱以最大的耐心，但当孩子学"数学"时就那么急躁、暴躁、血压飙升呢？

他们需要经过训练才能学会走路，他们同样也不是天生就会"数学"。当他们长大了，在学习上遇到了困难，他们更需要我们的陪伴和支持。

当孩子有一天厌学，觉得学习这件事是他们的"痛苦"，真的是知识的难度成了他们的拦路虎，还是因为不当的沟通、不能被理解和消化掉的情绪成了他们学习的阻碍呢？

战胜学习困难，重视这6个关键词

困难是挑战，也是机会、是资源。战胜学习的困难，需要我们重视这6个关键词。

1. 成就感

每个人都有着强烈的成就动机，孩子更不例外。当孩子表现出学习动力不足，我们需要关注他是否成就感缺乏。

已经很努力了，但很长时间以来都不见成效，这会极大地打击孩子的自信。尤其在"不太好"的结果面前，他的"好的行动"没有被看见，或者他没有感受到被看见的时候，这种打击尤为致命。

在学习过程中，接收到了太多来自外界的否定，尤其是身边的重要他人，比如父母。

在持续否定的环境里，孩子容易内化对自己的否定认知，他的内在环境不能给他提供支持，更加剧了在学习上遇到的困难。

2. 坚持

这里的坚持包含三个方面的内容：

（1）日常学习的坚持。一日曝十日寒，是最没有效率的学习方法。谨慎选择，坚定坚持，哪怕是一个非常小的学习任务。这里的坚持需要克服惰性。

（2）在学习遇到困难的时候，更需要坚持的品质，勇敢面对困难，不轻易放弃，在想放弃时再坚持一下。这里的坚持需要穿越困境。

（3）学习是孩子的事，但父母在孩子学习过程中的坚持也同样重要。坚持站在孩子的身边，让他不觉得孤独；坚持我们秉承的教育理念，不人云亦云、不随意变换方向；在孩子遇到困难时，坚持帮助他们坚定他的坚持。这里的坚持需要智慧。

3. 自信的力量

自信会激发出强大的内在力量，自信的孩子似乎更容易战胜困难。但自信不是盲目自大，不是哗众取宠，更不是靠我们口头凭空给孩子"你要自信一点"的抽象鼓励，他就自然而然会这样做的。

增强自信有三个途径：

（1）自信来源于无数次战胜失败，在摔倒后一次又一次爬起。

（2）坚持会增强自信。当累积的量变达到质变时，孩子可能会对自身的能力感到意外，这又会帮助他更好地去理解坚持。

（3）如果孩子已经在"黑暗"里奔跑了很久，就是找不到出来的路，父母需要帮助他们看到一点光亮。这个光亮不是父母人为捏造出来的，而是让他们从自己身上找到资源。比如，从自己最擅长的入手，从最容易突破的点先积累小自信，这极有可能会成为他获得力量的撬点。

4. 小目标

把大目标分解为一个个小目标，是实现目标最可行的路径。相对来说，小目标更容易实现，在完成一个个小目标里获得的成就感可以成为孩子坚持下去的动力。

这里的分解，既指分解任务项本身，也指分解时间。

把2个小时的工作量分解为4个30分钟去完成，可以帮助孩子提高在每个小时段内的专注度，从而极大地提升效率。

5. 内在整合

对于绝大部分学生来说，学习不好，完全不是因为智商低。很多非常聪明的孩子依旧在学习中遇到了很大的困难。

尤其在孩子的青春期阶段，内在整合能力对学业有非常重要的影响。内在冲突消耗掉的能量，会极大地损耗需要花在学习上的精力。大脑一直处于防御状态，无法理性思考。

想要在学业上有好的表现，内在环境的稳定非常必要。

（1）不要着急"干涉"孩子遇到的问题，让他有足够的自我调节时间和空间。支持孩子合理的自我调节机制，比如偶尔吃垃圾食品减压，比如某天就是想放空什么事都不想做，比如就是想随心所欲熬个夜。这些调节有可能会破坏既定的规则，此刻就需要父母涵容、灵活的智慧。

（2）父母需要给孩子提供稳定的环境支持：父母稳定的情绪，融洽的家庭氛围，父母自我成长的榜样力量。

6. 更多可能性

学习成绩好和理解学习的意义，不能画上等号。

有的孩子成绩非常好，突然有一天不想学了。他们有可能因为受到太多外在的压力而被动学习，并不是发自内心的主动学习，他们不知道学习是为了什么，也不知道自己真正的热爱。

学习只是一个过程，很多人把它当成了目的。

当我们给孩子呈现更多层次、维度的选择梯度，而不是功利地把学习的好坏和人生的成功与否简单粗暴地画上等号，可以更好地帮助他们理解学习的意义。在这里，父母首先需要做到不功利。

分数本没有意义，为什么你偏要沦为"奴隶"

1. 好与差只是比较级，分数本身并没有意义

有第一名就一定会有最后一名。

在这个环境里的中等生换到另外一个环境里可能就名列前茅。

永远没有最差，也没有永远的最差；永远没有最好，也没有永远的最好。好与差只是一个比较级。

作为衡量好与差的媒介，那个代表分数的数字只是一个工具，有时候也成为一根指挥棒，把我们带去不同的地方，去不同的"世界"和不同的人在一起。

它看着挺重要，其实也没有那么重要。我们可能再也记不起10年前、20年前某一次考试的分数，或者某个非常关键的转折点的考试分数，但是那串数字背后拼搏、奋斗、坚守、迷惘、通透的过程，却永远留在我们记忆的最深处。那种迎难而上、艰苦自律、咬紧牙关的精神，成为我们身体永远的一部分，一直伴随我们走到现在，成为了现在的自己。

当我们带着对来时路的复盘向前看时，也许会有更深的领悟可以和孩子分享：分数本身并没有意义，只有当它辅助孩子检视、调整阶段性目标和行为时才有意义。

它就像一个脚手架，孩子借助它的力量，通过一次又一次的努力，让自己去到更好的地方，成为最想成为的那个人。但如果孩子眼里只有这只

脚手架，抱着它不撒手，他们就永远学不会攀登。

2. 脚手架与十字架

利用分数这个脚手架学会攀登，最重要的是学会什么？

对于那些学习比较轻松的孩子来说，攀登相对更容易一些，他们每天都会收到正反馈，这积攒着他们向前的动力。

对于那些学得比较费劲的孩子来说呢，他们可以从中获得什么？

当他们攀高远足，最重要的是倾听自己的呼吸，掌握自己的节奏，看着自己的脚下。盯着别人的速度看，只会乱了自己的阵脚。

当别人已经走出去很远时，记得自己的时区，不放弃攀登，也不丧失动力，那样可能会晚一些，但一定都会到达。

怎样才能不丧失动力呢？自我肯定，看到自己的进步，不吝啬对自己的表扬，是可以给自己的最好鼓励。

这些，请和孩子一起看到。和孩子一起看到他的积极面，是神奇的魔术棒。

孩子迈入青春期后，似乎他们身上的缺点一夜之间也长高长大了。在和很多父母的沟通中，我有深刻的体会，我们眼里看到的都是孩子的问题，而忽略了他的可喜可爱。

当我们被孩子的缺点蒙蔽了双眼，怎么有空间容纳他更多的美好呢？我们以爱之名营造了一个焦虑、不信任、不被祝福的场域，孩子怎么能从中获得力量呢？我曾经发起过一个15天的活动，叫作"#发现孩子的好#"，每天发现孩子的一个闪光点并发给我打卡，很多家长坚持了下来。在那些与孩子相处最艰难的日子里，当他们换一个角度、转变一种思维去关注孩子时会发现，再顽劣的孩子也有闪闪发光的时刻。这成了他们破冰的窗口。

3. 看不见一点光的"鞭策"和施暴有什么区别

即便我们不愿意承认，很多时候我们还是用分数把孩子分成了三六九等。

理智告诉我们这不公平，但情感裹挟着我们屈从。我们手里捏着很多标签，就像上帝赋予了我们造物的权力，在这个孩子身上贴一个，你是优等生，在那个身上贴一个，你是差等生。

你也这样做过吗？戴着有色眼镜，只看见我们的偏见。我听过太多这样的真实故事，因为几次考试的分数被贴上标签的青春期孩子，眼里再也没有闪亮的光，那枚虚幻到无比真实的标签成为他沉重的十字架。有人幸免，大多罹难。

他并不是立刻缴械投降的，在停止挣扎之前，他也做过很多努力。那些你有意无意中无视的努力，它真的存在过。

毕竟是孩子，有多少人有极其顽强的斗志凭一己之力爬出沼泽？或者他确实已经艰难地爬上来一点了，又被我们无情地踢了回去，我们却将此美其名曰为"鞭策"。

不给鼓舞，看不见一点光的"鞭策"，这和施暴有什么区别。

我们虽无法左右家庭以外的环境，但作为父母，我们起码可以做到不成为"帮凶"。我想，孩子们也一定发出过孤独无奈的呐喊：可以不要只看到我的分数吗？也试着看看我其他的闪光点，那才是完整的我。

4. 全景模式与特写镜头

当我们看到完整的孩子，就像将眼前的特写镜头拉到全景模式。我们不只看到叶片的脉络，也可以看到飞舞的蝴蝶、美丽的花朵、阳光下闪着五彩光亮的地方，也许正是我们曾经忽略的最不起眼的一颗种子，那里更容易生根发芽，长出更加丰硕的果实。

当我们真的这么做了，就是放下执念，帮助孩子去发现真正属于他的优势。他们不需要和这个世界比全、比快，而是真正运用自己的资源，去打他的人生通关。

这是我们可以给予孩子最好的支持。给他空间和机会，让他发现他可以是怎样的人。

如果他可以把自己的优势发挥到极致，我们为什么要苛求他去做一个面面俱到的沧海一粟？如果他可以把自己的兴趣发展成为终身热爱的事业，我们为什么不可以给他最大的支持和祝福？

放下分数的一刀切的标尺，也许我们可以有更广阔的发现。我们不需要去左右什么，也没有什么值得惋惜，只是，不要狭隘地给孩子贴上沉重的标签。如果他是分数的朋友，我们可以边走边带着发现的眼睛；如果他是分数的敌人，恭喜，他可能会遇见另外一番特别的天地。

只是，途中不要放弃。

那个特别磨蹭的孩子，以全校第一名考上了最好的高中

朋友的孩子以全校第一的中考成绩考上了当地最好高中的重点班，我问他学习秘籍，他的回答让我意外：

"孩子一直很磨蹭，我们也一直'尊重'她的磨蹭。"

"磨蹭"似乎是个贬义词，和不好的学习习惯联系在一起。学霸们也不总是完美的，"好孩子"身上也有这样那样的缺点，只不过和结果比起来，这些都被掩盖了。值得思考的是，同样是"磨蹭"，为什么在有的孩子身上是"致命"的，在另外一些孩子那里依旧可以取得骄人的成绩呢？

1. 不是所有的磨蹭都消极无用

有一次，儿子在完成某项作业上超时比较长的时间，我心里有些着急，语言上也有些急促。

儿子看我不太友好：

"我知道我做得很慢，花了更多的时间，但是每一题我都搞懂了。你着急有什么用呢？你催我，我没有学透，虽然看似是节约了时间，但实际上我后面要花更多的时间。"

说得有些道理。

我不是想给"磨蹭"一个光明正大的理由，更不是提倡孩子们"磨蹭"，我想分析磨蹭的不同类型和背后的意义。

磨蹭也是分级别的：

（1）有些孩子需要更多的过渡时间，才能投入到下一项任务中。但是一旦投入，他们非常专注且高效。他们在过渡空间的"磨蹭"，实际上是在为自己存储更多的能量。

（2）有些孩子可以非常快地消化某个知识点，但是对于另外一些孩子来说却是相反的情况。因此，他们可能需要花费更多的时间去摸索、整理、思考、吸收。而这在父母眼里可能会是"磨蹭"的表现。

（3）还有些孩子是真的把磨蹭贯穿学习、生活的始终，他们抓不住重点，无法专注，这样的"磨蹭"尤其需要我们去关注他们遇到了哪些自己无法表达、不能理解的问题，以至于以行动的迟缓去消极对抗。

不是所有的磨蹭都是消极无用的，有些磨蹭显然具有积极的意义。这就需要我们更好地了解我们的孩子，尊重个体之间的差异，理解他行为背后的不同意义。

本质上，这是理解和尊重孩子的内在秩序。

2. 尊重孩子的内在秩序

内在秩序是对内在需要进行的项目管理。

不同的个体，内在秩序无法拷贝。比如那个以全校第一的成绩考上最好高中的朋友家的孩子，她的父母没有以"别人家孩子"的高效为衡量标准攻击她，而是尊重她的"磨蹭"，给她自我调整的空间。孩子的内在秩序是完整、有序的，她在自己的节奏里一路向前。

把我们认为正确的"顺序"强加在孩子身上，可能恰恰是对孩子内在秩序的破坏。我们习惯以理论上的完美作为唯一标准，却忽视了孩子个体的实际需要。比如，完美的理论模型是，你必须先做完作业再玩，如果你先玩了，就是不学好、不上进、不把学习放在心上。当我们把这些标签贴在孩子身上，慢慢地，他们就真的成为了那样的人。

任何一种内在秩序的养成，都是环境长期作用的产物，是"适者生存"的结果。存在的，一定有其存在的合理性。我们要多想"为什么"，这可以帮助我们跳脱教条主义，真正关注孩子的实际需求，而不只是照顾我们自己的需要。

尊重孩子的内在秩序，我们就可以放任孩子随心所欲，完全不管了吗？

显然不是。不否定孩子的内在秩序首先是非常必要的，即不否定孩子的心理需要，不侵犯孩子的边界，本质上就是不否定孩子这个个体本身。有了这个基础，就可以在行动上和孩子商量，哪些顺序可以优化，哪些时间可能真的被浪费了，咱们慢慢调整过来。

我们的最终目标，不是消灭磨蹭。而是专注地专注，专注地磨蹭。

升学转折阶段，如何做好入学过渡

升入初一、高一的孩子，面临的是学龄段的新转折。他们将进入到新环境，会有一段"找自己"、重新定位自己的过渡时期。过渡的质量，将在很大程度上奠定孩子未来三年的心理基础。

父母要有意识地提前做些功课，做好准备，包含但不限于以下5个方面，涉及心理、体能、状态、学业衔接等。

值得重视的是，准备工作并不是孩子一个人的事，而是一个家庭集体意志共同作战的体现，父母也需要参与其中做大量的工作。

1. 面对新变化，孩子要有接纳变化的心态

入学后，孩子即将进入新的环境、新的班级，面对新的老师，和新的同学组成新的集体，这些都是在学业推进过程中的新变化。

他们也即将面临"定位"的变化，会有一个重新寻找自己，并稳定下来的阶段，包括学习上的综合位置、在同学中的社交影响力等。这是对过去6年或过去3年的颠覆和新的挑战。

孩子比较容易带着过去的经验来定位自己。如果进入新学年在各方面与以往相比没有太大的落差，他们就能相对平稳地过渡。如果差距较大，承受能力差的孩子会遭遇强烈的心理冲击，能跨过去，就是飞跃式的成长。跨不过去，就极可能走进症状里。

当然，父母不能通过消极暗示来吓唬孩子，我们需要为各种可能性做好准备，但糟糕的情况并不总是会发生。我们可以通过提一些开放性的问题引导孩子的自我思考，也为他们即将面临的"新鲜"做好心理铺垫，比如：

上了初中/高中后，你觉得可能会有哪些变化？

你可能会遇到哪些挑战呢？如果这个挑战真的出现，你会怎么做？

你对自己有哪些预期，对新学年有哪些计划呢？

2. 父母做到不要活在孩子的过去里

不仅孩子需要为"变化"做好准备，父母更需要这样做。

比较重要的一点是，父母不能活在孩子的过去里。我们要能为优秀鼓掌，也要有面临挑战越挫越勇的担当。

但很多问题恰恰就出现在，父母不能接受原来那个"好"孩子变了样，于是节奏乱了，稳定的支持环境坍塌了，情况变得越来越糟了。

相较于和过去的"差"比获得的成就感，和过去的"好"比产生的落差更是新迈入初一、高一的家庭需要面临的挑战。所以我们看到，容易出

现症状的反而是曾经的那些"好"孩子。

父母可以空杯、清零，就能变得更加平和、通达，在遇到各种可能的情况时，不淤积，不执念，知道变通，懂得灵活。

看着眼前真实的孩子，接受他现在的样子，而不是想象中的。

和他一起去面对、去经历，成为他最好的支持者和最坚强的后盾。

3. 父母和孩子一起了解学校

即将升入的学校，校训、学风、气质、理念分别是什么样的，有必要和孩子一起做一些了解。

孩子有了大概的认知，会为他融入环境做好准备。他也可能带着一种"身份"的标签来规范自己的行为，以及在心理上与之呼应。

父母和孩子一起了解学校的过程，为未来家校融合打下了基础。父母需要理解学校的理念，综合孩子的特质以及对孩子的了解，做一些统合、校准甚至纠偏的工作。在这里，父母是孩子融入学校环境的安全囊，在遇到困境的时候，他们能理解问题出在哪里，可以提供哪些适当的帮助。

如果身边有这个学校的学生，可以从他们那里了解学校的常规，学长学姐的现身说法会更有现实指导性。但值得关注的是，父母有必要提前做好一些过滤，如过于负面的信息及情绪。

4. 让"空窗期"更生动、丰满一些

在某种意义上，新初一、高一有着翻篇重新来过的壮烈，是一种秩序的重新整理，也为新生提供了无限的可能。

为了迎接新生，我们可以鼓励孩子从身心、体能、审美、放空、好奇、探索等多个方面去储备能量、体验多样性。

也就是，为自己充满电。

比如广泛地阅读，规律地锻炼，去看看远方的世界，也听一听离自己最近的心里的那个小孩，可以放空，也可以忙碌，把之前想做但没有时间

做的事都做一遍。

带着生动、丰润开启下一段旅程。

5. 学业方面的衔接准备

有了稳定的支持基础,有了良好的精神状态,做好了以上这些,最后才是学习上的衔接。

抬头向前看。想想自己未来 3 年的目标,甚至 10 年后想要成为什么样的人。

也低头看脚下。翻一翻新学年的书本,了解框架、知识结构、重点难点,提前做些读背记等基础类的工作。

孩子很大的成就感来自学业上的优秀表现,为课程衔接做一定的助跑工作,他们可能会启动得更快一些,这不仅赢得了时间,更可能增强孩子的信心。

Chapter 8　孩子的进化之旅

刻着定制"youth &beauty"的耳机

1. 一副新耳机的故事

周末，儿子和我一起下楼散步。

耳机放进口袋里，衣服被扔进洗衣篓。

然后，洗衣机欢快的旋律带着他心爱的耳机进行了60分钟的时光旅行。

阵亡。

青春期的孩子，离开了耳机，仿佛失去了防护服中的一款。迅速选好了品，拿来给我看："我想买这款。"同时补充："我自己忘了从口袋里拿出来，我自己出钱。"

这是好事从天降啊！

我看下了品牌和型号，品选得不错——反正没亏待自己。

再看了下价格——也挺美丽的。

心里一阵窃喜——反正花的也不是我的钱，管他呢。

他摸摸索索就要下单了，我猛然想起朋友是这个品牌的员工，员工价可以打折，按他的级别大约可以节约500元。

心里一盘算，美滋滋的，省下500说不定他还能请我吃饭呢。

兴高采烈地奔过去告诉他："我给你找到了省钱的办法！"

冷酷脸："我不要。我要自己买。"

一脸懵的我："同样的渠道，只不过是他帮你下单而已。"

继续冷酷脸："我不要，我要体验自己买的这个过程，我还要刻字。"

更懵的我："省500，你确定不要？"

暴发户上线："是的，我确定不要。"

一口老血。首先心疼我的饭，其次他的钱。

这是什么逻辑啊？

2. 多花500元，究竟想"买"的是什么

说实在的，当下那一刻，我特别不理解，甚至还感觉到一点儿生气。

在这个故事里，我原本认为掌握了理所当然的"真理"，但在冷静下来觉察之后，在儿子充分表达并对我苦口婆心的"教育"之后，我终于明白，哪有绝对的"真理"，只有此时此地的需要。

"我要体验自己买的这个过程，我还要刻字。"

——这是他当下的需要。

这个需要关乎成长的新阶段，关乎这个阶段孩子的心理需求。十几岁的孩子，仍无法兼顾、平衡当下所有的需要并做出最优选择，他所做出的选择可能是感性的，但毋庸置疑是更遵从内心的。

愿意多花500元买一件同样的商品，他想"买"的究竟是什么呢？

（1）享受独立完成购物的感觉，尤其是对自己来说有心理意义的物。在某种层面上，这种感觉和"成人感"密切相关。

（2）我不知道他给自己刻的字究竟是什么，但这应该是他想和自己的对话，是他的私密空间。这个空间在他拿到耳机后我就会知道，但在这个空间的创建之初，不能对我开放，更不能对我的朋友开放。

（3）花钱的过程很重要。这是他想去体验的，也是他在未来的人生路

上需要去学习的。

当我思考并理解了以上3点，内心就释然了。

以能承受的物质空间，去换取心理的空间，也是成长的一种方式。

几天后，他收到了耳机。上面刻着字"youth &beauty"。他说，灵感来源于约翰·契弗小说集的其中一篇：哦，青春和美。

少年的冒险

1. 成长中新的冒险之旅

新体验，是青少年大脑中的优先事项之一。通过新的体验，探索更广阔的边界，在这个过程中展开自我认同。

孩子的冒险，是他们新体验的一种最为轰轰烈烈的形式。

孩子小的时候，骑着扭扭车在小区里横冲直撞，爬上很高的坡道从上往下冲，遥控汽车专往泥泞的水沟、满是黄沙的工地开，哪里有障碍，哪里停留时间就最长。

常常吓得心都要跳出来了。但我们还是用"去试试看"替代粗暴的阻止，在安全边界内，鼓励他的一切冒险。我们的保障机制是——爸爸在。"爸爸在"也成了可以行动的暗号。

"爸爸在"一直陪伴着。当骑山地车骑出越野拉力赛的感觉，为了体验风驰电掣，一路向前飞，第一次穿过汹涌的人群颤颤巍巍上路时。当他从孩童长成为一个少年，依旧奔赴在冒险之旅时。

2. 冒险是一种探索

我们所定义的"冒险"，对孩子来说是一种感官上的刺激感、控制感、征服感。背后的重要意义是对生命新阶段的探索。

什么都不做，最安全。回避成长的风险，最安全。但最安全也最没有生命力，你想看到的是一个保持好奇、跃跃欲试的少年，还是一个墨守成规、处处谨慎的少年？

冒险是一种探索，只是青少年的思维大脑还不能很好的对话活跃的情绪大脑，因此在行动表现上，往往会变形为鲁莽冲动。

我们不能因为风险，就阻止生命的前行。对冲风险最大的保险，是"爸爸妈妈在"，在他的身边，在他的心里。

当他有了足够的练习，他会慢慢把鲁莽冲动进化为更"理智的冒险"。

3. 冒险也是一种学习

青春期的孩子，追随诱惑的引领去尝试冒险，这加剧了父母的担心和焦虑。

和一个想冒险的孩子讲道理企图说服他停止，只会激发他的跃跃欲试，以及在你看不到的地方悄悄实施。

冒险也是一种学习，与其阻止，不如引导。比如把对新体验的需求从骑飞车引导到一项挑战体能的体育运动——拳击，把对即时奖励的需求从虚拟的社交引导到真实人际的互动。

这意味着，冒险不仅仅是一种负面的体验，更可以是积极的行动。挑战一项从来没有尝试过的运动，害怕社交的孩子努力进入真实的人际关系，都是一种冒险。

4. 一个关于冒险的思考

当青春期的孩子社交面越来越宽，他们在环境识别、人际融入上也是一种典型的冒险行为。

担心孩子学坏，担心孩子管不好自己，看似最简单有效的办法，就是阻止孩子和外界的一切交往，但这现实吗？

我收到过一个妈妈的留言。孩子进入新学校后受邀参加同学间的聚会，原本挺好的一件事，现在成了她的烦恼。她得知这个聚会上有班上表现不好的孩子，小道消息还说，这次聚会上可能会出现啤酒。孩子已经答应了同学，她非常犹豫，到底应该怎么办？

在找到答案之前，我想有5点思考非常重要：

(1) 不武断评价、不抨击他的朋友。

(2) 想积极地融入新环境和可能会遇到的风险之间，孩子会怎么选择？

(3) 如果孩子不参加这次聚会，可以保证在其他场合或者你不知道的场合下，他完全能摆脱你所担心的同学的影响吗？

(4) 按照你对孩子的了解，他是什么样的人，如果我们设想的聚会情境真的发生，他会怎么做？

(5) 有什么机制，既可以支持孩子的新体验，又可以最大化地保证他的安全？

答案不是唯一的。答案在我们和孩子充分的沟通里。

获得成人"勋章"的6大事件

获得成人感的心理意义，对孩子来说，可能是在一些大事件中。但更多的时候，它们藏在日常生活的那些微不足道里，一个小挫折，一次新尝试，一句特别普通的话，孩子走到了那里，遇到了，感受到了，沉淀下来了，最关键的那块拼图找到了。

每个孩子最关键的那块拼图都各不相同，给孩子更多空间，让他们有机会去探索、体验。这个过程艰难曲折，我们需要尽最大的可能去理解他们，理解他们的"匪夷所思"，包容那些让我们感到愤怒的行为，思考问题行动背后的积极意义。

有趣的是，获得成人的"勋章"，有时是以一种种"禁忌"的行为打开的，因为这并不符合一个"好孩子"的定义。

获得成人"勋章"的6大事件，它们可能是：

1. 第一次主动熬夜

像大人一样，可以自主掌控睡觉的时间，对于青春期的孩子来说有着重要的心理意义。

当有一天，孩子极其"清晰明确"地想要第一次尝试晚睡时，父母不用担心，这个体验对孩子的健康不会造成威胁。

这里的"清晰明确"是有条件的：

（1）主动而非被动。如没有完成当天的作业被迫熬夜就属于被动。

（2）主动做有意义的事而非被绑架。如彻夜玩电子产品属于被绑架。

2. 吵赢父母

第一次有理有据吵赢父母，孩子会从中获得成人感。

会争论也是一种能力，这代表他们开始有能力合理表达自己，有能力为自己争取利益，可以明辨是非，有自己独立的判断。但很多时候，我们会定义这样的行为为"顶嘴"，这会激起父母的愤怒，并很容易被上升到道德层面。

智慧的父母善于运用"争吵"，将之作为了解孩子的窗口之一。懂得放下权威，放下自己，让孩子可以平等参与对话，充分表达。

真正意义上"吵赢"了父母的孩子，并不会从此把父母踩在脚下，他们从中学会的是独立、平等，而父母也更可能赢得孩子的友谊。

3. "打赢"爸爸

对于一些青春期的男孩来说，和爸爸有肢体力量上的抗衡，比在语言上赢得爸爸有更深远的心理意义。

当然，这里并不是指和爸爸发生激烈的肢体冲突，而是友好氛围下男人之间的互动，如摔跤、拳击、游泳，或者爸爸再也赶不上的骑行。

重要的是，爸爸不要拒绝这样的肢体力量的互动。

4. 拥有一件"稀缺"物品，比如手机

不管手机曾经给我们带来怎样的困扰，不可否认的是，拥有一部属于自己的手机，是成人感的一种表达。

手机争夺战其实也是孩子的主权争夺战，拥有一部手机在某种程度上象征着我成为了独立自主的我，如果父母可以理解这一点，就给解决手机使用问题多打开了一个视角。

捍卫你拥有手机的权利，但对你管理手机也提出明确的要求——我们需要输出这个明确的界限。

5. 表白和拒绝别人的表白

这里讲的并不是暗恋，而是真正付诸行动的表白。这里的表白也不是指冲动地起哄，而是真正思考、权衡后的表达。

不要嘲笑孩子们的情感，说他们不懂。他们的每一份欣赏都纯净、美好、干净、利落、直击本质。孩子深思熟虑后的表白可能在成人看来依旧是幼稚、肤浅、不切实际的，但这却是他们真正以一个独立的个体去认真思考、勇敢行动的结果。

理智拒绝别人的表白，比表白本身更有成人感的意义：谢谢你喜欢我，但你并不是我喜欢的类型，我也明确知道自己想要什么，这个阶段，我不想展开一段感情。

你看，多么美好。

6. 感受某种不曾经历过的身体疼痛

在感受自己身体的疆土上，有了一些特别的体验。

比如头疼。当我第一次感受到"头疼"，当时带给我的心理冲击到现在都记忆犹新。

原来头疼是这样的感觉，原来我也会头疼，头疼不再是从大人那里听到的词汇，我也长大到可以体会头疼是什么样的，这种感觉真的是太奇妙了。

PART 2 ▷▷▷
父母的进化

Chapter 9　孤独的中年父母

青春期之舟与父母的撤退策略

1. 无端的火，泡了汤的完美计划

我们发了很大的火的那一天，原本可能有一个完美的计划：想和孩子度过一段美好的时光，看电影、吃大餐、去爬山，或者只是在阳光下慢悠悠地坐着。只是一件怎么也不曾料到的小事，就让这计划泡了汤。我们暴跳如雷，就像坐上了一艘愤怒的火箭。

总是伴随着懊悔，下定决心，这是最后一次发火，下次再也不会了。这样安慰自己，减轻一些愧疚，眼泪悄悄流下来。

然后是疑惑，到底发生了什么？为什么突然就发了这么大的火？仿佛当时的自己完全失去了控制。不可思议，不能理解，那个自己好陌生，又似乎很熟悉，那种熟悉的感觉稍纵即逝，来自很远很远的地方，很低很低的深处。

想把这一切都抹掉，就像什么都没有发生过一样。示好，找台阶下，孩子疑惑了，他们的逻辑还无法消化父母波涛汹涌后的瞬间平静和平静下隐藏的波涛汹涌。这样的"技俩"次数多了，孩子也就麻木了。

2. 对孩子不满，还是对自己不满

无端的怒火从何而来？

为什么同样一件事，我们有时候可以轻松愉快地跨过去，有时候又莫名其妙地和自己过不去？

一个我们不想接受的真相是，当我们对孩子不满时，很大一部分原因竟然是我们对自己的不满。

我们越是对孩子歇斯底里，越是倾泻着我们对自己的愤怒。

(1) 生活洪流里孤独的中年人。

在迈入家门之前，我们开始给自己做越来越多的思想工作：忘了今天在外面经历过的一切，放松脸部肌肉让五官松弛，好好和孩子在一起，毕竟每天和他们在一起的时间真的很少，还能陪伴的日子也屈指可数啊。

我们这样想，却越来越难以做到。一件小事就能触发我们敏感的神经。经由孩子的一个小错误，我们喷涌而出的不仅是在生活、职场上遇到的困难和挫折，更是光阴里遍历的委屈、压抑、无助、中年的孤独和岁月的一片狼藉。

孩子成了我们的一只"踢猫"，也成为一个无辜的垃圾桶。他像一个入口吞噬了我们席卷而来的情绪，他能怎么办呢？这些怒火进入他的脑海，侵蚀他的身体，他又需要怎样的努力才能把这些排解出去呢？

我们不想看到这样的场景，但被生活洪流吞噬的中年父母，如果没有自省，很容易拉上孩子"壮烈牺牲"。

(2) 身为父母的挫败。

当父母，是会有挫败感的。

我们很容易把孩子当成我们的作品，一荣俱荣，一损俱损。有很多青春期孩子的父母，在孩子遇到问题时，一方面为孩子着急，同时也很自责，认为是自己教养的失败，孩子才会叛逆、早恋、网瘾。

当孩子表现出典型的青春期问题时，他们很容易愤怒。愤怒的本质，是对失控的焦虑、权力的争夺，还隐藏着重要的潜台词：作为父母，我怎么可以有这样失败的"作品"，我怎么可以接受这样失败的自己。

我们让孩子代替了我们对自己的谴责，那种痛恨自己、无助茫然、又迁怒的感觉，裹挟着中年和青年的刀光剑影，愈演愈烈。

孩子经由我们而来，却并不属于我们，他们有自己的生命轨迹。我们总是夸大我们的教导与孩子成败的正相关，过度用力，带着期待，想去影响和改变，但往往事与愿违。

父母和孩子之间，是有边界的。让我们在各自的角色上，彼此依偎向前，但并不必对彼此负责。

(3) 无辜的替身，尘封的自己。

还记得我们的小时候吗？也许曾经的我们不能管理好自己的时间，遇到难题就当逃兵，总是六神无主粗心大意，每次考试都过度紧张。

那些曾经刻骨铭心又被深深藏起的记忆，在我们的孩子身上被激活了。当看到孩子出现同样的问题，我们会暴跳如雷。我们看到的就是我们自己啊！孩子与小时候我们自己的影像重叠了，我们自己也不知道，我们的愤怒其实在攻击尘封在心底的那个自己。

我们给自己未竟的问题找到一个替身，我们不想这样做，但孩子成了无辜的"牺牲者"。

3. 理顺自己，宽容孩子

当我们把自己理得更顺的时候，似乎就更容易宽容孩子。

当我们今天勤奋地工作、努力地学习，收到良好的内外部反馈时，我们一般很少发火，你发现了吗？孩子的"问题"，在我们的眼里是一个主观的概念，我们可以认为这是一个问题，也可以挥之一笑，把问题当成一个机会。

当我们自己充实、丰满时，我们就更能理智地看待孩子的问题。我们可以辩证地看待自己，知道自己在做什么，不会再轻易地被自己的情绪所牵制。

当我们变得更有能量时，身边的磁场也就更有力量。

4. 青春期之舟与父母的撤退策略

育人先育己，无疑是一条最艰难也最有效的捷径。

青春期之舟，无法再按照我们设定的固定路线航行。他们正在积攒巨大能量，想冲破一切枷锁，想去探索各种新的可能。我们需要这样的撤退：关注航标的大方向，但不过于拘泥于操作的细节，让孩子去奔赴他的大江大海。

当我们把目光放回自己身上，无疑给他的跌跌撞撞创造了条件。我们用言传身教重启养育。我们也因此不会花更多的精力去关注孩子的鸡毛蒜皮、细碎繁琐，这无疑给了孩子更多的空间。这是我们对自己人生的进击，也是我们作为父母的撤退策略。

将目光更多地聚焦自己、提升自己，并不会因此失去对孩子的教养阵地。我们可以以更大的能量，更丰富的精神世界，更高效的方法支持孩子。我们可以站在一个更高的视野上，看到更多可能。

妈妈可以愤怒吗

青春期孩子的父母往往过多关注孩子的情绪，忽视自己的情绪管理能力，而这种能力却在孩子的养育过程中发挥了非常重要甚至是关键的作用。

在和很多家长沟通时，大家不约而同地提到了"压制、讨好"这些词，大家的理念支持是：专家说了，孩子发火时，父母不要硬碰硬；青春期策略是要"熬过去"；我不和他杠，这事儿就可以当没发生。

情绪管理不等于情绪压制。如果孩子的行为让我们感到愤怒，我们可以告诉孩子：

你这样做，我感到很愤怒。但看到你这样，我也很心疼。我想一定是发生了什么，让你觉得沮丧。你可以安静地和自己待会儿，想一想，到底发生了什么。如果需要我的帮助，我就在外面。

1. 对于愤怒，可能的三种反应机制

情绪是中立的。喜悦、兴奋、沮丧、失望、痛苦，都是中性的情绪表达。它们之所以带给我们不同的感受，是因为每个人对情绪的处理是不一样的，由此带来我们对其感受的反应也是不同的。对于愤怒，父母可能有三种反应机制：

（1）暴跳如雷，没有任何掩饰的原始反应。孩子淹没在父母的情绪旋涡里。

（2）选择压抑自己全部的愤怒，维持一时的风平浪静。但是，这种逃避的处理方式不仅会让自己憋出内伤，对孩子来说，他们感受到的并不是"包容"，而是情绪和心理需求没有被看见，没有得到回应的无力感。

（3）接纳自己的愤怒，理解它，升华它。实事求是、就事论事、理智表达，看见孩子，并给予理解和支持。

2. 愤怒的五种潜台词

我们可以去观察愤怒，有多少愤怒真正解决了问题？如果愤怒并不能真的解决问题，我们为什么要这么做呢？我们从中获得了什么？

（1）当我们愤怒时，可能是因为我们的权威受到了挑战。那个曾经对我们崇拜、仰视的孩子突然开始质疑我们。

（2）有时候我们的愤怒并不是针对孩子，而是自责，表现出来是对着孩子发火。

（3）就像孩子常常"作"着试探我们是不是真的会放弃他，常常以一些"错误"来吸引我们的关注，我们也会有意无意通过"愤怒"来试探孩子是不是真的不需要我们了，他对我们的依赖还有多少，他是不是真的把我们

甩在身后了。不只是孩子需要安全感，父母也在向孩子要安全感。

（4）企图通过愤怒让孩子感到害怕，让孩子能够"听话"，能够按照我们的意愿行动。但是孩子到了青春期，这种用恐吓让孩子屈服的方法越来越不见效了，就算我们的道理十分正确，他也不一定买单。他们会倾听自己的声音，关注感受，关注是否受到尊重。

（5）当我们愤怒时，如果有不太熟的邻居敲门，在打开门的一刹那，我们可能会快速切换到平静的模式；在关上门的刹那，刚才的愤怒又会立刻归位。就像一条愤怒的长长的线，中间突然断开，接上了喜悦，紧接着又无缝接上了愤怒。原来，愤怒是可以被控制的，它被当成一个工具，有着"开关"，在需要的时候拿出来用，在不需要的时候就收起来，我们希望运用"愤怒"这个工具来达到我们的目的。当愤怒成为一种工具，使用多了，我们自己也会被欺骗，很难分辨自己到底是不是真的愤怒了。

3. 会愤怒的妈妈，才是足够好的妈妈

妈妈可以愤怒。当我们愤怒时，告诉孩子此刻我很愤怒，我如何处理我的愤怒。孩子会从我们身上学会如何与自己的愤怒相处，你怎么做，他大致也会这样做。

一个真实的妈妈，向孩子呈现了一个真实的生活环境、人际环境。不隐藏、不压制，孩子从中可以看到好的一面，也会感受到不完美是生活的常态。这和他们即将会迈进的社会大环境是高度仿真的。没有过度的保护，没有讨好、忍让，甚至需要面对残酷的现实，一切是透明和平等的。

一个真实的妈妈才可能是足够好的妈妈。一个孩子情感的丰沛程度源于他对情感的充分体验。不管是什么样的情绪状态，那个体验的管道是畅通的，就不会有固着。很多孩子在青春期遇到心理问题，就是因为那个流动的管道堵塞了。

一个完美的妈妈，往往过于严厉。她们很难接受孩子不好的一面，或者暂时的失败。在这样的教养环境里，孩子从害怕犯错到不能犯错。而完

全不犯错是不可能的，为了妈妈的满足，他们学会了掩饰行为，压抑情绪。他们的通道慢慢堵塞了。

足够好的妈妈不是完美的，而是真实的。从妈妈的真实里，孩子学习如何接受、理解自己的情绪，并和它们相处。我们永远不可能生活在一个无菌的环境里，孩子更是这样。

我们需要提供给孩子一个抱持的、成长的、甚至是困难的环境。特别重要的是，我们自己就是孩子的那个环境。我们是孩子的眼镜，他们透过这副"眼镜"学习怎样走向成熟。

4. 什么情况下，妈妈的愤怒不会破坏亲子关系

依恋关系好的家庭，从来不害怕和孩子的正面冲突。一件事没有做好，父母对孩子提出批评或者建议，孩子接收到的是：父母是对我的这个具体行为提出批评，而不是否定我这个人。他们不会因为父母的"愤怒"而感到被抛弃，个人的价值感也没有被破坏。而没有依恋基础的家庭就没有这么幸运。

只有足够的依恋被满足，孩子才可能走向成熟和独立。很多在青春期感受到剧烈冲突的家庭，正是因为缺少了依恋的基础。而出现问题后，父母着急地想以最快的速度解决问题，目光都在问题上，又加剧了依恋的裂痕。

先磨刀，再砍树。不管你有多着急。

5. 妈妈愤怒时可以怎么做

（1）在"大动肝火"前，默念"一、二、三……"在发火前，给自己一个缓冲，深呼吸，放慢节奏，让自己平静下来。

（2）陈述你的意见，但不期待孩子"立竿见影"即刻转变。我们的愤怒很多时候来自对孩子"失去控制"。你苦口婆心的教导并没有得到孩子的即时回应，于是你的怅然若失、焦虑懊恼转化成了"咆哮"。对于青春期的孩子，你不能指望用"金科玉律"就能瞬间改变一切，这是不可能也是

不科学的。

（3）放低期待，尊重孩子的内在成长规律。每个孩子都有自己的时区，我们不能要求夏天的花在春天就盛放。作为父母，我们首先要充分地了解自己的孩子，不和"别人家的孩子"比较，不提过分超出孩子能力的要求，更不把自己的梦想转嫁到孩子身上。

（4）爱自己，不迁怒。很多无名火源自对我们自己的愤怒，而孩子很容易成为我们"攻击"的目标。爱自己，照顾好自己，当自己有更多能量时，我们也更能平静。

妈妈的唠叨

青春期孩子最讨厌的父母行为之一——唠叨。

是否"唠叨"，父母和孩子时常给出的是不同的答案。我们对自己说了什么，说了多少遍有时候会不自知，但从孩子的角度，他的感受才是评判的标准。

唠叨就像孙悟空的紧箍咒，并没有如预期般激发孩子的斗志，只会搅乱心智，没有多余的能量用于发展性的课题。

孙悟空会大喊："师傅饶命！"

孩子不会求饶，只会烦躁、愤怒，塞上耳朵，关闭心门。

唠叨"性价比"那么低，为什么我们还是忍不住这样做呢？

1. 我们为什么会对孩子唠叨

（1）自己的执念还是孩子的需求。

让我们对自己的唠叨有意识地察觉：在哪些事情上，我们特别容易执着？然后问自己：这些事，为什么我们如此看重？

比如，一个妈妈特别在意孩子是否把自己的房间收拾整齐，且在这件事上反复唠叨，导致亲子关系紧张。

如果我们可以透过这份执着反思原因，可能会发现，"从关心到强制"，妈妈聚焦的并不是孩子的需求，而是自己未曾解决的问题/心结，是自己的焦虑，即妈妈自己特别在意"理顺""整洁"，并将之强加给孩子。在亲子关系中，父母需要具备的重要能力之一不是纠错，而是能够理解并协调和孩子彼此的需要。

(2) 奢望以最快的速度看到结果。

唠叨的表现形式之一是不断地叮嘱、提醒、催促，反复提起。我们会无意识地无限放大正在唠叨的这件事的重要性，让它占满我们的心智。而孩子会对父母唠叨的频次、程度非常敏感，他们的感受往往是直接而真实的。我们太希望我们的提醒可以像操作机器那样得到快速地回应，但孩子不是机器，他有自己的节奏和周期。我们太希望我们的教导可以起到立竿见影的效果，但这只能是奢望，就像能快速瘦身的减肥方法总是对身体有很大的伤害一样，这更会引起反弹。

给孩子一些时间，给时间一些时间。

(3) 关乎信心和信任。

当我们对某件事没有把握时，我们会很紧张事项的进展，随时关注它的动态。没有信心会传递一种暗藏的语言，即不相信他有做好这件事的能力，所以总感觉说一句、说一遍远远不够，需要不断地重复。孩子感受到的，除了烦躁，还有不被信任。

你会说，因为有太多的"前车之鉴"：我没有提醒，也没有念叨，孩子就是真的没有把这件事做好啊。但是，哪个是因哪个是果呢？因为没有唠叨，所以孩子才没做好？还是孩子习惯了有人提醒，自己失去了主动性、驱动力、责任感，所以才没有做好？

2. 如何避免唠叨

(1) 统一认知。 问孩子，自己平时是不是唠叨，在哪些事项上容易唠叨。孩子的感受是最重要的，判断的标准不在于说话的我们，而在于听的那个人的内心判断。这个过程很重要，是创造沟通、增进亲子关系的基础。

（2）自我观察，寻求反馈。 自我观察，把自己最容易唠叨的事项具体列出来，这是有意识地了解自我的过程。我们对自己的了解往往并没有想象中那么深刻。找时间和孩子沟通，他有怎样的反馈，他的感受是什么，他希望我们可以怎么做。这是让孩子能看到我们愿意努力改变的开始。

（3）邀请孩子参与。 在我们很关心、也觉得重要的事情上，和孩子坦诚地沟通：我认为这件事很重要，所以可能提及、提醒的次数会有点多，为了避免我唠叨给你不好的感受，你有什么更好的建议吗？让孩子参与进来，能充分调动孩子的积极性。以他能接受的方式，既可以保证过程监督，父母们能够安心，又能促进目标的达成。

（4）把责任还给孩子。 我们想让孩子少走一些弯路，但是，每个人的路，必须自己走一遍，才能知道哪里有坑，哪里有雷。忍心让孩子承担言行、决定的自然结果，对自己负责，比一万句预警、唠叨对他的长期成长更有利。把从唠叨中省出来的能量用于孩子更积极的发展议题，少些纠缠，多些建设性高质量的陪伴。

除了生死，都是小事。

（5）约定周期。 杜绝唠叨，几乎是不现实的。我们的目标是降低唠叨的频次，拉长唠叨发生的间隔周期。一个有效的方法是，和孩子约定一个周期，在这段时间内，孩子按照约定的方法（或者自己的想法）推进、尝试，父母只观察，不干涉。在一个周期结束后，结合孩子的体验、结果的反馈来讨论方法的可行性，决定下一个周期是否需要调整。这是启发孩子自我探索、试错、思考的非常好的方式。父母需要做的，是耐心，不寄希望以最快速的路径解决问题。

在一开始的练习中，父母可能会有失控感，并可能因此感到焦虑，可以把约定的时间周期放短。比如3天或者一周，这可以帮助加强过程管理，避免父母担心的"损失"发生。随着练习的深入和对孩子更多的了解，这个周期可以慢慢放长。

孩子没做好≈妈妈没当好，真的是这样吗

"道理都知道，就是做不到啊。"

这是很多父母的困惑。要做到知行合一确实不是一件容易的事，除了需要大量持续的实践、练习，还有一个非常重要的方面需要首先做到——把孩子和自己分离。

1. 对孩子过度反应时发生了什么

当我们对孩子的某个行为特别苛求，对外在的某个评价过度反应时，需要警惕：

（1）我们是否正在追求一个想象中的孩子，这不仅是我们对孩子完美的期待，更是对未实现、未被满足的自己的期待。

（2）我们是否没有将自己和孩子分离，没有把孩子当成一个独立的个体看待。我们从和孩子的共生、共存中获益，为了"满足"自己，我们把彼此捆绑在一起。

举个例子：孩子被老师在群内多次点名，作业未提交、课堂讲话，每次都会激起妈妈非常强烈的情绪反应。妈妈感受到压力非常大，她说："老师的话就如同一根刺，刺在我的心里。"

可以想象，带着这根"刺"，妈妈在和孩子沟通时会是怎样的状态。这个状态对于问题的解决会造成怎样的阻碍。

我们客观来分解这个场景：

（1）当孩子被点名时，发生了什么？孩子的某些表现不符合学校的常规，老师以此来提醒孩子做行为上的改善。

（2）如何看待被点名的行为？被点名，是帮助孩子做改进、提升的提醒，是一个值得关注的信号。

（3）这个"信号"有什么实际意义？就像信号灯，绿色通行，黄色等待，红色暂停，信号本身没有褒贬之分，只是恰巧，现在亮起了"红灯"，这个暂停区给调整留出了时间。

（4）永远停留在"红灯"吗？有20秒的红灯，也有90秒的红灯，但红灯之后会是绿灯，再往前走一段，你又会遇到一个红灯。就是在这样的走走停停中，走到了更远的地方。遇到"红灯"，不是灾难，也不代表永远停下来，反而说明你行走在路上，在前进。

（5）妈妈如何沟通更能帮助孩子？好奇孩子在这样做时发生了什么，是怎么想的。听听孩子的想法，问问孩子需要哪些帮助。如果下次想要做得更好，他需要做哪些方面的改善。

（6）实际上妈妈是怎么沟通的？达到效果了吗？愤怒、责备、唠叨、讲道理、提要求、下命令——没有达到效果，反而亲子关系更恶劣了，孩子的行为表现更差了。

2. 妈妈的这根"刺"是如何种下的

如果妈妈和孩子共生共存，无法分离，很容易把自己裹胁在孩子遇到的问题里。

（1）孩子没做好≈我这个妈妈没有当好？

当老师批评孩子时，妈妈感受到老师批评的也是她自己。这意味着对自己教养能力的否定：孩子没做好≈我这个妈妈没有当好。妈妈容易放大这个感受，过度关注外界评价，因此感到愧疚、挫败，并通过愤怒表现出来。

（2）自我投射。

这段本属于孩子的经历，也可能会调动妈妈学生时代被老师批评的记忆。我们看到的是那个曾经有过相同或者类似经历的自己，如果曾经的那段经历带来过创伤，父母很容易经由孩子的成长经历作出过度反应。可能有对自己的心疼、无助、自责，那个曾经的自己如此渴望一个拥抱，现在的自己多么希望补偿那份缺失，我们原本应该更好地爱自己，但往往通过愤怒表现出来。

3. 探索一条新路径

曾不止听到一个妈妈说：

"我确实是被来自外在无形的压力给拖垮了。我知道我应该更理智地看待孩子的问题，但我就是做不到。"

如果是问题本身的压力，通过解决问题，压力就能得到缓解。但往往原本是一件小事，却成了家庭内部天翻地覆的导火索。我们原本想解决问题，却把这件小事演变成了"大事"。

所以，真正需要被解决的也许并不是这件事本身。当我们陷入孩子成长中的某个问题，总是无法解决，总是循环反复，总是激起我们强烈的情绪，首先更应该审视我们自己，在自我洞察中，探索一条新的路径。

要找到这条路，我总结了以下6点：

（1）我们和孩子之间需要有明确的边界。哪些是孩子的课题，哪些是我们自己的，不寄生，不共生。

（2）每个人对自己负责。孩子的问题，需要由他自己负责。同样，我们也要对自己负责，对自己的情绪负责，而不是让孩子对我们的情绪负责。

（3）我们的生命需要我们自己去完整，我们未实现的不应该让孩子去承担，他们没有义务背负我们未完成的使命。

（4）在给孩子提供他需要的帮助时，我们要明确自己的角色：陪伴者、支持者。主角应该是孩子自己，我们不能越俎代庖。

（5）我们担心、焦虑，想帮助孩子避免成长中的"牺牲"，但是孩子成长的路，必须自己去走。他可能会走一些弯路，但这些是有意义的。在实践中，他们学习对自己负责。只有学会对自己负责，才能发展出属于自己的人生，这个谁也替代不了。

（6）作为父母，我们要保持成长的觉醒，在成长中发现问题，在问题中保持自身的成长。这是对孩子更高阶的支持。

Chapter 10　养育的突围

那么努力，为什么还是养不好孩子

孩子学完一门功课，考试没考好，你可能会责备他：为什么没有考好呢，你一定是没有好好努力。努力了还没考好？你假用功吧！

父母与之类似的情况是，学习育儿的过程也就像孩子们在学习一门新的功课。认真学了，但并不是每一个父母都能很好地运用在孩子身上。让我们痛苦和迷茫的是，花了很多精力，学会了很多育儿道理，依旧没有管好孩子。

是我们不够努力吗？没有下足功夫吗？是我们改变的决心还没有那么迫切吗？似乎都不是。

那问题到底出在哪里呢？

1. 学了不等于理解，你是不是只是拿"学"当一个借口

学了和学会有本质的区别。学会不仅指了解了相关知识，更指对养育知识、策略有深刻的理解。

理解需要我们真正地放下自己，实事求是地看问题，以稳定的情绪和中立的态度去看自己和孩子。

理解是一种自我革命。愿意承认自己的错误，面对自己的失败和沮

衷。撕开伤口时会有点疼，但也只有这样才能让我们更容易看清问题的真相，可并不是每一个人都有这样的勇气。

一个真相是：并不是每个父母都是真正地想去学。也许只是通过这样的方式来寻求一点自我安慰，以这样的方式来缓解自己的焦虑：你看，为了孩子，我是在学习的。我并不是什么都没有做，孩子还是管不好，那就不是我的问题了。带着这样的"自我保护"，自然没有办法很好地理解我们和孩子遇到的问题。

2. 理解了不等于会用——实践，反复地实践

要使用一台设备，我们把操作手册背得滚瓜烂熟。当我们具体操作这台设备时，却有可能手足无措，不知道从哪里下手。

在路上的父母，学了很多的养育知识，也认真理解消化了，还只是纸上谈兵。运用才能从理论走向实际，反复练习才能提高我们的养育技能。我们也在反复练习里完善自己的认知，修正自己的理念。

一些妈妈在孩子遇到问题求助时，对当下的理解特别透彻，可以清楚地看到问题在哪里，但就是无法走出行动那一步。

我们有时候会陷入一个怪圈。将力用在了学习技能上，而不是解决问题上。这是一种"伪装"的勤奋。走着走着就忘了，自己学习的目的是什么。毕竟在当父母的这条路上，我们不想只当一个理论家。从当下能做的那一个小改变开始。

3. 会用，不等于用对时机和对象

我们在很多家长互助群里看到家长们之间互相分享心得，或者在亲朋好友之间切磋养育的成败得失。这是一种很好的方式，我们从中不仅学会了一些实用的方法，抱团取暖也让我们显得不那么孤独。

但有时候我们也发现，别人推荐的好方法在自家孩子身上怎么也发挥不了作用，或者根本推进不了。比如一个朋友分享了如何提高孩子作业效

率的方法，她的方法是先难后易。妈妈回家就尝试推行了，但孩子的效率不仅没有得到提高，反而更难启动了。有的孩子善于挑战，难题在前会让他兴奋，越写越简单，每次作业完成都有一个很好的心情——这个结果强化了他下次继续这样做，他在自己适合的节奏里获得良性循环。但这个方法放在另外一个需要一些助跑才能走上轨道的孩子身上，就完全发挥不了作用。

每个孩子都是独立的个体，生搬硬套显然不能匹配不同孩子的需要。我们只有对孩子有更多的了解，更多地基于孩子本身，我们所习得的技能才能真正有用武之地。

4. 过度看重技巧，丧失了教养的本能

相信自己，我们被赋予了教养的本能。这个本能，包括全神贯注的爱、亲密的依恋、天然的吸引等。

当孩子处于婴儿期时，我们比较容易运用我们的本能。但一些孩子在青春期遇到了问题，家庭的风暴史无前例，父母就乱了阵脚。我们焦急地四处求助、学习，带回家很多真谛，可以编成一本厚厚的"书"。下一次等我们再一次无法敲开孩子的门时，我们把"书"翻到 P129；当孩子陷在手机里抬不起头来时，我们把"书"翻到 P68；孩子对我们充满了攻击，有时也自我诋毁，我们把"书"翻到 P200。我们认真努力地运用着我们学习凝练出来的真理，但这似乎并没有发挥太大的作用，我们合上"书"时陷入深深的沮丧和挫败。我们觉得什么办法都没有了，恰恰忘了我们自己，被天然赋予的教养本能，是我们最重要也最根本的资源。

当我们抛开那些完美的理论，回归父亲或者母亲那个本初的角色，我们也许会更容易找到答案。答案就在你的心里，你要相信你自己。

5. 追求即时速成的成功，缺少持续性

孩子沉迷游戏的本质之一是追求即时速成的成功，我们在陪伴青春期

孩子的过程中，往往也会犯同样的错误。当我们迈出改变的第一步，我们就会期待立竿见影的效果：我已经为你做出了改变，你怎么还不见好？我已经运用了我学到的教养方法，你怎么还不买账？

耐心的父母会坚持第2次、第3次，但耐心往往是有限度的。当付出总是得不到反馈时，这对父母来说是巨大的挑战。

挖金子游戏里，那颗最大的金子就藏在最后一铲子的地方。但大部分情况下，我们在即将到达宝藏前会收回那最后一铲子，转而去挖另外一个洞。

坚持和延续性，是最重要也是最难做到的。放下对速成的追求，放下对快速变化的期待，用心，专注眼下，好的结果自然会来。

6. 亲子之间缺乏链接

我们分别站在一条河的两边。我做好了足够的准备要走向你，可是我们之间的桥断了。我没有办法飞，河太宽我也游不过去。我给你准备的一切都没有办法输送给你。

这是青春期亲子关系中最残酷的真相。敲不开的房门，扣不开的心门，被虚幻蒙蔽了的眼睛。所有的方法、技巧、资源、能量，要发挥作用，必须具备：我愿意给，你愿意收，还要有一个传输的管道。这个管道就是亲子之间的链接。

这个链接本质上是依恋。

走出去很远很远，一直和孩子走了十几二十年，是不是已经忘了依恋本来的样子。它去了哪里呢？回过头去看一看那个生命最本初的几年，我们抱持着怎样的关注、信任、欣赏，去重温那时的柔软，去把它找回来。

养育的突围

亲子养育中，有两个显著的困惑。

一个困惑是父母关于孩子：

那些道理，他显然都知道，但就是无法行动，或者行动的时候总是做不到位。

即孩子不缺乏对道理的了解，但依然行动困难。

另一个困惑是父母关于自己：

学习了很多养育知识，但却发现在面对孩子时反而越来越不知道怎么做，或者，越学越养越糟。

即父母也不缺乏对道理的理解，但依然"过不好养育这一关"。

这两个困惑，主体不同，但究其根本，却有很多相似之处。这两个困惑不是孤立存在的，它们交织在一起，相互影响，有时也相互印证。

1. 你真的学了吗

这个问题很刺耳。

孩子与此类似的地方：就如同我们看到孩子坐在书桌前，夜不能寐，却收效甚微。

- 你在什么时候学？遇到问题的时候？还是把学习如何做父母当成常态？
- 你是如何学习的呢？碎片还是系统？主动还是被动？
- 你学到了哪些呢？一个专家的某些话？一些专家的某句类似的话？一些成功的案例？还是一个系统？
- 你坚持了多长时间？一个星期，还是一个月？还是一年？还是更久？
- 你学习的目的是什么？解决孩子的问题？解决自己的问题？缓解自己的焦虑？为逃避养育的责任找一个正当的借口？

2. 学习了、了解了，理解和内化了吗

这个问题很关键。

孩子与此类似的地方：就如同，孩子学会了一个数学概念，但在做题时，发现只能机械使用，题干稍微有些变化，就不能举一反三。

我们是不是也存在和孩子类似的情况？

套用概念有时候是有用的，但如果做不到内化，我们的动作会很机械、僵硬。孩子在遇到问题的时候，除了需要正确的技术，更需要情感的抱持。

在亲子互动中，也存在很多偶然情况、突发因素，各个家庭之间的实际情况也千差万别，这些都在框架之外，即"题干"发生了变化。没有被内化的养育技巧，常常会让父母自乱阵脚，陷入自我怀疑，并因此感觉到很挫败。

怎么做才能提高内化能力？

（1）在实践中反复练习。如同孩子在反复做题中，提高举一反三的能力。以输出来检验输入，很有帮助。

（2）记住内核，忘记技巧，用"心"思考。如同孩子将书越读越薄，在大考前让大脑"清空内存"。

3. 有没有这样的勇气：瓦解旧的自己，重新建构

这个问题是核心。

孩子与此类似的地方：就如同孩子要有大的进步，就需要直面自己的挑战，改变不好的习惯，打破一些旧有的思维框架。

我们的养育困扰部分源自我们掌握了太多的"真理"：只有这样做才是唯一正确的，不这样做肯定是不行的。当孩子挑战了这个"真理"时，世界就要坍塌了。

学习的过程，不是为了验证我们的对，而是对我们的勇气提出挑战：把旧的自己瓦解，让新的自己重新建构。

本质上，学习对我们提出的挑战是：不要总是想去改变孩子，首先要去改变自己，改变我们的认知，改变我们的思维模式。

4. 聚焦问题还是聚焦解决问题

这个问题是转折点。

孩子与此类似的地方：就如同孩子遇到了困难，他是把自己深陷在这个困难里自我纠缠、自我消耗，还是去思考，我可以做些什么或者不做什么，来向前走哪怕一小步。

学习可能会帮助我们看清楚问题是什么，问题来自哪里，我们会习惯性地把目光聚焦在研究问题上，也把精力更多地消耗在问题当中。

这个聚焦问题的思路常常会裹挟着我们，让我们无法从问题中跳出。

如果我们能做到：知道了问题，把它放下，想象这个问题有一天消失的情境，然后为了达到那个理想的情境做出一点努力。走出一小步，行动一点点，也许我们就跳出了原有的框架，换了一个新的思路。

这个新的思路，就是聚焦解决，就是行动力。

5. 什么样的"好"才叫达到了学习的目的

这个问题看起来像锅鸡汤，但却很现实。

孩子与此类似的地方：如同孩子评估自己的进步，分数只是一个维度，学习习惯、学习能力、思维方式可能在我们看不见的地方悄悄地积攒力量，只是需要更多一点的时间。

所有的付出都是有意义的。它可能并不总如我们期待中的那个样子来临，但是，走过的地方，都会留下印迹。

有些变化，已经发生。

有些改变，需要更多一点等待。

还有，没有变得更差，也是变好的一种形式。

大概率，孩子不会长成我们期待的样子

1. 孩子的成长中充满随机性

孩子的发展不是线性的。

伴随着他们的成长，会发生很多随机事件——有无心插柳，也有事与愿违。

大概率，孩子不会长成我们想象中的那个样子——他会比我们想象中的更丰富、更多元，拥有更多的可能性。他可能走向更高的台阶，拥抱更美好的世界。

当我们执着于指导孩子怎么做，给他设定一个安全的具象的目标，必须按照我们的要求、路径去走时，我们是在给孩子传递这样的信息——只有一条大道可以通向罗马。

否定可能性，这会让孩子走到人生的分岔口时失去想象力，也失去冒险精神。

他可能一辈子活得很"安全"，但也因此丧失了生动。

所谓的"设计""规划"——以为是一条安全的路，但却可能"伤害"孩子，成为孩子向上的天花板。

当我意识到这一点，我开始学习不带预设地去和孩子相处，倾听他的声音，不去阻碍，不去教条地规范。我惊喜地发现，这让我们彼此以及彼此之间的关系都变得灵动。

这种放松、放下，就给了机会一些空间，给了发展更多自由。

2. 对冲随机，5个保持"稳定"的品质

当我们的孩子追求不被预设的灵动的自由，其实是给自己提出了更高的要求。

他需要具备一些优秀的品质，以满足他在随机、不太稳定的环境里保

持自身的稳定。对冲随机性，需要一些稳定的素质。这让孩子在未来不管身处任何一种环境，都具备适应且让自己生活得很好的能力。

（1）解决问题的能力。问题是用来解决的，不是用来想象、用来设限的，也不是只停留在纸面的。具备解决问题的能力，也就意味着孩子具备了这些优秀的品质：面对现实、行动力、脚踏实地、珍视当下、一定的专业能力。

值得注意的是，学习好，不等于能解决问题。会解决问题，也不一定学习好。由此，我们对"好孩子"的定义标准，是值得思考的。

（2）好奇心。因为好奇，所以想去探索，所以不停下脚步，所以愿意打开一扇扇新的窗，所以让自己的生命保持新鲜、活力、生动。好奇心不能保证孩子走得有多快，甚至可能会更慢些，但一定能带领他们走得更远。

更快和更远，如果只能选一个，你会选哪个？你希望自己的孩子可以选哪个？

（3）同理心。站在他人的角度，考虑他人的立场、感受，能帮助我们更立体地理解这个世界。"我不赞同，但我理解"，不仅是对自己的抚慰、包容、接纳，也能帮我们赢得更多的机会，更多的可能性。

（4）灵活变通。非黑即白，非 A 即 B，不是原则性强，而是不懂变通。不懂变通，走到哪都会连续撞线，人生失去弹性。我们要有鲜明的性格，也要能接受自己处于灰色地带。要硬朗，要柔和，也要平衡。

（5）逆商。我们愿意享受胜利的喜悦，但每一个成功的结果都是由无数个失败的过程累积而来的。没有对失败的耐受力，没有绝地反击的勇气，没有坚韧不拔的意志，永远也走不到成功的彼岸。

相比于考了多少分，这些对孩子的终身发展意义重大的品质，是我们更应该陪伴、培养以及送给孩子的礼物。或者，换一个更现实的说法，经由"狭义的学习"这个渠道，我们该如何在学习的过程中培养孩子的上述能力。如果带着这样的目标，我们的目光也就不会狭窄地只盯着分数，我们会更看重过程,甚至重视失败。

当有一天我们的孩子迈入社会,当分数成为过去式被抛在身后,那个时候,依然能留下来的,才是他们最珍贵的财富。

Hey,妈妈很爱你,但妈妈也绝不是好惹的

1. 无条件支持了,为什么还越养越糟

成长型的父母,正在持续学习和迭代自己的养育知识,给予孩子无条件的支持、接纳,充分的信任,很多很多的爱。

孩子从这样的情感支持里,获得力量,甚至成为绝望困境中最重要的那道光。

但是,父母在这条路上,有时却很疑惑:

明明这样做了,并且是长期这样坚持了,为什么孩子没有进步?问题这次解决了,真的解决了吗?为什么下一次他又陷入这样的循环?甚至变本加厉?

这显然不是因为缺乏耐心,不是因为实战的功力不够。

比如,孩子们可能有以下表现:

- 在外内敛温顺,回到家愤怒狰狞,把所有的怒气都撒在父母身上,甚至有暴力行为。
- 给了他很多支持,结果是从厌学走到休学,把自己关在房间里,不和家人有任何沟通,也无法走出家门。
- 对父母或者其中一方非常依赖,不愿意自我思考,没法自我选择,甚至丧失社会功能,把父母消耗在琐碎里。

父母们很受伤。

明明我无条件支持了,为什么越养越糟?

明明我对他那么好,接纳他的一切,怎么变本加厉对待我?

问题出在哪呢？

2. 源于爱，却走入了误区

在和一些家庭（主要是妈妈）的深入沟通中，我发现了一个比较普遍的现象：

刻板地运用无条件接纳，过度的安慰，会走到另一个极端，走进误区。

主要表现在：

- 认为无条件接纳就是无条件满足孩子的任何需求。对孩子无限宠溺，这滋长了孩子的肆意妄为。

- 父母没有边界，或者边界非常不明显。认为这样可以给孩子更多空间，但实际上增加了孩子的不安全感，可能表现为行为上的粗暴。

- 过度的安慰，让孩子失去体验痛苦的机会。孩子的情感是得到了支持，但是无法从经历痛苦中获得思考，得到成长。

有一些案例可以体现我们在使用中的这些误区。

(1) 孩子自我纠缠在作业没有写完里（这里的"没有写完≠写不完"）。

误区

"没写完我们就不写了，我去帮你和老师说明。"

解读

孩子不会感恩你的这个做法，也并不认为这是解决问题的方法。这会增加他的内疚和混乱。

自我纠缠说明他心里很重视没有写完这件事，也说明他可能很在意老师、同学的看法。

现在他最需要的，不是帮他消灭问题，假装这个问题不存在，而是一个往前一步的行动。解决焦虑的唯一方式，就是行动。

坚定地告诉他：你可以做到。我们一起来看看，可以做哪些分解。

(2) 孩子发火动手打了妈妈，下一次，他又动手了。

误区 "我要承接孩子的所有情绪，让他发泄出来。而且他动手，是有选择的，他并没有真的伤害我。"

解读 在动手面前，不分"轻"和"重"，性质都是一样的。

是什么给了孩子"下一次"的机会？再下一次，他会不会在家庭之外使用暴力？

缓解压力，不应成为所有行为的借口。我们纵容他的暴力行为，也不能真的帮助他缓解压力，他永远无法从不正确的行为中得到成长。

我们需要让孩子知道：

妈妈爱你，理解你，但我也有自己的底线，你不可以突破这个底线。

(3) 遇到了问题，呼唤爸爸/妈妈出现，他们总会放下所有的一切，随叫随到。

误区 "孩子需要我，我必须无条件给他提供依靠，帮助他一起面对困难，这才是对他的帮助。"

解读 孩子的问题，是他自己的课题，并不是父母的。每个人都应该经历他自己的水深火热。

更多时候，孩子需要和他的问题待一段时间，他需要在问题的漩涡里摸爬滚打，经历痛苦，他才会慢慢学习和问题相处，也从问题中获得成长的力量。

这样的经历多了，他对困难的耐受阈值会变高，他会变得更有能力，人生的刻度会慢慢前移。

在保证孩子安全的前提下，我们要学会"延迟出现"，这种延迟满足的形式会倒逼孩子的自我思考，最大化地降低他的以自我为中心。

3. 温和泛滥，坚定不足，有哪些后遗症

我们时常不是做得不够，而是：温和泛滥，坚定不足。

如果你不敢和孩子提要求，被孩子牵着走，总是在妥协，就需要反思，是不是自己没有坚定的立场，是不是边界感不足。

父母没有边界感，对孩子长期的伤害显而易见：

- 孩子的安全感反而会不足，他在不断的试探中发现深不见底，内心空洞，这会让他在遇到无法解决的问题时更加无助。

- 长期处于没有边界的环境，孩子很容易把世界当成自己的父母，需要世界也给予他无条件的包容、接纳、回应，以他为中心。但现实是，世界永远不是任何人的爸妈，他得不到支持，就会很挫败，从而退回到家庭那个熟悉的模式里疗伤。

- 当他回到家庭时，家庭继续宠溺，他可以继续撒泼，他感觉到无限的安全。于是，他习得了这个模式：只要外面有风浪，就退回来。退回到他熟悉的安全的环境，就不需要做任何改变。久而久之，他就不想改变了，或者根本不想走出家门了。于是，因为父母的"爱"，他就把自己困住了。

在孩子成熟的过程中，他的成长需要一些外力的推动。这个外力，很大一部分来自家庭，来自父母。

给孩子爱,但不能是溺爱。

给孩子支持,但也要有边界。

要柔软,更要坚定。

在他坚硬的时候,让自己温和。

在他徘徊的时候,让自己成为一个支点。

不要当那个永远呼之即来、挥之即去的人。

要让孩子知道:妈妈爱你,永远都爱你。但是,妈妈也是有脾气的,妈妈绝对不是好惹的。

Chapter 11　职场妈妈在养娃

事业和陪娃不能两全？职场妈妈养娃 6 计

我的朋友是个工作狂，在国内知名的独角兽公司工作，职场精英，事业有成。但孩子在青春期的诸多表现让她越来越苦恼。

40 岁左右的中年人，很多都面临类似的情况。事业处于上升期，再往前一步就可能实现质的跨越。但是又很矛盾，几乎所有的时间都需要花在工作上，不能陪伴家人，尤其是孩子。在孩子的重要成长阶段，几乎是缺席的。放弃职场回归家庭？这也真不是说说那么简单。

1. 陪伴，在任何时候都需要

在任何时候，孩子都需要陪伴，即便是他把你推开的时候——推开是渴求到极致的信号。

工作忙不能成为无法陪伴的借口。我们主张要让孩子独立，但十三四岁孩子的独立和三十岁的独立完全不同。晚自习后永远是一个人回家，爸妈加班没回来自己照顾自己，孩子可能顺从、懂事、省心，但有那么一刻，他看着身边的同学、朋友和父母的身影，有一个念头冒出来：为什么我总是一个人？然后，他也许会迅速把这个念头扑灭，甩甩头假装毫不在意。

也许这样的情况只是少数，大多数家庭是父母介入过多，而不是陪伴太少，但在很多父母处于事业上升期的家庭，在父母有一方甚至双方都在异地工作的家庭，这种情况是真实存在的。哪怕只有一次，你送他上学，哪怕只有一次，你突然出现在他放学的时候，他的心里都会升起一道光。如果可以，让这"一次"尽量再多一些。

2. 精神交流不能少

人在，心不在，依旧起不到陪伴的效果。心在，不仅指专注、用心，更指要努力创造精神交流的机会。孩子青春期，很多父母虽然一直陪着，但不懂他了，完全聊不起来。我们需要问自己，为了能聊得起来，我们做了哪些努力？试着了解过他的兴趣爱好吗？有至少一个可以和他共同开展的业余活动吗？读过他读的书吗？走过他走的路吗……如果没有交集，如果不试着体验他的体验，自然不会有共同话题，更不会有深入的交流。

很多职场父母因为工作的压力，无暇顾及自己的精神生活，所以对孩子也无法做到更好的精神交流。如果是这样的话，就要从照顾好自己的精神家园开始。

不要着急，保持耐心，我们不是立刻就能做到高质量地交流，坚持做正确的事，惊喜可能会在下一秒出现。

3. 对家庭的职场化说 NO

你也许是一位非常优秀的公司高层管理者，也许是一名杰出员工，在职场，你雷厉风行，利落果断，规则感强，表现卓越。你极有可能把这些优秀的特质带回家庭，带到亲子沟通里。

职场的成就感，常常会在家庭里被挫败得一败涂地。那么优秀的自己，难道不理所应当也有一个同样优秀的孩子吗？自己的优秀里，难道不也应该完整包括了家庭和孩子的优秀吗？这个鲜明的对比，让你无法接受，问题到底出在哪里？

家庭和职场是完全不同的场景，你有可能无法切换角色，把职场的模式带进了家庭。家庭里没有那么多KPI，没有那么多必须严格遵守的规则，伴侣不是你的同事，孩子不是你的下属。

让自己放松，柔软，温暖。让自己回归，告诉自己，现在，你只是一位母亲/父亲。

4. 更爱孩子还是更爱自己

你爱孩子吗？这个问题，我们当然会不假思索，还需要问吗？但仔细想一想，真相真的是这样吗？

我们一头扎进工作，对孩子不管不顾时，发生了什么？你是否正在享受工作带来的快感，但却逃避对孩子的教育。工作能给我们带来成就感，但孩子常常让我们感觉到挫败。相对而言，完成工作的挑战比管理孩子来得轻松容易得多，短期回报也来得更快。

在孩子和自己之间，我们选择了满足自己。

5. 稳定的后方

我们可以也应该去追寻我们想要的，我们的职场，我们的理想。但我们不能因此放弃对孩子的养育，成长这条路对于孩子来说是不可逆的。

事业和孩子之间矛盾吗？有平衡点吗？平衡点在哪里？我想，对于每个人来说答案都是不同的。

要找到那个平衡点，我们可能需要得到一些帮助，比如家庭其他成员的支持。我们的另一半，或者我们的父母。我们需要确保有一个稳定的后方，即使当因为工作或者其他某些原因我们确实不能完全参与到孩子的日常，也有值得信赖、也有助于孩子成长的力量可以提供支持。

值得注意的是，不是只要有可以做这些事的人就叫稳定的后方。比如，有些家庭是老人照料孩子的日常生活，他们是我们最爱的父母，对孩子也是无私付出，但这并不代表他们一定可以成为稳定的后方。如果你发现有纵容、隐瞒、过度关注、过度控制、过度干涉等情况存在，且对孩子造成了一些影响，一定要重视，充分沟通，多加调整。

事实是，大家庭的每个人都想为孩子好，但结果有可能事与愿违。父母是孩子养育义务的第一责任人，工作忙不是我们把孩子丢给其他人的借口，陪伴孩子成长、成人，是我们义不容辞的责任。

6. 过程管理 vs 渔翁之利

我们时常会在一天、一周、一个假期快要结束的时候暴跳如雷，因为那时候我们才突然发现孩子竟然还有那么多事没有做。然后，我们会责备他，你早干吗去了？！

在职场，我们的团队要完成一个项目，我们会有时间推进节点，阶段目标，阶段验收，这些工作都是为了保证项目最终可以圆满完成。但是在养育孩子时，我们却常常忽略过程管理，只向孩子要结果。尤其当孩子还不具备自主管理能力时，这个结果常常都很惨。

很多父母说："他说他做完了啊，不是说要信任孩子吗？"或者："我问他他也不告诉我啊，我能怎么办？"和孩子约定监管机制，在一开始就需要去做，而不是在失控后。

父母一定不是也不能是坐收渔翁之利的那个人，我们应该是一个积极且智慧的参与者。给孩子自主权，不是我们一问三不知的借口。我们和孩子之间，应该有一个机制保证，父母要创建这样一个通道，有权利知道孩子在做什么，进展到什么程度，至少在他成年之前。权利是指，我可以不使用它，但在有需要时，我有资格这样去做。这和父母的控制是两回事，很多父母把权利当成了专制，让孩子反感，这是孩子拒绝你参与过程管理的重要原因。

走过职场,我终于理解了青春期孩子的里程碑

1. 骄人的销售业绩背后

去拜访客户,是业内久负盛名的年轻营销总经理,在6个月里他带领团队创造了骄人的销售业绩。

半年前他履新来到现在的公司,用被业内称奇的辉煌战绩,逆转了公司在业内的口碑。可是,在我们聊了2个小时后,他轻轻对我说,没有什么成就感。

我很诧异:6个月内3次销售节点,每次都是完美的战役,怎么会没有成就感?

成就感来于对挑战的征服;反过来,征服了挑战,并不一定就会带来"成就感"。

我想起我自己的一些体验。

当我决定开始一段新的学习旅程时,初期,一个劲地向前冲,每天忙忙碌碌,充满正能量;可是一段时间之后,除了疲惫,也并没有收获真正的"成就感",甚至有一点点的失重。

过程中,我也征服了很多困难,突破了自己的很多局限,但总的感受,仿佛是隔着磨砂玻璃看屋外的风景,朦朦胧胧。

2. KPI的约束和自由

我很好奇,营销总经理和我的体验——取得了可喜的战绩却没有感受到成就感,原因是什么呢?

大致,是我们都在努力奔跑,但是却没有一个明确的"目标"。我的"失重"在于,某个阶段缺乏明确的方向,用看似用功的战术勤奋,掩饰战略的懒惰。营销总经理,目标明确,但缺乏量化KPI的约束(因公司的企业文化,未给他设定量化的KPI指标),虽然他有很高的职业修养,不

会因此而自保或偷懒，但少了需要跳起来去够的那条线的明确高度，作为职场人士，他无法衡量自己的产出是计划内还是意料外。

那一刻，我突然深刻理解了 KPI 带给我们的约束和自由。

3. 管理企业和管理孩子

这给了我很大的启发。管理孩子和管理企业，在很多方面存在着相似之处。在孩子的养育过程中，我们的章法是什么呢？孩子有明确的方向吗？如何让孩子在努力奔跑中累积成就感，而不是达到一个新高度依然自我否定？

你或许会说，孩子应该从内在汲取积极的能量，学习自我肯定，而不依赖外在的评价体系。但孩子不是计算精密的仪器，他们的自理和自律还不成熟，外界对于他们的反馈，仍然发挥着比较大的作用。

他们首先学习从外在的认可、接纳里汲取力量，认识自己，评价自己，然后需要走过很长的一段路，才能完成内化。这是必然的旅程，父母在这个过程中的引导和陪伴，责任重大。

4. 具体、量化、可视、可实现

青春期的孩子，尤其需要通过完成"KPI"来实现对自己的一个个跨越，并在跨越里站上新的里程碑。

孩子的"KPI"，需要可量化、可视、可实现，才真正有效。

比如，假期里孩子有更多机动时间，制定 KPI 更显得尤为重要。

"今天我会好好完成假期作业"，这是无效指标。

"今天，我需要完成课外阅读 1 小时，做语文的衔接教材，听 20 分钟英语音频"，这是非具象指标。

"今天，我读完《西游记》所有内容"，这是不可实现指标。

"今天，我计划完成《麦田里的守望者》阅读 1 小时，语文衔接教材第二章，听 love or money 第三节音频 3 遍"，这是可量化的有效指标。

只有不是为了计划而计划，沉下浮躁的心，放下假装努力，抛弃好高骛远，谦逊温和，脚踏实地，孩子的目标才真正有意义，才有实现的可能。

孩子从征服有效的 KPI 里收获的，不仅有能力上的提升，更是正向的心理激励，当跨过心里的那一座座小山坡后，他们会积累走向更远征程的力量。

5. 从 KPI 到一个灯塔

很多陷入网络游戏困局里的青春期孩子有一个共同的特征，就是他们在现实的世界里较少能获得认可，因此游戏成了他们的"避风港"。

我们不能武断地认为，孩子游戏成瘾，是放弃了自我拯救。恰恰相反，他们往往对自己有着很高的要求，只是，他们的能力暂时不能支撑梦想，现实中的困境，让他们深陷其中，失去了平衡。

引领他们走出来诚然不是那么容易的，帮助他们的唯一办法，不是断网断电摔手机，而是给他一个灯塔。让每个孩子拥有属于自己的灯塔，这不仅需要父母对孩子的充分理解、支持，更需要持久的耐心，用心的智慧。

一个灯塔，是 KPI 的升华。选择孩子最有可能松动的那道防线"投其所好"——如果喜欢音乐，可以是某个偶像的所有作品。如果喜欢机械，可以是一份需要动手动脑研究的工程小项目。当孩子在他感兴趣的事情上专注、专研，像挖一口井那样，一直挖掘，直到看到汩汩的泉水，他会真正完成心理上的跨越。

Chapter 12　家庭有限责任公司

一个青春期孩子对家庭的"拯救"

一个初二的女孩，常常和妈妈发生冲突，比如打招妈妈，双方都很痛苦。女儿事后总是很后悔，她其实很爱妈妈，在不发生冲突时和妈妈感情很好。妈妈很疑惑，为什么她要这样做。

有一次孩子对妈妈说："我在打你的时候，只要爸爸站出来帮你一下，哪怕一下下，我就会停止，可是爸爸从来没有帮过你。"妈妈这才意识到，每次冲突确实都发生在爸爸在家的时候。

这是一个令很多人羡慕的家庭。在外人看来，一家人温馨和睦，女儿高挑漂亮、落落大方，夫妻俩事业有成。但如鱼饮水，冷暖自知。家庭内部到底怎么样，青春期的孩子是个神奇的探测器，总会敏锐地捕捉到。

当青春期的孩子"病了"，我们在一开始往往都不愿意反思是否是家庭系统的问题。青春期孩子表现出来的问题并不是孤立的，而是一个综合的结果体现。

我们只看到他们"突然变坏"的症状，却不知道他们经历了怎样的迷茫、挣扎、无助、恐惧才走到这里。这可能是他们自己都没有意识到的："当我'生病'时，爸妈会奇迹般地同时出现在我面前，嘘寒问暖，有商有量，他们看着不再是那么分崩离析了。"这是他们以"牺牲自己"的方式来保护、拯救整个家庭。

在上面的案例里，女儿对爸爸和妈妈看似一片祥和背后掩盖着的问题心知肚明，她很爱妈妈，心疼妈妈，对爸爸漠视妈妈、在重要问题上选择逃避非常愤怒。她希望拥有一个真正相亲相爱的家庭，她采用的方法是：通过"伤害"妈妈，试图唤起爸爸对妈妈的支援，并因此建立他们之间的连接。一次没有成功，她不甘心，继续尝试第二次，第三次，直至发展到打、掐的激烈程度。当然她也发展了自己的外在症状：沉迷游戏。这也成为她和妈妈之间每次发生冲突的导火索。

在另一个案例里，儿子借用爸爸的手机查阅资料，无意中发现了爸爸的暧昧微信，我们不知道这对他造成了多么剧烈的心理冲击，那个光辉的爸爸形象轰然倒塌，"他突然像变了个人""一点小事他就会对爸爸大吼大叫""他似乎有些强迫症了，鞋子不可以进家门，尤其爸爸的"。那个秘密藏在他的心里，他不能告诉爸爸，更不能和妈妈说，他消化不了，总是暴怒。

永远不要低估家庭氛围带给孩子的滋养。一个稳定的后方，在他们的青春期风暴里发挥着极其重要的作用，而夫妻关系是这个后方重要的组成部分。努力经营好家庭，经营好夫妻关系，也是对孩子关键的支持。不怕有冲突，不怕有矛盾，坦诚、包容、理解、沟通，是我们对自己的责任，也是对孩子的责任。

孩子从原生家庭里学习到的亲密关系的相处模式，会伴随他们的一生。

家庭"有限责任公司"，各司其职，各归其位

家庭是个"有限责任公司"，父母的很多苦恼是将无限的责任裹挟在自己身上。

家庭里有限的几个人，交织着细密的关系网。剪不断理还乱的时候，我们就需要梳理一下彼此的"专业"和"担当"。

如果你想简单，一切就会很简单；如果你想复杂，再简单的也会很复杂。

1. 各归其位

"妈妈"这个称谓背后，代表着什么——包容的爱，温暖的支持，像水般无形的环绕，轻柔、舒缓。

"爸爸"呢——力量、坚定、责任、担当的勇气。

当为人父母的最初，我们就是这样想的，计划这样做的。

后来，慢慢地，我们给自己附加了更多的身份：(各科)老师、指挥家、教导员、训诫师……

这些身份多到抢了"爸爸""妈妈"的戏，掩盖了原本最质朴的光芒，以至于我们不知不觉间已经找不到自己了。

孩子就站在对面，看着我们，但他伸手摸不着，也感受不到我们的爱。

他嘴里叫着爸爸、妈妈，脑袋里又无比错乱：

"你到底是妈妈，还是教导员？你明明是爸爸，为什么成了那么严厉没有耐心的数学老师？"

我们走了很远的路，却走进了焦虑和喧嚣的迷雾，走进孩子的愤恨与疏离。

发生了什么？怎么会这样？值得吗？

回到最初的简单，"各归其位"——也许是最好的答案。

让妈妈回到"妈妈"原本的位置。

让爸爸成为"爸爸"。

2. 各司其职

论学习，家庭里谁更专业？

谁做饭最好，最能照顾好家人的生活？

谁最擅长组织、沟通？

谁最会运动？

谁最幽默，善于调动家庭的气氛，尤其是低气压的时候？

……

让"专业"的人做专业的事。

"外行"指挥"内行"，什么都要管，又管不好，自寻烦恼，矛盾就产生了。

家庭里，把自己最擅长的事做好，就是对彼此最大的贡献，而不是羁绊。按照家庭内的"专业"分工，各自负责好自己的"责任田"。

即使你是双（N）一流毕业，你家初三的孩子依然是这个家庭里的初三学习专业户。他需要知道这一点，以便于他可以对自己负责。

你也需要知道这一点，所以别越俎代庖，别急着走在他前面——你太着急，孩子就不急了；他不急，你就更着急了。恶性循环。

3. 来，这项交给你负责

别说你哪项都不擅长，你又不是白素贞，可以"白捡"个优秀孩子。

不擅长就去学，你总得认领几项。

家庭里那个"全能"的，别抱怨，太苦太累，哪些是必须做的，哪些是"自找"的？

指望对方积极主动前来认领的工夫，你也不是不可以"摊派"。别紧握着权利不肯松手，连带着义务把自己裹成茧，你得学着"放权"——

"来，这项交给你负责。"

你看，是不是立刻轻松了很多。让自己轻松一点不是罪恶。

但"罪恶"的是，对交出去的依然指手画脚，这样让对方放不开手脚，也发挥不好智慧。

你行你上，别抱怨。

你行你不想上，别指手画脚。

你不行，就去学，随时准备上。

你要相信他。

你还有更好的办法吗？

爸爸伙伴

爸爸在孩子的成长过程中扮演着非常重要的角色，无论是对男孩还是女孩。爸爸是男性角色的榜样，是力量的象征；爸爸对妈妈的爱，是他们未来两性关系的样板；爸爸对家庭的付出，让他们理解什么是责任；爸爸的所有努力，而不只是成就，可以让孩子看到如何以积极的状态面对生活。

相对而言，爸爸也更理智，可以更少地情绪化，他们在运动上有着更多的优势。情绪、运动，正是孩子青春期阶段非常重要的两个维度，如果爸爸可以深度参与，不仅可以分担妈妈的压力，"爸爸队友"也能很好地缓解妈妈的焦虑。而孩子们因为拥有一个"爸爸伙伴"更可能获得健全的发展。

对于孩子来说，从爸爸那获得的力量源泉可以带给他们更多安全感。只有感受到足够的安全感，他们才能为独立、分离做好充分的准备。即使这个过程，有温情，有冲突，有和解，有抗争，但在足够安全的环境里，他们从心理上征服了爸爸，他们就获得了成长。而爸爸在爸爸这个角色上，是需要学习"被征服"的技巧的。

和我们努力学习去成为一个"足够好的妈妈"一样，每个爸爸也都是不完美的。我们要接受这样的不完美，并充分调动他们参与孩子成长的积极性。

爸爸伙伴，你很重要。

很多孩子在开始并不理解爸爸，爸爸持续的付出和努力，他们看在眼里，但不一定会表达。也许因为某一件特别小的事，孩子对这份深沉的爱，突然在某个节点就理解了，内化了。

热情地邀请爸爸伙伴参与到孩子的成长中，也请爸爸伙伴积极主动地走进孩子的成长中。妈妈需要你，孩子也需要你。

每个妈妈，都欠自己一个最深情的拥抱

"有一天，我做了饭，浑身都湿透了。没有人想到我也还没吃。我不知道，为什么辛苦拉扯大的孩子，没有一点感恩。不知道用什么词来形容我的老公，没有一点心疼。"

这是一个妈妈的讲述，内心充满委屈。

妈妈的心酸时刻，不早不晚，总是和眼眶的湿润同时到来。

1. 没有什么不能放下

累了，就给自己放个假。他们怎么都不会让自己饿着。

困了，就早点睡觉。不用熬到孩子房间的灯熄灭，侧耳听那边的声音归于沉寂。

把自己先吃饱，先吃好。早饭尽量做好，实在没做好，下次再做呗。

没做好的事，知道就行了，下次再努力做好一点儿，日子很长，只要还一直在路上。

想发火了，真的发火了，抱抱自己，和自己说声没关系。如果需要，和孩子说声对不起。下次，做得比上一次好一点儿就行，如果没有，不着急，就再等下一次。

做个 60 分妈妈，就足够了。

2. 对自己好，直接对自己好

别寄希望于通过对孩子好来作为对自己好的补偿。

直接对自己好，照顾自己内心的感受，优雅地生活。

去做自己想做的事，实现没有实现的愿望。

也别总想着等成为了"空巢老人"，才有时间去做自己喜欢的事。

你全身心投入的时间，可能并不总是必须的。把也许的"自作多情"变成自我取悦，不必为此感到不安。

这个世界，离开了谁都会转。

妈妈暂时离开一下，这个家也真的不会塌。

3. 辛苦了，委屈了，就大声说出来

如果你总是让自己辛劳到崩溃，别抱怨，那是你的默许，甚至纵容。

也许，你要说无数个"但是"。我也想说，但是，这个家，也不只是妈妈一个人的责任。

辛苦了，委屈了，就大声把这些感受说出来。

需要帮助了，就明确提出来。

需要被看见，就大方索要。

需要停下，也直接告知。

不拐弯抹角，不含沙射影，不声东击西，不百转千回。相信我，戏太多，观众并不一定能看懂。或者，观众只有一个，就是自己。

别再把所有责任都放在一个人的肩膀上。有些责任，你得学会甩出去。你也得给别人留一些机会，不是吗？

你不给机会，就别抱怨。

给了机会，也别要求太高。那是不给自己机会。或者，不给自己活路。

4. 如果队友辜负了你

但很多时候，你也要知道，你的委屈，并不是因为孩子。

就算孩子气了你，你气一会儿就行了，真的完全没必要放在心上太久，气了也是白气，你还能和他绝交不成？

如果老公气了你，你有时间在这气自己，你没时间去气他？！

有问题，就好好解决问题。毕竟，你是要和他过一辈子，而不是和孩子。毕竟，孩子未来不知道会在这个世界的哪个角落，有属于他自己的生活。毕竟，就算在你需要时，他想回到你身边，除了意愿，还要考虑不可抗因素。

如果，你们真过成了兄弟，当个感情良好的兄弟，彼此有个照应，也还行。

实在过不下去了，也别以孩子为借口将就，孩子还得分精力照顾你们的感受，他会太忙，也太累。

你有权利享受孤独，你也有权利去追求新的爱情。

只要你想清楚，怎么都行。

就是，别拿孩子当家庭里那只无辜的"踢猫"。

5. 向自己要更好的自己

更多时候，你的感受只源于你自己。

当你委屈、无助、哭泣，想找人倾诉，倾诉孩子、家庭有多么不给力，你其实都是在倾诉自己。

每个人，说任何事，都是在诉说他自己。

40岁左右的妈妈，会经历人生新的思考，会面临个人成长新的阶段。如果你此时战战兢兢、如履薄冰，说明你依然有追求，依旧在走上坡路。

也许，你会迷失，不知道未来的自己要走向哪里。不甘，又放不开手脚，以为是孩子、是家庭拖累了自己，其实，不是的，是你自己没有考虑清楚自己。

和消耗自己的人、事、关系说再见，关注最本真的自己，想一想：我是谁？我真正想要的是什么？

向自己要更好的自己，可能会有阵痛，但却是不委屈自己的最好方式。

谁都可能委屈你，但别委屈自己。当你不再委屈自己，世界也就委屈不了你。

父母教育观念不一致，听谁的

1. 家庭的"潜规则"和孩子的"牺牲"

在面对孩子的问题时，我们往往不愿意首先思考是不是自己存在问题。或者意识到了，但是不愿意承认和面对。撕开自己的伤口很疼，但如果是别人的问题，疼痛感就会减轻很多。

每个家庭都有自己可以贴上墙的规则，同时也有一些"潜规则"，它像一张无形的网，笼罩着生活在这里的每个人，每个人都在其中找到自己对应的位置，心照不宣。

父母避而不言，遵循这个"潜规则"的时候，是掩耳盗铃的高手。我们认为这样可以保护孩子：不说约等于没发生，把孩子隔离在外，孩子就可以免受伤害。但事实上孩子很清楚这样的潜规则，并在其中游刃有余地扮演着重要角色。比如，如果自己出了问题就可以维持家庭内部的平衡，将父母的关注点吸引到自己身上，就可以加强他们之间的链接。

2. 父母意见不一致时，发生了什么

父母在教育孩子方面意见不同，是家庭里面经常遇到的情况。不同的两个独立个体，对同一个目标有着不同的想法和实现路径，是很自然的，

只是在教育孩子这个特殊的情境下被无形地放大了。

这里面确实有教育理念的不同，同时也裹挟着父母双方未解决的问题：争夺控制的权利，对感情对爱的理解，对对方的不满或者期待。"你必须听我的，我的才对""我说了算""只有这种方式才是对的""你不听我的，就代表你不爱我"。

在父母意见不一致的时候，可能会发生两种情况：

（1）其中一方比较强势，也占据优势，他/她独裁般指挥孩子的行动。处于弱势的另一方，在改变未果后，选择妥协。这种情况下，父母双方压制了正面冲突，表面看起来风平浪静，实则暗流涌动。孩子往往会"同情"弱势的那一方，并与之形成隐形的联盟，来对抗强势的那一方。在这样的关系里，孩子要把自己的一部分精力用于伸张正义或者维持平衡，不能专注于自己的发展。

（2）父母双方个性都比较强，他们的矛盾是白热化、公开透明的。如果他们能就孩子养育的问题各抒己见，并得出一个站在孩子角度、而不是自身角度的解决方案，那么孩子也会从中获益。但是如果他们是想从中得到控制权或优越感，那么孩子就不会从中得到任何帮助。孩子也可能利用这种互相敌对的环境，自我掩护，投机取巧，给自己的问题找到一个藏身之地。

3. 表达，表达，充分地表达

试图改变别人，尤其是一个成年人是非常困难的。当我们为了教养孩子这个目标需要去达成某些方面的一致时，我们必须创造充分沟通的环境。试着放下自己的执念，真正站在父亲和母亲这个角色上。

这个过程中，充分地表达和交流是非常重要的。当我们把内心所想用语言表达出来时，有三个重要的作用：

（1）我们把心里的语言外在形象化或者可视化了，可以复盘和核验我们的想法是否有瑕疵，做法是否具备可行性。

（2）充分地表达可以让对方更清晰地了解我们的真实想法，而不是靠猜测。这个世界上再亲密的两个人，靠意念、默契是无法100%了解另一个人的想法的。

（3）我们并不强求两个人的想法完全一致，在有分歧的时候，探讨一个对孩子更有利的路径，并做好分工。放下对完美的期待，做好我们能做的事，处理好我们能控制的事，其他就先交给时间吧。

如果有条件的话，我们也可以把孩子邀请进来，共同去做一些讨论，获得参与感的孩子也更容易获得胜任感，看到了父母如何为了一个目标共同努力，他们会从中学习如何表达自己的不同意见，如何合作，如何求同存异。他们从父母的相处模式里所习得的，将是他们走向未来的铺路石。

PART 3

更好的父母

Chapter 13　反思型父母

困难的"诱惑",你是如何主动纠缠其中的

孩子青春期,父母遇到了前所未有的挑战。

父母面对这些挑战的心态、状态、行动,在很大程度上决定了孩子的状态和内在整合质量,以及这个阶段亲子关系的质量。

如何应对这些新问题,如何不深陷其中,如何让困难成为资源和动力?

1. 青春期的困难不是灾难

真正困难的不是困难本身,而是我们把它灾难化。

一个五年级孩子的家长为孩子的学习习惯焦虑:

"上课不好好听,作业从来都是马虎了事,肯定考不上好初中,上不了好初中,也别指望上好高中,这辈子不就完了?"

这种灾难化,给孩子贴上了标签:学习状态不端正。

这个标签于孩子是负面的暗示:我在学习上没有能力。

这种负面的暗示以"爱"的名义包装成"诅咒":你这辈子完了。

越担心什么,就越会发生什么。在父母长期持续的负面评价中,孩子才真的完了。

青春期的困难，不是灾难。绝大多数成长中遇到的困难，都是可以消解的。不管什么时候（更何况五年级），下一个结论都为时过早。越早遇到困难，就越早为成长提供机会。暴露问题，比隐藏问题但不知道什么时候突然爆发好很多。

不把困难灾难化，需要父母做到以下三点：

（1）不预判结果，把精力聚焦在关注解决的过程。

（2）在过程中始终坚信，所有的问题都是发展中的问题，并不是僵化的，伴随着孩子的成长变化，绝大部分问题都可以得到解决。

（3）孩子是在正向的引导和鼓励中，增强胜任感，提高处理问题的能力的。

2. 青春期的困难，不需要被克服，只需要去跨越

在养育中，我们常有这样的感觉：

越是专注解决某件事，这件事就越不容易被解决。

比如，手机使用问题，是无数家庭的矛盾焦点，久治不愈。结合这个话题，我们来看这个青春期的困难，如何在不需要被克服的情况下被跨越。

（1）我们是如何专注在"手机问题"中的？

语言冲突："你为什么又在看手机？你用了多久了？你总是不遵守规则，你破坏规则还有理了？如果你下次再这样，我就把网线拔掉。"

"暴力执法"：拔掉网线、摔坏手机、肢体冲突。

（2）我们和孩子争论"手机问题"，最终目的是什么？希望孩子不被手机裹挟，可以实现自我管理，可以投入正常的学习和生活。也就是，解决问题并不是目的，推进下一个计划才是目的。

（3）这个目的达到了吗？问题解决了吗？专注在问题里，就给了问题纠缠我们的机会。接下来的半个小时或者更长时间，我们就陷入关于手机的争论里，或者彼此愤怒的情绪里，孩子的状态因此很差，根本就不可能专注、平静地投入下一段学习和生活。问题，没有得到解决。

（4）"久治不愈"的原因是什么？太把"问题"当回事了，就给了"问题"能量，削弱了自己的力量。

（5）对待"问题"，需要储备哪些不同的心态？

- 解决问题≠消灭问题。
- 与问题共存，是生活的常态，也是健康解决问题的心理基础。
- 回到"手机问题"上，想彻底消灭手机问题几乎是不可能的，那就放下执念。

（6）"跨过问题"的实践，可以怎么做？别总想着去消灭它，在心理上允许"手机问题"存在，然后藐视它、跨越它，是我认为在孩子成长阶段不被问题诱惑，不陷入问题，更高效地投入学习与生活，最现实有效的办法。具体怎么做呢？

方法一：走到时间前面去。

与其指责、争论，不如跳过这个问题的诱惑，使用"向前看"的策略：接下来，你的计划是什么？你大约会在什么时间（明确具体时间）进入下一项工作？待会儿要进行的工作需要我为你提供什么帮助吗？但是，不要奢望使用了这个"向前看"的策略，孩子就能如我们预期的那样迅速调整节奏。耐心一些，观察他的行动和变化，一定会比陷入问题中的催促更有效率。坚持这样做，鼓励每一个微小的改善，然后等待更大的变化发生。

方法二："你是怎么做到的？"

以发生在我和儿子之间的故事来举例：

有一次，孩子19：05将手机放到客厅，然后进房间写作业。

"呀，今天提早5分钟就放下手机了，你是怎么做到的？"

愣了3秒，然后："没有啊，我是迟了5分钟才放下。"（原来是我把19：00的时间节点误记成了19：10）"阴差阳错"的误记让我获得了意外的观察：当我问"你是怎么做到的"时，他明显眼里闪亮。在得到肯定时，内心被注入能量。"我是迟了5分钟"——孩子很诚实，他最清楚发生了什么，哪些是对，哪些是错。当他知道不会因为诚实而被责备，他会更真实地面对自己。孩子是在被看见、获得肯定中越来越好的。当他认为自己可以是解决自己问题的专家时，他就更有能力去跨越问题。

"没关系，你尽力就好"，这句常对孩子说的话错在哪儿

你有没有和孩子说过这样一句话：

"关注过程，过程比结果更为重要。"

是这个道理。但在实践中，我们真的可以做到这样吗？如果我们的孩子只关注过程，忽视结果，真的是我们希望看到的吗？

过程和结果，不是非 A 即 B、非黑即白的关系。过程和结果同样需要兼顾，因为它们两者都很重要。

我们在和孩子沟通时，以什么样的态度面对过程和结果，如何引导，取决于孩子处于哪种状态下，以及我们在什么场合应用它。

1. 压力过大举步维艰时，需要更关注过程

压力和表现之间呈倒 U 型曲线的关系。过低或过高的压力，都阻碍获得成功。中等强度的压力，是达成优秀表现的合理区间。

如果孩子正面临非常大的压力，他往往难以行动，我们可以鼓励他多关注过程。这样做，可以引导孩子聚焦当下的每一个小行动，从每一点小推进中获得成就感，累积信心，积攒持续行动的力量。

先行动，再完美，在此刻尤为重要。

父母的状态和心态也直接关系着孩子的心态和行为表现。看到孩子在压力面前举步维艰、止步不前，父母有两种情绪状态：心疼和着急。

但我们往往表现出来的是以着急掩盖了心疼，我们将看到的过程和可能的结果关联起来，并无限放大这个关联，这加剧了我们的着急。不管我们是否有意隐藏这种情绪，孩子感受到的是我们的焦躁，这无疑让他原本就存在的压力雪上加霜。

处于这个阶段，我们和孩子都需要放下对结果的期待和强调，专注眼下，冷静分析，不让"结果"破坏孩子的节奏。

当这个阶段过去，孩子重塑信心时，我们可以再将"结果"请出来，作为我们继续行动的目标。

2."假努力"时，向过程要结果

假努力，这个词似乎有些刺耳，否定了孩子付出的辛劳，但我们确实发现这样的情况常常存在：

孩子勤恳、努力，一刻也没停着，但学习的结果却不好，甚至很差。

如果孩子持续保持着勤奋、用功的学习状态，但是达不到中等水平，我们就需要重视，是不是学习方法有问题，或者在假装努力？

假努力会让自己一直处于忙碌状态，但是也往往总会做自己最熟悉的、擅长的，遇到问题不愿意克服，选择绕着走。这种状态，看似累积了许多时间，但因为疏于思考，往往达不到好的效果。

可视的忙碌让孩子感到心安，也成了他们自我开脱的工具：

"我在学啊，我在努力啊，我没歇着啊。结果不好，可不能怪我。"

孩子在强调过程的勤奋，回避思考的懒惰。这个时候，我们就需要提醒孩子：

- 我们想要的目标是什么？
- 围绕这个目标，我们需要对过程做哪些方面的改进？
- 我们可以怎么做，才能更有针对性地达成目标？

向过程要结果，是对自己负责，对自己的付出负责。通过一个个结果的达成，孩子也能累积更多自信，进阶到更高的平台。

3.养育的误区

精通、自主、目标是驱动力的基础。

——丹尼尔·平克

精通，是指我们需要熟练掌握某件事。

自主，意味着我们对这件事有一定程度的控制权。

目标，是指发自内心想要做某件事，动机是真实且明确的。

围绕以上三点中的目标（想要达成的结果），我们来思考我们在孩子的养育中可能有哪些误区。

很多父母说，孩子没有学习的动力，浑浑噩噩，每天不知道要干什么。

很多青春期的孩子走在探索意义的路上，他们会问：我为什么要学习？我学习的目的是什么呢？

因此，我们看到一些孩子混沌对待学习，甚至生活。我们训斥、失望，但是如果我们复盘，可以发现作为父母，我们在和孩子就结果进行的引导上是存在误区的：

（1）"结果"是模糊的概念，不明确（目标不明确）。当孩子遇到困难，我们常常会说："没关系，你尽力就好。""你不要有压力，我们对你没有过高的要求。"

再顽劣的孩子，也不会真的"没关系"。"没有过高的要求"是对我能力的否定吗？站在孩子的角度，这样说，其实并不能缓解他们的压力。

根据孩子的实际情况，商量出明确的目标（想要达到的结果），孩子眼前的迷雾会渐趋明朗，他有了奔跑的方向，也有了行动的动力。

（2）不敢要"结果"（不敢提目标）。不敢要结果，本质是对自己、对孩子缺乏信心。不确定哪个结果是对的，是最合适的。过高怕达不到，过低又觉得不甘心。因此在过程中左右摇摆，不够坚定。

没有永远的正确，只有当下的适合。先结合当下，商量出更适合孩子的可行性目标，然后在过程中再修正这个目标，这比没有目标更能达成目标。勇敢一点，果断一点，这也是我们在争取结果的过程中可以传递给孩子的。

你烦透了的"睁眼说瞎话",都是孩子的错吗

1. 第 N 个被孩子气晕的理由

被孩子气晕的 N 个理由里,总少不了这一条:

明明刚才就是玩手机了——"我在查资料的啊。"

明明看见他在神游——"我在思考啊,作业写着呢!"

在很多家长的留言中,这都可以归类为——睁眼说瞎话。

这时候,你会怎么做呢?和他争论吗?

为什么不写作业?在想什么?

——没想什么啊,写作业了啊!

写了多少?写在哪儿?(卷面一片空白)

——我刚就是在写作业的,我在想呢。

把你刚才写的给我看一下。

——我就是在写的。烦死了!你出去!

不欢而散。

你很生气。他看起来比你还生气。你都不知道他到底在气什么,你也很疑惑,作业一个字没写这么显而易见的简单的事实,怎么还能无中生有?你有什么值得生气的呢?

2. 是谁给了孩子说假话的机会

一个孩子对父母大吼:"是你总给我说谎话的机会!"

这对父母总是"赤裸裸"地揭穿孩子,在显而易见的事实面前从不退让,为什么孩子还是会觉得父母给了他说谎的机会呢?

这背后的矛盾如此隐晦,却是问题的核心。

(1) 将想象和现实混为一谈,为什么?

赤裸裸的现实面前,孩子的愤怒更多是一种自我保护——自责,同

时，为避免"他责"，启动先发制人的攻击以保护自己不受到来自父母的责备："我知道应该怎么做才是对的，但是我没有做好，我为什么又没有做好呢，我对自己太失望了。但我不想听到来自外界的评判，你们别说了，我不想说这个话题，提都不要提。"此刻的孩子是敏感而脆弱的，压力会让他保持高度警觉，处于情绪的亢奋状态。只有舒缓、柔和的环境，才可以让他放松下来，启动理智的思考。

将想象和现实混为一谈是潜意识里对自己的期待，初衷是值得保护的。这个美好的想象是重要的驱动，即使它是被虚构出来的。而理智的思考，才能分辨虚实，踏上真正行动起来的征程。

父母也需要冷静下来，盯着孩子"满嘴跑火车"并不能改善他的行为。利用他脑袋中的美好图景作为资源，问一问："那么接下来，你打算怎么做呢？"

(2) 另一个爱争输赢的你。

如果你发现孩子总是在一个问题上和你纠缠，反观一下自己是否也正在同样的问题上和孩子争得你死我活。力的作用是相互的。我们总是更容易感受到对方的攻击给身体带来的疼痛，而忽视我们自己也同样攻击着对方。

如果你是一个绝对正确，集权控制任何时候都要赢的父母，孩子会呈现两种可能，一种是"屈服"得失去自我，没有生命力；另一种是成为另一个你，和你死磕到底。此时的他们，把自动模式调为和父母斗智斗勇，根本没有精力去思考，自己确实是哪里没有做好，有哪些可以改进的地方。

作为父母，别总是那么"要强"，孩子就不会总是那么"倔强"。即便你是对的，有台阶下的孩子，才能更快地走到远方。

(3) 在你的家里，说实话，会得到什么？

年轻的时候，我一度对一个问句充满疑惑："想听真话还是假话？"

显而易见，假话还需要听吗？匪夷所思，为什么还会有这样的问题呢？后来我知道，假话有存在的市场，是因为它能满足"需要"。

聚焦到孩子和父母的互动上，一个孩子说了"假话"，是可以从中获利的：说实话就会挨批评或者失去"权利"。只要谎言不被揭穿，就能一时太平。他也知道，这个"假话"可以满足父母的需要：我的孩子表现得很好，是我心目中的理想形象，我教育得挺好的，在别人面前我也很骄傲。

是父母的态度决定了孩子启动什么样的行为来匹配。一旦孩子做得不好，你就粗暴地大发雷霆，全盘否定，看不到他在其中付出过的努力，孩子会心灰意冷。为了躲避责备，谎言就成了短期的策略。如果我们可以一分为二地看问题，就事论事，不迁怒，当孩子感到安全时，他也许更容易看清自己，也更愿意给父母机会看清真实的他。

3. 我们看着孩子长大，孩子看着我们的样子长大

父母也有做错事的时候，比如错怪了孩子，没有遵守约定，控制不好自己的情绪，这个时候我们是怎么做的呢？

真诚地道歉，还是给自己找一个理由，找一个台阶？顾及自己的面子和权威，还是把自己放到和孩子平等的位置，就事论事？

我们看着孩子长大，孩子看着我们的样子长大。这些潜移默化的"样子"，构建起孩子大脑中对外部世界、人际互动、自我理解的认知。相比于"我的父母是怎么说的"，孩子更会把"我的父母是怎么做的"作为蓝本。

如果我们希望看到一个果敢有担当，能勇敢正视自己的缺点又积极向上从不轻易放弃的少年，我们首先要努力成为那样的人。

极端事件频发，真的是因为孩子"抗压能力弱"吗

每次有极端事件发生，我们都会讨论孩子的抗压能力。但这个能力不是一朝一夕，有意识、有意愿就能培养起来的。和其他能力的养成不同，

他们必须经历困境，身处压力的环境里，才能学会如何抗压。这是一种需要"逆行"才能不断累积的能力。从某种程度上来说，抗压能力是果，不是因。

"危险"不会等待，不会等着孩子长大，等到这个能力养成后再发生，我们把锅都甩给"抗压弱"来背，并没有现实意义。

压力的环境无处不在，我们和孩子的朝夕相处里，还有哪些是可以点滴渗透正向引导的？极端事件背后，又给了我们哪些思考呢？

1. 给孩子的压力一些出口

青春期孩子面临的压力比我们想象中要多得多。

青春期阶段的孩子会感觉到自己既熟悉又非常陌生。身体发生变化，心理也在发生变化，各种矛盾会在这个阶段发生：心理上的成人感与半成熟现状间的矛盾，心理断乳与精神依托间的矛盾，心理闭锁与开放性之间的矛盾，成就感与挫败感之间的矛盾。这个从儿童世界迈向真实的成人世界的过渡让他们感到迷茫，无法很快形成良好的整合，大部分孩子会经历或长或短的混乱期。

学业在此刻变得更为重要，对有些人是艰难。人际关系会发生重组，不仅是同学朋友之间的，也包含和父母之间的关系模式。他们的社会接触面也会较之前更加广泛，那是一个真实的世界，有可能会带给他剧烈的冲击。

一些我们觉得根本不是问题的问题，在孩子眼里可能就是巨大的压力。我们用成人的思维去看待问题，可能会低估孩子的压力水平。压力是很好的助跑剂。很多极端事件的发生，恰恰是因为父母给了孩子太多的完美环境，当他有一天必须用自己的力量去抵御狂风暴雨时，才发现自己完全没有经历过锻炼，没有化茧成蝶的力量。

我们可以给孩子的支持，不是帮助他避开压力，而是创造更多的空间，让孩子在面临压力时可以有多渠道的解压方式。我们可能并不能帮助孩子缓解压力，但是我们最起码做到不要堵住孩子的解压出口。

（1）当孩子对我们有负面情绪时，我们是猛烈地反击，还是柔和地接住？哪种对孩子更好呢？

（2）营造可支持性的家庭环境，让孩子有自己独处不被侵犯的物理空间，在孩子想沟通时有畅通的渠道。在家人面前哭出来不是什么丢人的事，有自己特别喜欢的物件或者角落，支持孩子广泛的兴趣爱好并创造体验尝试的机会，家庭成员之间可以和而不同但要温馨和睦。

（3）正确看待孩子的朋友交往，留给孩子相对宽松的朋友交往时间，是真实的朋友，而不是虚拟的朋友。

（4）了解孩子特有的解压方式并给予支持，即使这是正常情况下你并不赞同的。比如，某天听着音乐写作业，某天吃了垃圾食品，打了一会儿游戏，偶尔一天没有做作业。

（5）孩子自我欣赏，自我愉悦时，不要去泼冷水。

压力只要不郁结，就不会真的压垮人。教孩子和压力共存，并利用压力提升自己的能力，首先要做的是疏通管道。对于每个家庭来说，各自的管道是什么，需要我们用心发现。

2. 有质量的链接会成为一念之间的幸运

青春期，孩子和父母之间不发生矛盾的家庭少之又少。从没有对孩子发过火的家庭，并不一定提供了足够好的养育。做个真实的父母，也是父母修炼重要的一部分。那为什么有的父母对孩子严厉并没有破坏亲子关系，而有些却因此千疮百孔，甚至付出生命的代价呢？

孩子从对母亲的全能依恋，慢慢发展为身体的独立，再到精神的独立，这是他们成为自己的过程。我们可能会被一些假象迷惑，孩子大了，越来越独立了，他们也越不需要我们了，因而我们忽视了和孩子有质量的链接。

亲子关系的经营在青春期显得尤为重要。当孩子5岁时，我们要学习以 5 岁的年纪和孩子做朋友，当孩子长到 15 岁时，我们要学习以 15 岁的年纪和孩子对话。"同龄人"可以相互理解，跨越了年龄的鸿沟，我们就和孩子走得更近了一些。

对他好，不一定产生关系；有关系，不等于有链接。吃喝拉撒穿住行，只是链接的低级形式。懂、理解、更深层次的精神交流，在这个阶段尤其重要。

当孩子有了更高级的链接，在面对困难时，他们会找到解决问题的渠道，也变得更有力量。

3. 不要成为破坏孩子价值感的元凶

万念俱灰的时刻，感觉自己的一切都失去了价值。

孩子的价值感，来源于他的经历、体验和获得的反馈，很大一部分来自身边最亲近的人如何看待他、评价他。他们看似冷酷，完全不在意我们怎么说、怎么做，但在他们的心底，奔涌着剧烈的情感。

在父母眼中、口中"失去价值"的孩子，会以自暴自弃、破罐子破摔来回应父母。所有的"诅咒"都更容易成为事实。

当孩子的极端事件发生时，那一刻他们的情绪应该是十分复杂的，自我否定、自我攻击到极致，就走上了极端。

父母有责任和义务指出孩子的问题，也要有能力帮助孩子分辨问题与价值之间的边界。你做错了事，受到了批评，不等于你的自我价值被否定，只是在这个问题上你需要改进。在这个过程中，父母批评孩子的方式，处理问题的方法是至关重要的，就事论事，不人身攻击，先处理好自己的情绪，再和孩子对话。

4. "好孩子"的家长更要有随时清零的心态

在发生过的极端事件里，不乏别人眼中优秀的孩子。这类孩子相较于日常问题频出的孩子，往往容易被忽视。在他们出现问题时，孩子自身受到的震撼和冲击也更为剧烈。

（1）表面乖巧不等于孩子没有自己的想法，只是被隐藏或者未被挖掘。青春期自我意识觉醒，激发了他的反抗，父母觉得他变了样，其实是之前没有发现他的另一面。

（2）成绩好掩盖了他的其他问题，在分数论面前，其他被忽略了。到了初中或者更高年级，知识体系、学习方法都变得不一样，有些孩子过渡不好，暴露出问题，因而前后的表现对比就会比一般孩子更"显眼"，引发家长的焦虑。

（3）一直顶着好学生的光环，一旦在学习上遇到挫折，他首先会不能接受这样的自己，不愿意相信自己能力的不足。有些孩子选择通过艰苦的努力战胜这些挫折，另外一些为了掩饰能力的不足，通过不好好上课、不做作业等方式，来避免面对很努力之后还不能取得好结果的残酷现实。

"好孩子"同样需要关注心理状态，不把他们架在"必须一直优秀"的十字架上。作为家长，尤其需要有随时清零的心态。当孩子遇到问题时，不以过去的光环去要求他，抱持最美好的期待，尽最大的努力，接受最差的结果，陪伴他一路走下去。

5. 学习以外更重要的能力

孩子极端事件的导火索，很大一部分是源于学习压力、手机游戏和社交障碍。但这并不是根本的原因，经由此反映出来的关系处理、情绪管理、生活能力等需要引起我们足够的重视。

最后诱发悲剧的根本原因，绝大多数都不是在日常的课本学习里学会的。如果我们把所有的关注点都集中在孩子的学习、分数上，是非常短视和危险的行为。作为父母，我们希望孩子通过学习，通过有竞争性的分数获得更多机会，但是我们永远也不要忘记，孩子最终会成为一个社会人，他们借由学校学习取得的阶段性成果迈入不同的社会环境，他们要开展工作、生活、社交，未来他们的幸福感不再和分数有任何关系。

这类需要重视和发展的能力，包含最重要的生存能力、管理能力、社交能力，以及伴随我们终身的财商。

自我理解这道光

1. 只想"躺平"的时刻

有一段时间，我特别忙，有常规的工作需要做，还有几个新项目同时在启动。

按理说，我需要加快推进速度。但眼看着事情那么多，心里越着急，越感觉自己行动不了。

有一个周末，计划中的事情一件都没做，以实际行动诠释了什么叫"躺平"。

以上状态，我想你一定也经历过吧。借由这次经历复盘"行动困难""效率很低"的时刻，我发现它们有以下4个共性：

（1）难度太低，重复、机械的工作，看似简单，但推进起来并不积极。

（2）难度一般，但工作量特别大，也可能效率比较低，数量本身带来了压力。

（3）难度大，超出了正常能力范围，需要应对很大的挑战才能完成，会出现启动困难。

（4）和难度无关，但对结果有很强的预期，或者获得了太多的关注，这也容易造成压力，越想做好，就越难以行动。

当感受到被阻碍的力量时，我们可以运用自我对话，把自己拉回到意识层面去对应属于上述的哪种情况，就加深了自我理解。

在自我理解的基础上，更容易从焦躁中走出来，心态会变得平和，也更容易理智地审视现状，找到一个推进行动的小的切入口。

2. 理解我们的孩子

孩子和我们没有本质的不同。他们在面对学业、面对要挑战的事时，也同样会经历这样的心态，会对应以上4种情境。

但我们往往缺乏对孩子的充分理解。当他们左右徘徊的时候，我们习惯性催促、矫正，甚至是责备：

"作业多？那你赶紧做啊！"

"正是因为作业多，你才更要赶紧做啊！"

道理简单而正确。孩子其实也不缺乏对这些道理的了解，他们缺乏的是对自己的理解。

孩子自我理解的能力还在练习中，并不成熟。当他们不能行动时，大脑中一团乱麻、缥缈朦胧的感觉，让他们无法分离出具体的问题在哪里，无法对应正面临怎样的情境，应该怎么做。

我们不能把我们的着急、从成人视角对这些问题理所当然的理解倾泻到孩子身上，这只会增加他们的压力。

放慢脚步，运用对话的方式，引导孩子去自我发现，在不断的自我理解中找到自己的答案，而不是塞给他们一个现成的答案。

比如：

现在让我感到烦恼的事具体有哪些呢？

我可以把它们一二三点分条说（写）出来吗？

哪一个是最重要的？每一个都真的让我担心吗？都合理吗？

我现在的感受是什么？沮丧？失望？孤独……

如果我只可以选择做一件事，最该做的是哪一件？

向内提问，体验感受，抽丝剥茧，通过持续地练习，孩子们不断刻画自我理解的神经元链接，他们的大脑会变得越来越成熟。

3. 引导孩子自我理解

如今的父母勤奋、好学，是养育知识储备最丰富的一代。通过不断地学习和实践，我们知道要对孩子抱以充分的理解，要共情，要静待花开。但在实际运用中，也可能走极端。

一个关于孩子作业上行动困难的案例值得分享：

"五一小长假，初三的小米终于迎来了休整的时间，也领回了小山般的假期作业。这是中考前的最后一个假期，在假期结束返校后，他也将迎接模拟考试。"

模拟考试、中考、小山般的作业、被渲染的这最后一个假期的质量对中考的影响，这些都有可能成为小米压力的来源。

小米就受到上述的综合影响，在假期开始就非常焦虑。知道自己需要认真完成作业，认真复习备考，但就是启动不了。越启动不了，就越着急，越着急，就越启动不了，把精力都用于陷入自我责备、自我纠缠中。

相比于不断地催促、讲道理，父母很容易落入的另一个极端的陷阱是：

"不要着急，如果不想做，咱们就不做。"

"你不做没关系，我帮你去和老师解释。"

我们希望通过这样的努力让孩子放轻松，初衷是好的，但并不能真的解决问题。他们正是因为对自己有要求、有期待才纠结，才自我撕扯。这样的抚慰并不能真的解决孩子的焦虑，只是掩盖了焦虑。

他们焦虑的不是不想做，而是如何行动。接纳孩子的情绪，让他们从当下的撕扯中走出来，是需要做的第一步。但是等孩子平静下来，我们还是要引导他们向前看，往前走，义无反顾。

与其隐藏矛盾，不如和孩子一起来做分解，让他们自己理解正在发生什么，可以从哪里打开突破口。从一个最小的、最易上手的项目开始行动。撕开一道口子，敲开一道小缝，让阳光照进来。也许一个小小的行动就能调动孩子的状态，越行动，他们越会累积自信，这又将反过来帮助他们更好地行动。

终究，孩子去不了他"没有"的地方

1. 岁月静好

"双减"之后，小区里成群的孩子不知道是从哪里冒出来的。

聊天、骑车、打球、爬树……还有一群孩子围着池塘，从笼子里抱出一只乳黄色的小鸭，围观它游泳。

隔壁栋的豆豆放学回来，穿着学校的藏蓝色制服，背着黑色的双肩包，阳光帅气。我还能清楚地记得他小时候的样子，他比我儿子大两岁，俩人经常一起玩。

初三毕业之后，他去了一所高职。

常常看到他和爸爸妈妈在楼下散步。夜晚的小区，路灯亮得晃眼，他们下楼绕着走，一圈又一圈，低声说话，轻轻地笑。

后来，他们养了一只狗，叫大米。大米有时候安静地陪着他们走，有时候总想挣脱那根绳，于是，他们也跟着一起奔跑。

在最平凡的日子里，他们彼此相伴。曾经在升学的关键阶段，当他们遇到巨大的困难时，他们也是这样"不离不弃"的。

每次看到豆豆，我都心生喜悦、平和。他在自己的生命轨道上，知道自己要什么，知道自己有什么，尝试过了，努力过了，然后积极地开展下一段学习和生活。

从他的脸上，可以看到这份淡定。这份淡定里，有着父母这一路陪伴给予他最宝贵的支持。

2. 任何状态

我和儿子分享了我看到豆豆的所思所想。他问，你想表达的是什么呢？

我说，我可以接受你的任何状态。

没有什么状态是不可以的。

你只需要想清楚，自己想要什么。

为了达到自己的"想要"，付出相匹配的努力。

有一个"但是"——

"任何状态"是你主动选择的结果，而不是被动地只能这样去做，只有唯一的一种选择。

即：

主动选择。

自我负责。

努力后无悔。

3. 陪伴孩子，去他想去、能去的地方

陪伴重要的人，去他想去的地方。

父母的陪伴，就是这样的过程。

是孩子想要去的地方，而不是我们想要他去的地方。

如果他心里"没有"，你再拉他，他也不能真正地抵达。

也许他人到了这个地方，心并没来。

于是，他极有可能在某一个你认为已经"大功告成"的时刻，选择躺下，或者选择离开。

归根结底，他必须发展出这样的能力：

我知道我想要什么。

这个过程很漫长，在无法做到之前，首先知道自己不想要什么，也可以。

总之，他得要有自己的想法，而不是强塞给他的我们的想法，尤其是我们自己没有实现的愿望。

4. 心中"有"

他怎么才能让自己心中"有"呢？

即：

知道自己是谁，知道自己有什么，知道要去哪里。

亦即：

小到知道学习的意义，大到知道人生的意义，甚至生命的意义。

培养自主性，是青春期阶段的核心目标。

培养自主性，就是自主、自发地去挖掘自己内在想要的，看清自己是谁，想成为什么样的人。

从而能辩证地看待自己和父母、和其他人的不同、和万事万物的关系、探寻自己真正的人生。

自主性的养成，需要一定的自由作为支持。

即他有可以自我选择的自由，有自我探索的自由。

有自由，才有自主性。

有自主性，才能让自己心中"有"。

心中"有"，才能去自己想去的地方。

心中"有"了更多，才知道自己有更好的地方可以去。

5. 自由背后的更高要求

拥有自由，对于孩子来说，是获得了"权利"，但是，也给他们提出了更高的要求。

直接去做父母、老师要求的事，在框架内，相对简单。什么都安排好了，只要按部就班去执行就可以了。

一旦获得了自由，就得自己安排，还得把自己安排好。

自由不是放飞，是为了飞得更好，这是不容易的。

但是也只有经历了这个自由探索的阶段，当外在给他设置的框架被解除，他才有机会去练习到底应该怎么做。

6. 有界限的自由

拥有了自由的孩子，内心常常是忐忑、伴随着不安的。

放手，给予自由是个逐步的过程。你不能过左或过右。

有界限的自由才是真的自由。

你给了孩子自由，也必须告诉他明确的界限。

在家庭的不同生命周期，我们需要与之匹配养育方面的调整。逐步地自由，不是撤掉所有的框架，而是把那个圆往外再扩大一圈，可活动范围再扩大一点，但它依然是有界限的。

过度的控制，孩子没有自由，学不会自律。

给予了自由，但自由没有界限，也学不会自律。

有边界的自由，才能习得自律，才能给孩子更大的安全感。

7. 自由而自律

因自由而获得的自律，会让孩子更自主，让我们更轻松。

这些工作都需要放在日常练习。如果可以，我们要有一个自己的时间表，比如在初三、高三比较重要的节点，当孩子需要更多时间和精力聚焦学业的时候，他们已经可以或者基本可以践行自由、自律、自主的关系。

这样，他们可以把力量聚焦到重要的事情上，而不是彼此消耗在鸡毛蒜皮里。

这个过程，也是父母参与塑造孩子自我形象的过程：

我希望你成为什么样的人，我就以那样的方式对待你。

你想成为什么样的人，就以那样的人为参照，做那样的人会做的行为。

Chapter 14　11个养育策略

放手策略:
知道要学会放手,但总是做不到怎么办

面对青春期的孩子,我们都知道这样一个道理:学会放手。

但我们也不免疑惑:

"难道我就这样不管了吗?""我总不能不闻不问吧?"

究竟什么叫放手呢?放手的度怎么把握?怎么做才是适当放手呢?这里是25条放手策略:

(1)放手,是不和孩子争出个你死我活的答案。一定要证明我是对的,你是错的,本质上是争夺权力,并不是解决问题。

(2)放手,是暂时放下不能达成共识的细节,在无关生死的事情上,让孩子按照自己的方式去试一试,然后再说。

(3)放手,是你知道孩子可能在家打游戏,你进门之前,先按单元门禁,再按门铃,给他一点提示,让他有收拾残局的时间,而不是"捉现场"。

(4)放手,是允许问题暂时存在,不寄希望于他能马上解决,不要求他用一周时间解决一年或者更长时间里积累下来的问题。

(5)放手,是允许孩子偶尔犯规,偶尔放纵。

(6)放手,是问一问,孩子自己怎么想。是等一等,看看孩子会怎

么做。

（7）放手，是在你心情不好的时候，在你生气的时候，暂时放下，你可以消失一会儿，给彼此空间。跑步、看电影、逛吃，都是不错的方法。

（8）放手，就是永远不站在自己的角度制定单方面的规则，而是眼里有孩子这个主体，充分考虑孩子的意见和能力。

（9）放手，就是从不放弃努力奔跑，也承认孩子的平庸。

（10）放手，不是丢了孩子，不是撒开一张网，而是牵上一根线，孩子感觉不到束缚，但在走到边界时有"被拉紧"的提醒。

（11）放手，是不执拗于自己脑袋中的条条框框，柔和、灵活地运用规则。

（12）放手，是知道而不揭穿，坚定而不逢迎。

（13）放手，是不要总在意太多的细节，只约束"结果"。比如你要求孩子2个小时内完成这项工作，这2个小时内他的先后顺序安排你就不要再企图操控了。

（14）在有的场合，放手又是淡化结果的策略，关注过程，尤其他在过程中的努力，即使结果并不如意，依旧值得肯定。比如他昨天陷在手机里3个小时，今天减少到2个半小时。

（15）放手，是接纳孩子的不完美，让他有试错的机会。

（16）放手，是允许你的孩子与你不同，允许他用自己的方式解决问题。

（17）放手，是在底线上决不突破，原则问题上决不妥协的边界。

（18）放手，是承认有些事情孩子就是做不到的，或者暂时是做不到的。

（19）放手，是启发式提问，但不是强迫性服从。

（20）放手，是你说了很多很多遍，他就是不听，你可以先停下几天不说，试试一周不管，看看他是什么状态。不用害怕，就算"学坏"也不是这一周的"功劳"。

（21）放手，是允许孩子练习了很多很多遍，依旧没有熟练掌握的耐心。

（22）放手，是接纳孩子会挑战你的权威，并"帮助"他战胜你。

（23）放手，是对自己好，让自己活得精彩，眼里不只有孩子。

（24）放手，就是放过孩子，也放下自己。

（25）放手，最终是祝福孩子拥有属于他自己的人生。

因材施教策略：
"直接告诉我怎么做就行"，拷贝养娃为什么行不通

你希望在孩子的养育中拥有一剂灵丹妙药吗？包治百"病"的那种。遇到问题就吃一颗，立竿见影。

"你可以告诉我吗，我的孩子他具体是哪几个问题？"

"直接告诉我方法就行，我回去就用上。"

每当听到父母们这样说时，我总是很有感触。这就像我们去维修一台机器，"师傅，你看这台机器哪里有问题啊，我就委托你帮我修好它啦。"

但孩子不是机器。孩子有情感，有情绪，不是设定好的电脑程序，没有理想中的分毫不差，孩子生活在真实的环境里，与环境相互交融，彼此影响。

生命是五彩纷呈的。每一个个体，都书写着不同的故事。

1. 为什么别人的方法并不一定适合你

（1）每个孩子都是独一无二的。

家庭的生态千差万别，在不同家庭里成长起来的孩子，有着截然不同的个性特点。没有一个孩子是相同的，也没有一个家庭的沟通模式是一样的。

比如，一个习惯了日常严厉的妈妈突然有一天借鉴了另一个妈妈的温

柔，孩子感受到的可能不是安慰，而是惊吓和混乱。当妈妈无法持续这样的"表演"，她又该如何去面对自己的孩子，如何保持养育的连续性呢。

只有我们自己，才最了解自己的孩子，所有方法、策略，最终都要围绕"孩子"本身。我们并不需要为了改变而刻意改变，保持足够真诚，接纳暂时无法做到的缺憾，才能更持续，更持久。

(2) 同一个问题背后可能有不同的成因。

同是厌学问题，背后的原因可能千差万别。有的孩子因为学业遇到障碍无法克服，有些是人际关系融入困难造成的社交压力让他退缩，对老师抗拒、无法获得任何一点成就感、过度的压力、对自己有超过能力范围的期待也是他们逃避学校的原因。

生搬硬套别人处理某一个问题的方法，极容易张冠李戴，南辕北辙。在企图寻求灵丹妙药之前，最重要的"诊断"工作，需要我们自己作为主体做出，这个不能寄希望于他人。

2. 我们寻求帮助的意义到底是什么

既然别人的方法、建议不一定适合我，那为什么还要求助呢？

(1) 倾诉本身就是一种疗愈。 在我们的养育过程中，父母的情绪状态、焦虑水平也应被纳入关注的重点。当我们轴在孩子的问题里，没人商量、没人倾诉的时候，会发现那个问题似乎被无限放大了，天都要塌了，你越抗拒，就越把自己陷在问题里。

当我们可以说出来的时候，我们就选择了正视问题。和问题站在一起，这个姿态，是解决问题非常重要的基础。

通过倾诉不仅舒缓了自己的情绪，还看到原来不只是我一个人遇到这样的问题，我不是那个特例，有些问题是共性的，情况并没有那么糟。如此，焦虑也会减轻很多。

(2) 助人自助。 孩子青春期，父母是需要被关怀的。给予关怀最好的方式不是直接告诉他们怎么做，而是输出面对问题、解决问题的思考方式。

我们整天忙于扑火，是因为我们没有调试好火灾防御系统。我们每天奔忙，是不是都在做头痛医头脚疼医脚地被动防守？如果我们可以从源头梳理出问题，抽身而出站在一个更高的视野俯视问题，我们也许可以把眼前的30个大小问题归纳成为有限的3个主题系列，同一个系列下，我们要解决的问题从根本上是一致的。这样，我们就更容易总结归纳出方法论，以一敌百。

如果我们能从"帮助"中获取这样解决问题的方法论，而不是具体直接的方法，我们就更会懂得灵活运用。当问题以另外一种形式出现时，我们也同样能应对。

助人自助。授人以鱼不如授人以渔。最好的帮助是助其自我成长。

而父母在成长中的思维方式的转变，也会成为孩子处理问题时的样板。

3. 如何发现自己的问题，寻找属于自己的答案

我们可以从他人那里得到支持，获得力量，但这最终都需要转化为我们自身解决问题的能力。

归根结底，能拯救自己的只有我们自己。

(1) 分离问题。其实很多时候我们不知道怎么做，不是因为我们缺乏方法，而是被千头万绪蒙蔽了双眼。我们对问题只有模糊的概念，但并没有明确的"标的"。比如我们时常感到焦虑，但是说不出到底为了什么具象的事而焦虑，"我也不知道怎么了"。

所以，第一步，从一团糟里分离出我们的问题：此刻正在为孩子的什么问题而担心呢？我的困惑是什么呢？

你可以使用的方法是，把所有的困惑分一二三……写下来，想到什么写什么，写完之后做归类，看是否有同类项。这个动作做完之后，你会发现自己思考时更聚焦。你可能还会有一个意外收获，"原来我困惑的事并没有那么多啊"，或者"原来有些困惑根本不值一提啊"。

(2) 找到问题背后的原因。 相比于看到问题、描述问题，更重要的是问自己——为什么？

我的孩子，他为什么会有这些表现？可能的原因是什么？他是有哪些心理需求没有得到满足？我足够理解他了吗？为了帮助他我自身有没有需要改善的地方？我和他沟通更适合的方式是什么？

表现出来的问题只是症状，"为什么"背后才藏着答案。

(3) 亲自去做，不断验证。 杂草丛生的硕大花园里，总有一条最匹配孩子、最匹配我们和孩子互动的道路。但这一定需要我们自己去走、去琢磨。我们一定要做很多的练习和验证才能找到它。别害怕，每一个妈妈都可以有自己的妈妈哲学，这是我们的方法论，是珍贵的独一无二的通关密语。

及时止损策略：
自从练习了及时止损，养娃终于轻松多了

1. 深夜的奋笔疾书

深夜 11 点或者更晚，孩子还在灯下奋笔疾书。你是什么感受呢？欣慰？心疼？或者愤怒？

孩子为了心中的目标努力奔跑，你为此感到欣慰？今天又得很晚才能睡觉，你很心疼他？前松后紧磨到最后一刻才正式进入学习状态，激发你的愤怒？

你确实是会因此感到愤怒的。明知道今天作业很多，为什么前面不抓紧？已经很晚了，是不是可以专注一点而不是神游？盯着一道题 1 个小时了，你的方法没问题吗？你上课认真听了吗？

你对他的心疼也可能以愤怒的形式表现出来。睡这么少多影响身体健康啊，明天上课还有精力吗？明明想传递的是关心，脱口而出的却是

责备。

即便是孩子已经很努力了，做得也很好了，你依旧会愤怒。这个愤怒里，是你对现状的不满，感受到无助的无力感，抑或明知不一定正确，但不得不去走那条路，因为你没有别的更好的选择。这是你对自己的愤怒。

于是，夜深人静，我们听到响彻夜空的咆哮。在寂静的夜，穿透暗黑的薄雾，一切声音、情绪都被无限放大了。

孩子脑袋嗡嗡响，他听见了所有，又一个字也没有听进去。他更混乱了：原本我正快马加鞭呢，这下倒好，我整个都蒙了，无法思考，也无法行动。

他直接撂挑子不干了。这是你眼里的叛逆，不学好，对着干，没有责任心。

或者，他僵坐在那里，没有任何反应。你以为你的训诫起了作用，但你看不见他心里的千军万马。

我们的初衷是什么呢？——早点结束今天的任务，争取更多的休息时间。

我们是怎样传递这个初衷的呢？——责备，抱怨，愤怒，消极验证。

我们的愤怒发挥作用了吗？——因为我们的"参与"，眼前的情况反而更糟了。

我们可以怎样实现这样的初衷呢？——帮助与鼓励，比如创造利于更快速行动的环境。

我们从中发现的问题什么时候处理呢？——让今天过去。在"事件"之外，在心平气和的时候，尤其在我们心平气和的时候。

2. 奔忙的清晨

清晨奔忙。

你奔忙着，竭尽所能给孩子准备一份丰盛的早餐。

孩子奔忙，扒拉两口你的"作品"就要出门。时间太赶了，就要来不及了。

"早起5分钟为什么就那么难？晚起也没关系，你动作倒是快点啊！你不知道早饭很重要吗？我就说你睡得太晚吧？你会很容易饿的，饿了精力无法集中，怎么专心听课？我一大早起来你就这么对待我的劳动？明天我不做早饭了，你爱吃什么吃什么！"

还没有完全苏醒的大脑，充斥着"爱"的冲锋枪式的絮叨。你太心疼了，也太生气了，还有一些担心。孩子的心情，从没迈出家门开始就很糟了。

在悠闲地吃顿早餐和多睡一会儿之间，孩子选择了牺牲早餐的时间。不管是不是合理，他做出的选择，是最利于当下那一刻的，即使那不是你认为的"完美"。

那么我们的选择呢？在他不得不饿着肚子度过一整个上午，和让他有一个比较好的心情开始新的一天之间，如果只能选择一个，你会选择什么？

他不得不饿得头晕眼花，那是他"自找"的。至少，我们没必要再雪上加霜去破坏他的心情。饿几次，他会启动自我保护的。

那么，就可以放任他对早餐的漠视吗？——显然不是。让这个早上过去。在"事件"之外，在下一个清晨来临的前夜，也许可以做些尝试和约定。

3. 怎么又是手机的漩涡

孩子又把自己沉溺在手机里。

你看到他不断拿起，频率高到你无法再忍。你数着时间一秒又一秒，过了1个小时了吧，又过了1个小时。

"请问你和我约定的规则呢？你今天使用了多久了？你为什么不遵守约定？你为什么总是这样？你让我怎么信任你？"

在手机问题上，我们是不是特别喜欢翻账——陷入对规则无休止的讨论，在已经过去的这段时间里对到底是多用了10分钟还是30分钟各执一词，不断纠缠。

这一刻，被卷入"活在过去"的漩涡里。

不管你有多不甘、惋惜、失望，过去了的时间再也不会回来了。你的纠缠只会损失更多的30分钟，并不会对规则的遵守起到任何的帮助。你越是想要在当下立刻解决问题，这个问题的生命力就会更顽强。

那就可以纵容对规则的忽视吗？——必须不是。从此刻起，向前看，不让现在像过去那样被耗损。将已经过去的暂时封存，等待风平浪静、心平气和时再打开，那时候，也许可以更冷静地面对我们遇到的问题。

4. "及时止损"的智慧

让深夜的奋笔疾书尽早结束。

让饿着肚子的奔忙清晨至少还有一份不错的心情。

让被诱惑裹挟的30分钟过去后可以清零重新出发。

这些，都需要我们学习"及时止损"的智慧。"损失"已经造成了，就像一杯牛奶已经洒在地板上，你该停下来缅怀它在杯中的完美状态，还是赶紧扶住杯子，不让杯中剩余部分也和地板亲密接触？反思为什么会把牛奶打翻，是在牛奶流淌时还是在清理完战场之后？

及时止损是让我们学会接纳现状，让我们更聚焦依旧拥有的，暂时放下无谓的期待。那是一种脚踏实地，是留得青山在不怕没柴烧的抚慰。

及时止损，不是一种妥协，而是一种智慧。在养育的路上，不是技巧，而是心态决定了我们可以和孩子一起走多远。

我们永远无法做到完美。我们的选择就是我们的未来。

钝感力策略：
别走太快，你需要"迟钝"一点

1. 一个朋友的故事

我的朋友正牵头负责一个重要项目。有一天他很沮丧：几个约访没有一个得到积极的反馈，有不回复的，有关键推进被取消的，他一下子陷入低谷，甚至怀疑自己的能力。

我安慰他，不回复你的信息可能是因为对方正忙，拒绝今天见你一定有今天不能见的理由，原计划被取消也不一定就是坏事，好事多磨。而所有的这些"被拒绝"，都与你的个人价值无关。只要认真做好了自己该做的，就没有必要因为一些"假设"而怀疑自己。

第二天，他兴高采烈地电话我，前一天联系无果的两个非常核心的资源都主动和他约了见面的时间，而另外一项被推迟很久的项目也迎来了新的突破。

在路上，任重而道远，首先不要让自己趴下。面对困境，保持"弹性"，能伸能缩，能进能退，这是很重要的钝感力。

2. 做"迟钝"一些的父母

身为父母，我们对孩子也同样需要有这样的钝感力。

绝大多数青春期孩子的状态是波动的。这周非常沉默，下周异常活跃。上午还和你谈笑风生，晚上就爱理不理。他们不是故意这样的，他们的冲动抑制、情绪调节能力还在发展成熟中，当他们说不出自己怎么突然就不开心了，他们并不是在说谎。

没有接纳、等待的钝感力，我们是不可能和"漩涡"里的孩子和平相处的。接纳他的波峰和波谷，等待他们日新月异地成长，要相信，眼前的困境不是孩子人生最终的结局，一切都有转机，在路上，还远远没有走到最后。

把唉声叹气转化成积极的行动，这样积极的状态，也是非常重要的钝感力。

3. 修炼自己的钝感力

孩子是波动的，父母也并不总是能做到稳定。

这和额叶的发育成熟度无关，而和父母的状态有关。反思我们在和孩子相处的过程中，对孩子的同一个行为，我们在不同时间可能会有不同的反应，并传递给孩子不同的态度、信息。比如一个妈妈说：我有时候很自责，孩子昨天写作业前看课外书我觉得挺好，高中阶段能挤出时间来阅读，那幅画面看着让人赏心悦目。但今天我就特想发火，为什么他不先把"主业"做好。我为什么会这样呢？

人至中年，被裹挟在工作、生活的细枝末节里，可能对当下感到厌倦，可能在寻求新的方向，不再有年轻时的激情，又不甘顺着山坡往下走。你会发现，如果某个阶段你自我整合得很好，对孩子也会更宽容。而如果当下你对自己很不满，或者面临外在的压力，你就更容易否定身边的一切，而孩子有可能是那个无辜的"受害者"。

要做到一以贯之的确不容易，不用责备自己。你同样需要修炼一些钝感力。在回家之前，给自己一些放空的时间是一种钝感，在想发火之前，默数10秒也是一种钝感。

4. 有钝感力的孩子

有钝感力的孩子，更豁达、乐观、理智。

但孩子的钝感力特别容易和不求上进、不思进取混淆，需要父母观察，分辨。

当孩子遇到一些学习上的困难，比如连续几次考试都没有考好，他们的表现各不相同。有些会特别在意这个结果，并背负巨大的压力，他们看起来是在真正地行动，且行动迅速，但压力过大的一个结果是，他们容易深陷忙碌而忘了思考。有些会完全不在意这个结果(绝大多数时候这是一种假象)，一副无所谓的样子，行走在放飞的边缘。

有钝感力的孩子，看起来不是最激进、亢奋的那一类，他们更冷静、理智，会给自己一些时间，等待眼前的"迷雾"过去，然后再做出决定。他们在困境里会有更强的复原力，这是钝感力留出的空间。

绝大多数孩子是真正的实战派，他们不善于喊口号，但暗自和自己较劲，背后做了很多努力，但在外在表现上，特别的云淡风轻。如果我们不能充分了解自己的孩子，就无法观察到这个线索：他到底是有宝贵的钝感力还是不思进取？

这样看来，孩子的钝感力也需要父母给他们提供支持的土壤。是否能做到这一点，又和父母的钝感力密切相关。

空间策略：
青春期教养里最容易被忽视的 4 个空间

在任何一段关系里，合适的距离、恰当的留白，都是非常重要的。

亲子关系中，"空间距离"也是一个重要的关键词。不管是学校环境，还是家庭环境，不管是学习上的顺序安排，还是我们与问题的关系，都可以被赋予"空间"的思考。

1. 学校空间：适合自己的才是最好的

一个妈妈非常庆幸当时的选择，放下"名与利"，坚定地选择了一所更适合孩子的在别人眼里不那么优秀的学校。自己的孩子自己最了解，她属于什么类型，什么样的环境更适合她，在什么样的条件下可以激发她的内驱力。三年的学习过程和中考的结果证明了她们当时的选择，"退了一小步，赢得了更广阔的天空"。

与之形成鲜明对比的，是另外一个爸爸的忧伤。孩子在高一下半学期遇到了很大的学习障碍，虽然有着强烈的学习意愿，但是心有余力不足让他非常痛苦，状态一直很差。那是当地最好的一所重点高中，是绝大部分孩子可望而不可即的"荣誉殿堂"，但是节奏快、压力大，压得孩子喘不过气来。他多次主动提出转学，都被父母驳回了。"再坚持一下"的朴素愿望，让他们熬过一个学期又一个学期，直至孩子彻底厌学，然后休学。爸爸说：如果再重来一次，我一定会放下我的"面子""私心"，真正思考他当时遇到的困难，我愿意用一切换孩子的身心健康，只要他健康就好。

古有孟母三迁，为了给孩子寻求优秀的学习环境。这里的"优秀"不仅是指领先的学习资源，在当下更应该被赋予"适合"的意义。适合孩子的，才是最好的。这对父母提出了更高的要求，不是一股脑把最好的都给孩子，而是要有甄别，有取舍，筛选出"最匹配"的，提供给孩子选择。这不是一件容易的事，需要父母有格局、有视野，以孩子为本，不被"诱惑"，坚守初心。

2. 给孩子换一个房间：物理空间的调整

我曾建议过一个妈妈给孩子重新规划一下房间的布局，如果有条件的话，调整一下房间的安排。妈妈做了很多努力，选择了后者，把孩子的房间换到了另外一间朝南的阳光房。

这是在家庭生活环境里物理空间的调整。如果孩子在青春期遇到了一些问题，外部矛盾显著，内在整合也遇到困难，可以试一试这个方法。

没有一个问题是孤立的，孩子的问题，绝大多数是家庭问题的综合体现，也是家庭模式日积月累的产物。孩子作为长期生活在家庭里的一员，对家庭的沟通模式、生活模式了如指掌。他们会将此内化，并被作为一个问题的代表推选出来。

经营好家庭关系，营造温馨的家庭氛围，是父母对青春期孩子非常重要的支持。除了关注孩子的心理空间，家庭的物理空间也非常值得我们关注。这包括：

- 家庭内是否有足够的活动空间；
- 家里是否有孩子专属的私密空间；
- 在家庭的物理空间里所传递的情感。

当孩子遇到一些问题时，如果这个问题和家庭密切相关，物理空间的调整可能会给他们一些帮助。当他们迈进家门后，又陷入那个熟悉的问题家庭模式里，为孩子调整房间，或者做一些其他的空间调整，实际上是打破那个模式延续的惯性，对于孩子来说，也可能激发他们换一种思维方式。

3. 学习的空间顺序：自我探索比绝对正确更有意义

一位爸爸对我说，他神奇地发现：多次分析孩子的试卷，右上角那一区域的失分比例最高。所以他建议孩子改变一个书写的细节，将卷子移动，在做每一道题时都保证题目在自己"眼下"的正下方。结果出乎意料的好。

我很震惊，不知道这是不是有科学依据，但这给了我关于"学习空间顺序"的思考。

当我们的孩子在学习上遇到长期无法解决的问题，我们不妨试着和他沟通，是否可以在空间顺序上做些新的探索。

（1）如果基础题正确率有了保证，但就是拿不到高分，那可以考虑在日常练习时，从后往前做。这样更容易把80%的精力集中花在那20%薄弱的需要提升的知识点上（日常练习时使用，考试时忌用）。

（2）"从后往前"，也可以运用在自己懈怠思考的时候，这是最难，但性价比也最高的方式。

（3）如果觉得自己当下很难开始当天的学习任务，那在学习的空间顺序上，就可以从简单的先开始。首先让自己这台"机器"启动起来，然后慢慢找到感觉。

（4）如果孩子非常看重结果以及结果带给他的感受，可以选择先难后易。越做越轻松，会让他体验愉悦的感觉，这种愉悦可以为他持续启动"下一次"提供帮助。

（5）每天复盘学习任务，最容易遗漏的那一项，总是无法在规定时间内完成的那一项，可以调整放到任务清单的第一个完成。

每个孩子都有自己的节奏和时区，不断去尝试最适合自己的先后顺序，灵活地运用，不固化，根据需要随时调整，自我探索比绝对正确更有意义。

4. 与问题的空间距离：把自己和问题分离开

当青春期孩子及其家庭遇到问题时，你是如何看待问题的呢？

- 掩耳盗铃：这个问题不存在，它不存在，我看不见，我听不到。这背后的心理语言是——我不想看见，我不想听见。
- 抱怨：太倒霉了，为什么偏偏是我遇到了问题，我都快被烦死了，真是不省心，我真后悔生孩子。
- 自我否定：孩子出现问题都是我的问题，是我没有能力教育好孩子，是我害了孩子。
- 接纳问题：出现问题是好事，是预警，提醒我哪里需要注意，哪里需要调整。问题不可怕，它提供了一个机会。

当我们羡慕"别人家"的孩子时，是我们忽视了问题的普遍性，低估了他们将问题视作资源的能力。

我们的困境并不在于出现问题，而是根本不清楚问题是什么，问题出在哪里，没有意愿或者没有能力思考问题背后的本质原因到底是什么。

当局者迷，旁观者清。如果我们可以把自己和问题分离开，站在一个第三方的视角，我们就能更清楚地看到问题的全貌。看见问题，接纳问题，将最大化地为解决问题提供支持。父母需要做的，就是帮助孩子将自己和问题拉开一段距离，这样他就不会被问题遮住眼睛，他可以看到更远的路，知道自己要去向哪里，该如何使用自己的力量。

把问题当作资源，我们也需要给孩子时间去充分使用这个资源。这句话的另外一个表达是：不要着急解决所有的问题。

less is more 策略:
忙个不停还不如别人不管

1. 呕心沥血抵不过云淡风轻,努力有意义吗

不是每个勤勉辛劳的父母都会得到"回报",孩子可能远远低于我们的预期,甚至会"脱轨"。

一个妈妈很沮丧:

整个初中三年,我放弃了自己的事业,几乎把所有的时间都花在孩子身上,我做了我认为能做的一切,细致、尽量耐心,帮他梳理错题,认真给他做饭,但是他对我像陌生人一样,高中也没有考上。我不甘心啊,为什么会是这样。他的朋友今年考上了很好的高中,他的妈妈正常上班也没有像我这样。我管了那么多,还不如别人不管,我真的不甘心,为什么啊。

带着无数个"为什么",很多父母会有这样的不甘。呕心沥血,抵不过云淡风轻,还需要努力吗?努力有意义吗?应该放弃吗?还要怎么坚持?有没有问题?哪里有问题?

2. 你不是习惯了琐碎,而是借此逃避思考

青春期孩子的心理需求很微妙:你不要离我太近,以保证我有独立的空间。但你也不能离我太远,以保证可以及时回应。你不用说话,但你要"在"。我不需要帮助时请让我自己处理,如果我需要支持,你最好义无反顾。

呕心沥血型父母勤勉但不一定智慧。他们事无巨细,他们什么都不放心,什么都想管,把自己和孩子都陷在琐碎里。

云淡风轻型父母也许看上去"无所事事",但他们的不管并不是真的撒手不管,而是抓大放小,是一种更高级的管理。

我们观察这两种父母的反应模式：

呕心沥血的父母离孩子太近，侵占了孩子的自主空间。过度支持也许会让事情变得顺利一些，但也在暗示孩子：你不行。你还不行，让我来。没有了磕磕绊绊，我们容易被表面繁荣欺骗，孩子的能力并没有得到锻炼。

云淡风轻的父母和孩子保持着亲密又适当的距离。他们支持孩子的冲锋陷阵，接受他们的摔倒，鼓励他们自己站起来。但他们也不是任由孩子随意游走，相比于呕心沥血父母的平均多点用力，他们把力气集中花在关键时刻、重要转折点，懂得什么时候要果断出手，什么时候最好站在背后。

孩子青春期，父母要做减法，而不是让自己更沉重；要的是有质量的联结，而不是被琐碎裹挟。让自己陷入琐碎，一定会挤压思考的空间。有时候我们习惯了琐碎，喜欢事无巨细，是因为这对我们是有利的，我们可以借此逃避思考，这是用战术的勤奋掩盖战略的懒惰。

3. 少即是多，慢下来，"闲"一点

我们不需要做很多，但最关键的一定不能少做。在该思考时我们需要暂缓行动，在需要行动时，我们要极度专注。如果将行动称为任务模式，将思考称为反思模式，我们要练习在这两种模式之间智慧地切换，而不是一味地在思考，或者以一味的持续的行动为荣。

开篇那个沮丧的妈妈沉浸于外部导向的工作，压缩了心智化，也就是说反思的空间，她一直处于任务模式里，切换到反思模式的时间很少。她的压力不仅来于繁琐的日常，还有缺乏思考带来的焦虑。

并不是一直忙碌才能体现我们是个好爸爸、好妈妈，相反，我们要让自己慢下来，"闲"一点，因为思考需要我们"无所事事"，处于休息状态。然后，你会发现，解放自己有着那么多的好处：

（1）从忙里解脱出来，给思考留出空间。这可以帮助我们跳脱现实，

站在更高的高度上理解我们的孩子。

（2）不纠缠于具象的事，可以给孩子更多自主的空间，也让父母可以聚焦能量在更重要的事上。

（3）亲子关系会因为理解、恰当的距离、更有效的支持而变得更好。

（4）父母把自己从繁琐中解放出来，才能有精力去为孩子做拔高性的规划和布局准备，比如前置学习、成长规划、资源积累。这对青春期孩子即将面临的几个重要转折点至关重要。

（5）父母会有更多的时间用来提升自己，把折腾孩子转为要求自己，这也会从侧面促进孩子的提升。

少即是多。从今天开始，让我们试一试。

"无用"策略：
无用教导十则

做了很多努力，最后发现所有的用功都没有在孩子身上得到正面的反馈，孩子的问题没有得到解决，甚至还变本加厉了。这是很多父母的困扰："明显感觉带动不了了。"

虽然感觉上是带不动了，但这个阶段孩子对于和父母的互动变得比以往更加敏感。相比于关注父母说了什么，他们更关心父母的语气、情绪、姿态。

最沉默的，最敏感，也最渴望。

这就是为什么我们一心为孩子好，说着正确的道理，却换来孩子对我们抗拒和隔绝：是的，你说的都对，但你和我说话的感觉让我非常不爽。所以，我不愿意接受。

教育是慢的事业。我们既需要在孩子有限的青春时光里漫步徜徉，也同样需要争分夺秒。我们要珍惜光阴和孩子一起做些"无用"的事，又要克制自己做"无用"的教导。

1. 即时 / 第一时间教导往往是无用的

"即时"是指发现问题的当下，这个时候的教导，一般情况下都是无用的。

比如有个爸爸非常关注孩子做数学时不打草稿，这导致错误率很高。每当看到孩子又没有把草稿本拿出来，会立刻前去指出，从提醒到责备，每次都是不欢而散。

也有时候孩子听了，但会发现他下次又陷入"老习惯"的循环。这是因为他只在执行爸爸当下的指令，对这个问题本身并没有形成自主思考。

"看在眼里，放在心里"，等孩子完成这项作业后，再找机会给他建议，这不仅保护了孩子的自主，维护了孩子的"面子"，也给了他空间去反思和消化。下一次，也许他会记起爸爸的话，自主去完成。这里的"也许"，是指孩子从尝试记起到完全自主需要一个反复的周期去练习，父母需要对此有足够的心理准备。

2. 在任意时间和任意空间的教导往往是无用的

你是否发生过在孩子专注于自己空间的时候，你的某个愤怒被激发，或者焦虑急剧爆表，因此你不由分说侵入孩子的空间，不管他在做什么，开始发表长篇大论。

孩子无法承接这从天而降的"攻击"，他本能地让自己的大脑处于闭合状态。不合"时机"的教导，只是父母抒发自己情绪的需要，对孩子没有实际帮助，甚至还破坏了孩子的状态。

像和你的客户预约拜访时间那样，和孩子预约沟通的时间，让孩子感受到尊重，他会更愿意和你讨论。

3. 地位不平等，教导往往是无用的

地位不平等，一方过强，另一方过弱，一方权力集中，另一方缺乏力

量，这样的环境下教导发挥不了真正的功效。

"地位平等"也反映在沟通时可视的身体姿态的细节里。回忆我们和孩子沟通时的场景，是不是有过这样的画面：孩子坐着，我们站着。我们可能站在孩子的身后，没有眼神的交流。或者我们坐着，让孩子站着接受训导。这样的沟通情境都没有创造平等的氛围。

4. 自身无法成为榜样，教导往往是无用的

己所不欲，勿施于人。

希望孩子乐观，我们总是自怨自艾；希望孩子努力学习，我们整天捧着手机；希望孩子不要情绪化，我们常常破口大骂。

自己做不到，要求孩子做到，是没有说服力的。我们以为孩子看不到，感受不到，其实他们会有样学样。

非常重要的一点是，榜样不是一个结果，而是我们为之努力的过程。

5. 期待过高，教导往往是无用的

孩子的成长是循序渐进的，我们对他的期待也应该是循序渐进的。和能力不匹配的期待，只会增加孩子的负担。负担让孩子无法轻装上阵，或者因为长期无法达成目标，无法获得正向的反馈，就容易自我怀疑，自我否定，并因此逃避、放弃。

期待和成就动机呈倒 U 形曲线。合理的期待激发成就，一旦超过峰值，超过一定的限额，成就动机就会降低。

6. 教导行为和目标不一致，教导往往是无用的

比如我们希望孩子成为一个乐观、自信、优秀的人，但我们却总是抨击他。

我们希望孩子可以自律，我们总是挑他不自律的地方放大攻击，而忽略他为此付出的哪怕一点努力。

我们希望孩子成为什么样的人,就像对待那样的人那样对待他。可能他并不能总是做得很好,对他抱以更多的宽容和理解,多看到他的努力,多鼓励,这带给他调整、修复的力量,激励他成为更好的人。

7. 治标不治本,教导往往是无用的

很多时候,我们太急于去解决孩子表现出来的问题,把目光聚焦在他们行为的改变上。但常常发现,某个类似的问题换了一个马甲,在不久之后又出现了。

可能的原因是,在遇到问题时,我们习惯于直接告诉孩子怎么做,认为这是最快的解决问题的办法。孩子没有经过自己的思考,直接就得到了答案,这导致他们无法真正理解这个问题。更重要的是,我们把精力都用在孩子的行为调整上,忽视了那些个性问题背后的共性本质。

比调整行为更重要的,是升级认知。这是治本的方法。

8. 没有对结果等待的耐心,教导往往是无用的

可能我们不愿意承认,有时候我们对孩子的教导是很功利的。付出了时间和精力,总希望得到即时的回报。如果这个预期回报没有发生,我们就会怀疑自己的判断,对自己愤怒,也对孩子愤怒,好不容易做出的一点点改变又会重新回到原点。

建构一个新的认知,理解它,和旧的认知搏斗,最后表现在行动上,需要一个时间的周期。我们着急,是忽略了这个从认知形成到行动改变的过程,误以为懂得了道理,就可以也应该迅速做得很好。

耐心,等待,慢一点,会带给我们惊喜。

9. 不能持续的教导往往是无用的

不能持续,包含了我们对教导的理解是片面的,而不是系统的。

不能持续,也指父母缺乏对孩子真正的了解,缺乏对教养方向的判

断。有时候我们容易左顾右盼，看到优秀的经验就去生搬硬套，而忽视是否和自己的孩子匹配。越是向别人学习，越是会不停地变换自己的养育方式。本质上，是缺乏对孩子的了解，不够坚定的表现。

谨慎选择，努力坚持，而不是轻易选择，有限坚持。

10. 亲子关系差，教导往往是无用的

这一点放在最后，是因为它最显而易见，也最重要。几乎青春期遇到的所有问题，都可以在亲子关系里找到对应。

改善亲子关系的核心是父母首先需要做出改变，迈出向前的第一步。即便你内心有无数的不甘、不愿、愤怒、失望，这是我们作为父母的职责。

大爱默默，大爱无言。

无声的力量策略：
青春期亲子关系里"无声"的力量

1. 唔西迪西、依古比古、玛卡巴卡、汤姆布利柏

十几年过去了，我依然记得儿子3岁左右看的一部动画片《花园宝宝》（In the Night Garden），甚至清晰记得里面角色的名字：唔西迪西、依古比古、玛卡巴卡、汤姆布利柏……

除了少量简单的旁白辅助，这部动画片的角色之间没有任何对白，可以说是用了最少的语言，但却传递了更丰富的信息。相比于精准的语言对每一幅画面的定义，"无声"给予了更大的想象空间。这契合了儿童心智发育的特点，也最大化地保护了他们的好奇、探索和丰富的想象力。

"无声"的背后，是不被定义的奇妙旅行。用眼睛去看，用身体去体会，不知不觉中不再把绝大多数人告诉他们的声音当成唯一正确的答案，这就在儿童幼小的心灵里种下一颗又一颗种子。

2. 当孩子到了青春期，我们重新理解"说话"

我再一次感受到"无声"的力量，是在孩子的青春期。

在越来越有限的陪伴里，总想在任何时候找任何的机会说点什么，似乎只有这样，心里才不那么慌张。可是，正如你也可能感受到的那样，我明明没说什么啊，到底是哪句话就触发了孩子的烦躁？我明明没说太多话啊，怎么就成了他眼里的唠叨？

相比于说了什么，青春期的孩子更关注我们说话时的姿态，是温和真诚的，还是居高临下的，甚至连我们努力克制着的以平静做掩护的焦虑，他们也能敏感地捕捉到。有时候，当我们要求他接受、认可我们那些语重心长，对于他的意义却是代表着他要面对、接受自己的"失败与无能"。所以我们看到了愤怒，看到了反抗。

不再任性使用我们的语言，是父母在孩子青春期时需要去练习的。少说并不比多说容易。一方面，这需要父母的克制；另一方面，当教养的责任被压缩到一个更短的语言环境里，需要我们提高语言的质量与效率，这背后考验的更多是我们思考和学习的功力。

但亲子之间良好氛围、场域的营造是不能被压缩的，语言并不是唯一的工具。默契不全在语言里，也在眼神里，在每一餐用心的食物里，在一个轻轻的拥抱里，在一份仪式感的礼物里。一起静静地待着，可以不说话，但空气里可以感受到彼此的关怀。

那些此时无声胜有声的陪伴和感动，迎接它们吧，允许它们出现在青春期的某一段旅程里。用我们的智慧去辨别，什么时候我们该更多地闭上嘴巴，更专注地去打开心灵。

3. 在规则面前，点到为止，多说无益

当孩子做错了事，违背了规则，我们总是控制不住地谆谆教诲。语言的威力在此刻被发挥到了极致，孩子的反抗也到了极致，门就是在这时候

被狠狠甩上的，粗暴无礼就是在这时候像一个个小人儿一样跳了出来。

我们特别生气：明明你做错了，你还发火？还没有谦虚的态度？还不有错就改？这是什么道理啊！

语言的战争爆发了，什么问题也没有解决，只是让自己更加狼狈。

孩子会不知道自己做错了吗？绝大多数时候，他比任何人都清楚。就算那些看起来满不在乎的孩子，心底里也会对正确和错误有清晰的认识。只是"知道"和"做到"之间，还有很长一段距离。

我们的语言只是在告诉他"知道"的道理，但"做到"只有一条路，就是他自己的实践，这是语言的灌输无法达到的目的地。他们需要试错，要走曲折的路，要更多的时间，也要经历很多的反复。当我们误以为语言的责备就可以解决所有的问题而过度用力，只会增加他的挫败感，让他更早地放弃。

点到为止，多说无益。

4. 父母的言传身教是最有意义的"无声"

青春期旅程里，最大的"无声"的力量是父母的言传身教。

孩子们越来越少地盲从权威，有了更多独立的判断。他们不再完全相信自己听到的，更愿意相信自己看到的、感受到的。我们教导他正直、善良、努力、乐观，他们首先会看，自己的父母是不是这样的人，他们是怎样做的。他们也同样需要一个真实的榜样，来理解这些抽象的概念。

如果说孩子是父母的一面镜子，那青春期的这面镜子就把一切美好、瑕疵都最大程度地放大了。青春期的孩子对我们事无巨细的照顾需求达到了历史最低点，但精神引领的需求却空前旺盛，这是给父母提出的命题。以更好的状态陪伴孩子的成长，是父母的最高使命。

与其把所有的关注点和焦虑都放在孩子身上，不如把目光转向自己。在40岁左右的年纪，再认真思考一次自己的人生，再为自己全力以赴一次，不仅会让自己闪闪发亮，我们的光芒也可能照亮身边的人，包括我们的孩子。

在青春期孩子要求更多的独立空间时,这也给我们提升自己提供了更多的自由时间。有些父母在空虚、无聊里打发掉了这段时间,了无收获。有些父母充分利用了这段时间,持续学习和成长,收获了更丰沛的自己。

这段自我成就的旅程是十分有意义的:

(1)把要求孩子转向要求自己,是面对焦虑的积极分心。这不仅给了孩子更多的调整空间,也为自己可以保持情绪稳定提供了基础。

(2)当我们"深潜"自我学习,我们的认知、格局、视野都会迈上一个新的台阶,这可以帮助我们更好地理解孩子,用更科学的方法帮助孩子。

(3)以实际行动告诉孩子,学习、奋斗是终生的事业,并不只是某一个阶段的目标。这比说一万句让孩子好好学习都来得有意义。

(4)孩子也希望拥有一个让自己骄傲的妈妈,这会迁移到对自己的要求上。

发现优势策略:
这门父母必修课,你可以得几分

1. 不擅长学习,并没有影响我们成为一个优秀的人

有些孩子擅长学习,总是能以更快的速度找到学习的方法,以更高的效率交出完美的答卷。有些孩子在学业上表现并不突出,花了很多时间,结果并不好。但他们在某些方面具有更大的优势,比如社会交往能力、对新事物的热情、商业思维、音乐美术体育方面的特殊才能,等等。

在现实生活中,我们身边有很多优秀的朋友、同事、合作伙伴,包括我们自己,在学生时代的学习成绩并不一定是出类拔萃的,甚至还有些所谓的"学渣",这并没有妨碍他们现在成为一个事业有成、乐观自信、充满爱心的人,他们依旧在各自的领域开疆辟土,勇夺佳绩。回顾他们走过的

路，有几个共通点存在：
- 发现自己的优势，坚持热爱，把优势发挥到极致。
- 好奇心，新鲜感，激情，伴随着脚踏实地同行。
- 在最艰苦的时候，不放弃自己，鼓励自己走过最难的路。

2. 不要拒绝打开一扇窗

当我们站在现在看过去，曾经的那些迷惘似乎更能迎刃而解。

对于孩子来说，学习自然是他们最重要的事，但我们也必须承认，并不是每个孩子都会成为学霸，甚至有很多孩子花了很多时间，用了很多方法，依旧止步不前。

逆商培养，抗挫教育，对于他们来说确实是重要的。当他们经历痛苦，忍受孤独，从这些体验中获得的领悟会成为他们身体的一部分，伴随一生。有些孩子很幸运，可视的分数的提升会带给他们回报，他们借由这个媒介，从中获得了能力的提升和认知的颠覆。

但还有另外一部分孩子，在历尽艰辛的努力后，收获甚微。但这并不代表这个孩子是无用的、没有能力的、没有价值的。这也是为什么我们不能以分数的高低、成绩的好坏，作为评价孩子的唯一标准。所有的磨难，最终都是为了让我们更好地了解自己，收获全新的自己。如果磨难成为我们前行的负担，我们因此否定自己，自己先把自己打趴，磨难就失去了它本该有的意义。

不要吐槽大环境，大环境我们无法改变，作为父母，我们可以给孩子的支持有三点：

（1）客观地看待孩子的学习能力，不因为成绩不好而给他贴上"笨、蠢、没有能力、将来什么都不做好的"的标签。不迁怒，不因此否定孩子的个人价值。

（2）引导他复盘：怎样看待他的付出和获得，用了蛮力还是方法不对，是一路走到底不撞南墙偏不回，还是在合适的时间换个方向，这个合适的时间又如何选择……最重要的，是经由这个不断尝试、试错的过程，更好地了解孩子，也让孩子更好地了解自己。

（3）和孩子一起发现他的优势，即便是别人眼里的"学渣"，他也一定会有某个点闪闪发亮。发现这个优势，创造条件，让这个优势有生长的空间。

当我们这样做了，我们就可以更好地帮助孩子客观地看待自己，不被既往的失败束缚，有重整旗鼓的勇气，看见自己的优势并可能因此成为他最重要的资源。

3. 了解孩子是我们最重要的功课

我们自己的孩子，到底是什么样的，在我们和他朝夕相处的十几年里，如果我们都没有办法给出答案，寄希望于别人给的方法来解决我们和孩子之间遇到的问题，就相当于无源之水。

（1）当我们了解了自己的孩子，我们就不会生搬硬套别人的经验。同样的方法在这个孩子身上管用，在另一个孩子身上就适得其反。有一个极端的例子：有一个家长说孩子就得揍，不揍不记事，揍对我家就很管用。另一个家长回去用了同样的方法，孩子离家出走了。

（2）当我们了解了自己的孩子，我们就不会总拿别人的优点比孩子的弱点，那样可能极大地伤害孩子的自尊和自信。比如，"隔壁小明的英语每次都至少比你多考 10 分，你怎么这么笨。"背后隐藏的事实是，孩子小时候的语言能力发展就比较弱，但孩子每次的物理都名列前茅。

（3）当我们了解了自己的孩子，就不会对他有不切实际的期待，不会把自己未实现的愿望强行附加在孩子身上。我们可能会知道，在哪些方面，我们可以再努力一把，而在哪些方面，不用再做无用的挣扎。比如，你想成为一名医生未果，你希望孩子将来完成，但孩子完全无感，他对音乐有浓厚的兴趣。

（4）当我们了解了自己的孩子，我们就创造了更多跟他进行对话的可能，从了解他，再到理解他，这也因此可能少了很多一到青春期，孩子就关闭房门、心门的家庭。当孩子有一天突然不理我们了，问题真的不只在孩子。

（5）最重要的，了解孩子可以帮助我们更好地发现孩子的优势。他喜欢什么，擅长什么，在什么事情上可以保持高度专注，在哪里有明显的天赋，发现它们，尊重它们，创造条件去尝试可能性。

兴趣爱好成为自己的职业或者终身事业，优势被最大程度地发挥出来，这难道不是我们对自己的最大期待吗？那么对于孩子，对于我们最爱的孩子，是不是也可以给他一些更开放的支持呢？

与问题共处策略：
你的绝大部分焦虑毫无意义，不是所有问题都需要立刻被解决

1. 奔涌的后台程序

青春期孩子的父母，困惑的开端源自发现原来的方法在某一天突然不适用了。这是因为孩子已经进入一个全新的成长阶段，而我们却还固守在原地止步不前。

孩子的变化就像后台的程序，悄无声息地发生，当我们感觉到"突然""突兀"的时候，其实程序已经运行了很久。

奔涌的青春，势如破竹。我们唯一能做的，就是跟上成长的脚步。可以回头，可以缅怀，但不能沉迷其中。投身奔涌的青春里，和孩子一起，保持同频，追求共振。

2. 你在困惑什么

即使你这样做了，依旧时常感觉到困惑。

这个阶段的困惑更多是一种感受。只有理顺了，才会聚焦到真正的问

题。如果此时有一个人向你提问:"你在困惑什么?"可能会有两种答案:

(1) 不知道自己哪里不知道:我说不上来,就是非常困惑,甚至是绝望。

(2) 太知道自己哪里不知道:你坐下来慢慢听我讲,我们现在问题太多了,比如……

问题太多,本身就是问题。此时你是在被自己的情绪困扰,还远远没有走到解决具体问题那一步,就已经把自己折腾得精疲力尽。

当你在和自己抗争的时候,"问题"就找到了发展壮大的机会。

3. 看清问题的3个步骤

试试看这样做:

(1) 书面可视化:找一个安静的地方,让自己冷静下来,拿出纸和笔,问自己:"现在正在困扰我的是什么?"

把你的答案一二三……一条一条写下来,不需要考虑逻辑有没有关联,更不要关注文笔是否优美,只要把浮现在你脑海里的写下来就好。

(2) 整理这些可视化的问题:将纸上所有写出来的困扰进行整理、归类,哪些可以合并同类项,哪些是类型不同的问题,哪些涉及方法,哪些涉及习惯,哪些和孩子相关,哪些和自己相关,哪些需要放下,哪些需要去寻找资源。

你可以按照你自己的维度设计不同的"筐",然后将这些问题放进各自的"筐"里。经过这一步骤,N个松散凌乱的问题极有可能会被归类在有限的几个"筐"里,给这几个"筐"贴上名字,我们面对的问题就聚焦了。

(3) 聚焦主要矛盾。走到这一步,你会发现现在展现在你面前的问题并没有想象中那么多。如果你有5大类问题,将这5类问题按照紧急、重要程度进行降序排序,你就会更加清晰,原来,最烦扰我的是什么,哪些是没有必要的担忧,哪些可以等到后面再去解决。这样我们就会减轻很多无谓的压力。

排序的唯一参照标准是孩子目前的实际情况,而不是别人的评价或者经验。

4. 轻装上阵

并不是所有的问题都需要立刻被解决。

比如：周末的最后一天晚上孩子还有一份课内试卷没有完成，你同时对他不整理自己的房间颇有微词，他也不太有时间观念。

你需要做出评估，当下最需要被解决的问题是哪一个？孩子不可能在同一分钟同时启动上面的两件事。如果对于他来说，早点做完作业，早点休息是当下最需要做的，那么就先聚焦解决这个。

至于房间凌乱可能是你的执念，孩子"开心"就好。随着他的长大，自理能力会不断增强，相比于盯着他的房间，我们更可以掌控的事是，把我们自己的房间以及公共空间整理得井井有条，成为模板。

而没有时间观念，不是当下你一着急就能解决的，你整天揪着这个问题不放，情况也许会更糟。所以，这是一个重要但不太紧急的长线工作，你需要做好跑马拉松的准备，而不是站在100米短跑的赛道上随时等待发令枪的响起。

不管你同时发出几个指令，孩子极有可能只会记得其中一个。他不是故意不做，他是真的没有"听见"。因此，一次只说一个问题，说最重要的那个。

积极分心策略：
别急着赶走那只"白熊"

1. 一则留言

一个10岁的女孩给我留言：

"我现在在练习奥数竞赛、信息竞赛还有很多别的竞赛，可是就在这最应该抓紧时间的时候，我总是想玩儿手机。我其实是一个很自律的人，也很会集中精力地做一件事情，可是现在我一下子觉得我很想要在玩儿手机的时候把我所有的压力都给甩掉。但是我不能玩儿那么多手机，因为是在浪费时间。您有一些用来解压的别的方式吗？"

这个孩子有着特别好的自我洞察力，也很真实地反映出了很多孩子在遇到类似问题时的两难处境。

我们常常羡慕那些"别人家"的孩子，自律、主动性强、有自己的想法、专注、懂得坚持，似乎一切都那么完美。然而他们和所有孩子一样，并不是生活在真空里，他们也会遇到和大家同样的问题，会面临外来的诱惑，会有倦怠，有想要松懈的时刻，在困难面前也会沮丧。但他们普遍有着一些共同的特质：在困境面前，懂得自我剖析，积极调整，不停止寻找更好的解决方法，从不放弃。

2. 白熊实验

在著名的"白熊实验"里，被试被要求在 5 分钟内"闭上眼睛，不要去想一头白熊"。当人们越是告诉自己不要这样去做时，想起"白熊"的频率就越高，"白熊"的形象也越根深蒂固。心理学上把想要忘记的事称为"白熊"。

实验得出一个结论：越是让自己不要想、不要做的事，就越会忍不住去想、去做。

手机就是孩子们的"白熊"，在他们沉溺其中之前，我相信每个孩子都做过或多或少的思想挣扎，并不想让自己真的被裹挟其中。毕竟几乎在所有的家庭里，孩子在手机的使用上，都未被给予充分的"自由"。但有限的自由造成的心理稀缺让他们欲罢不能。

父母的要求，以及自己向好的初心，都会对手机使用的需求造成压抑，压抑"白熊"时，他们对自己说：不要用手机，坚决不要用手机。但这恰恰强化了"手机"在大脑中的形象。

正如上面的案例里这个孩子所说的那样：我想调整，我越是告诉自己不要玩儿，似乎越是做不到。

3. 自我分心

有些孩子在"众多诱惑"里沉迷，另外一些却成功地跨过了一道道坎儿，并从艰难困苦里收获了丰富的体验。

一方面，孩子的自制力水平存在差异，有限意志力决定了那根绷紧着的神经不可能一直处于良好工作状态，每个孩子都会面临懈怠。造成孩子间差异的一个重要原因，是包含父母在内的整个家庭给予了他们怎样的情感支持。在某种程度上，父母的姿态决定了孩子的状态。

面对"白熊"，压抑不是解决问题的办法。上面案例中的女孩在面对某个压力时，可能有10种不同的解压方式，而使用手机只是其中一种，我们要做的是不要限制其他9种可能性。我们面对手机的姿态，是它和其中9种方式一样，并没有什么特别，不用强化，不用压抑，当我们在使用手机这个方式来解压时，也不用自责。

我们可以引导孩子通过"自我分心"来拓宽自己的"渠道"面，挖掘自己的热爱，寻找积极的分心物，体验让自己轻松、愉悦的感觉。这个"分心物"，建议是和自己能力、兴趣相匹配的，不能过于简单，也不能太复杂。

比如，你不能要求一个没有运动细胞的孩子通过长跑来解压，而弹吉他可能是更适合他的方式。当他有能力去阅读更高水平的著作，"小儿科"读物也不能让他达到解压的效果。

4. 成人间的对话

孩子不会突然就理解"自我分心"的应用，也不能概念化"白熊实验"的理论，他们更多的是对飞速成长中的自己感到迷惑。父母要做的，是帮助他们了解自我，从而调动自我的力量去解自己这道题。

迷惑的孩子往往表现出两种不同的类型：

（1）不明白自己到底怎么了，困惑的是什么，只感觉一团乱，无法厘清，也无法用语言表达出来，取而代之的是长久的沉默，或者时而的愤怒。

（2）可以清晰地分辨自己的困惑来自哪里，但找不到解决问题的方法。他们会更积极地去尝试"自救"，直至找到答案。

不同类型的孩子，都可能遇到同样的问题。在青春期阶段，孩子的新旧问题往往会集中爆发。父母要做的，不是恐惧这些问题的出现，或者掩耳盗铃否定它们。越否定，问题这只"白熊"就会以更强壮的身姿出现。问题也是机会，是通向成熟的闯关密码。

良好的亲子关系，为孩子和父母之间的交流奠定了基础，这在青春期阶段至关重要。但是好的亲子关系并不是指一直的风和日丽，它们也会经历猛烈的狂风暴雨。每次和儿子争论之后，我都发现我们之间的相互理解又加深了一些，而他也从中获得新的认知。有时候，我们会保护、珍惜这样的方式。争论不一定是坏的，当我们把孩子真正当成一个独立的个体，像对待成人那样认真听他在说什么，我们会很惊喜，原来那个小孩已经长大了这么多。

当他感觉到自己可以像成人那样和父母对话，他也会在行动上努力去学习当一个"成人"。比如学习你想引导他的方法，比如不再强迫自己赶走那只"白熊"。

Chapter 15　5个行动派清单

对话青春期 | 黄金 10 问

1. 你播下的种子，长成孩子的样子

没有一个孩子会在被贬低中健康成长。

我们和孩子的每一次对话，就是播下一颗种子。这颗种子，可以是善的，也可能是恶的。

播种下去的那一刻，似乎并不会呈现出多大的区别。甚至那些恶的种子，反而呈现出更旺盛的生命力——它们看上去让孩子的行为趋好了。

趋好，并不是因为这颗种子的营养，更大的可能是毒性过猛。等毒性过了，症状更严重了。

3个月、半年、1年、2年，甚至更长的时间，这些日常被播下去的一颗颗种子呈现出千姿百态。

有的被滋养润泽，有的一片贫瘠，有的千疮百孔。

这些，都成为了孩子的样子。

2. 青春期对话的5点改变

我们的孩子什么样，是在和环境的不断磨合中长成的。

他们的气质无法刻意养成，而是在交互中被潜移默化。

亲子对话，就是重要的磨合和交互的形式。

进入青春期，和孩子对话的形式，需要做以下5点改变：

(1) 从我说，你听──→你说，我听。

(2) 从单方说和听──→我们一起商量、研究。

(3) 从我告诉你该怎么做──→你认为怎么做更合适。

(4) 从你必须──→我建议。

(5) 从我来帮你做──→你希望我能为你做点什么。

这样的转变，是把孩子放到主体的位置，是把孩子真正当成一个独立的个体，当成真正的"人"，而不是"产品""项目""作品"。

3. 当好孩子教练的黄金10问

对话，传递的不仅是内容信息，更是一种思维方式。

父母持续地学习，是迭代自身思维方式的一种途径。但要实现"学了，能做到"，需要内化、不断地实践。

内化什么？

• 不要试图代替孩子去解决属于他自己的问题，他需要自己去经历，这个问题才会变得有意义。

• 每个孩子是他自己问题的专家，他自身携带着解决这个问题的资源，只是需要被发现。

• 你不能与孩子共生，你需要去面对自己的问题。

实践怎么做？

当好孩子的教练，最好的练习是对话中的提问，以下是我在实践中亲测有效的10个黄金问句：

(1) 你的感受是什么？

迷雾中分辨自己的感受，寻找真实感。

(2) 这么艰难，你是怎么坚持下来的(你是怎么做到的)？

在困境中看到自己身上的哪怕一点光亮。

(3) 你接下来有什么计划？

跳过问题，藐视问题，向前一步。

(4) 上次你做到的时候，发生了什么？

从成功的经验中，发现自身的资源。

(5) 哪些时候，这个问题没有发生？

找到一个"例外"，那可能就是困惑的答案。

(6) 明天你可以有什么不同的安排吗？

今天已经翻篇，不需要被它绑架，明天一切可以重新开始。

(7) 如果你达到了这个目标，你觉得会有什么不同？

把实现可视化，为行动找一些动力。

(8) 眼下你能做到的一件小事是什么？

行动。

(9) 这样做，你能得到什么？要得到这个，你还可以怎么做？

理解需求，修正行为。

(10) 邀请未来的你对现在的你说一句话，你会说什么？

让未来的你指导路上的你。

所有的提问，都是把接力棒交到孩子手里，都是启发他的思考，以及更好地理解他自己。

让青春期孩子"买账"的12字秘诀

1. 重提醒

使用情景举例：

晚上7点是明确好开始学习的时间。现在是7：10分，孩子还没有就位。

提醒：

7：10分哦。

"我现在是闹钟，7点10分到了"——如果亲子关系好，也可以诙谐一点，比较容易缓和气氛。

你也可以使用非语言提醒。比如：轻轻敲门、轻轻叩一下桌面发出声响、指一指钟面等。

在特定的环境下，孩子非常清楚你在提示什么，所以完全不用苦口婆心长篇大论。重提醒比直接向孩子发出指令——"赶紧去写作业"来得更有效果。

注意事项：

尽量语言平和，动作轻柔。

使用误区：

- 忌一到约定的时间（或者还没到）就准时（提前）提醒。耐心等待、观察一会儿，也给孩子可以自主、自发的机会。这涉及对规则的弹性灵活运用。就算晚了一些，但如果是孩子主动做出的行动，也比在你的提醒下虽然早了几分钟更有意义。

- "我就不提醒你，看你要到什么时候！"这是另一个极端，这是在积累自己的愤怒，解决不了任何问题。成人的世界不赌气，赌气不是好榜样。

有时候，即便你已经足够平和了（也可能只是外在的假象哦），孩子仍会把你的提醒当成一个"威胁"，理解为一种干涉。如果你评估这种情况在你的家庭环境、亲子关系中可能存在，你可以提前公开说清楚：从明天开始，我会在某件事上/某个时间提醒你，请你知晓。

如果我们能妥善运用好"提醒"这个工具，而不妄加干涉，孩子在不断地练习中，其自我管理、自主性将能得到很大的提高。

2. 善提问

使用情景举例：

边写作业边听歌／理科作业不用草稿纸（简称干瞪眼做理科）。

如果强制要求孩子关掉音乐，他可能会把耳机塞得更紧，对此，我们应该都有充分的经验。

你也永远不能把草稿纸塞到孩子手里，要求他必须在上面写写划划，这样做你只能自讨没趣。

试着提问：

- 你有没有观察过自己一般都是在什么情况下会在写作业时听音乐？（如哪一科？什么类型的作业？等等）
- 听音乐写作业给你带来了什么好处？效率怎么样？
- 我很好奇，不用稿纸的时候你的思考是什么样的？你觉得是变简单了还是更复杂了？

……

使用误区：

- 忌发现问题就立刻提问。这样做虽然是第一时间"阻止"了问题，但因为破坏了孩子的节奏，以及当下微妙的"孩子的尊严"，往往会激起强烈的反抗。
- 忌带着预设的答案提问，这是被人为包装过了的"控制"。这个度其实很难把握，你们看上面的提问，其实也都不是完美的。这就需要用我们当下的提问态度、表达方式来补充。

"善提问"这个工具可能会更慢一些才能解决问题，但它对于启发孩子的自我反思、培养成长型思维非常关键。

3. 不评判

使用情景举例：

孩子的屏幕使用时间较长。

如果他偶尔这样做，完全不需要过度反应，睁只眼闭只眼也是一种策略。如果他经常甚至每天都这样做，说明你每天的批评、指责、愤怒根本就没有发挥作用。

不评判是一种态度。它意味着看到、理解、接受孩子当下的言行，但并不表示认同。它也是张开的双臂，是的，我愿意和你一起面对问题、解决问题。

试试在屏幕使用时间上运用不评判的方法，你可以对孩子说：

"把你每天的屏幕使用时间记录下来，试试看。你不需要向我们汇报，你只要记录给自己看就可以。"

你也可以使用"藐视"的策略，跳过屏幕使用的争端，直接指向接下来计划要完成的事，**问问孩子：**

接下来，你的计划是什么？

使用误区：

不评判很容易和不作为相混淆。前者是积极解决问题的策略，后者是消极怠工，我们不能打着不评判的幌子不作为。

4. 放长线

上面所讲的3点都需要有"放长线"的智慧。

（1）耐心。孩子对你的"重提醒、善提问、不评判"可能都会熟视无睹，不要灰心，也不要受暂时结果的影响，做好我们该做的事，收获总会来，只是慢一点。

（2）不着急立刻解决问题。你甚至不需要立刻指出孩子的问题。"看在眼里，记在心里"是个很好的方法，这会让我们"合并"很多共性的问题，减少不断干扰、唠叨的次数。等风暴过去了，情绪恢复了，机会合适了，再进行沟通往往质量会更高一些：我发现你之前在某件事上……你自己发现了吗？是最优方案吗？下一次可以试试其他方式吗？

这个过程可能会反复几次（多次），但坚持下来收获是巨大的。

当好孩子的助理，父母的 5 个行动清单

作为家校合作的形式之一，父母在必要的时候，需要传达学校、老师的要求，辅助日常学习生活的开展。

如何当好这个上传下达的小助手，是需要技巧的。以下是 5 个当好助手的行动清单。

1. 客观陈述，不预设不演绎，更不过度演绎

将接收到的信息，客观陈述给孩子。

但在实际操作中，父母很容易自己"加戏"：加上自己的理解、加上自己的预设。于是一个信息，被包装过后传递给了孩子。

如果其中还被加上了父母的焦虑，那么，孩子很容易会失去对信息本身的判断，以及对自己的察觉。

这种失去，会加剧孩子自身的焦虑，也会增加孩子与学校、父母对抗的可能性。

2. 书面语言是个很好的方式

相比于你说的内容，青春期的孩子更关注你在用什么语气、态度说。

如果你常常发现通过语言的传递容易造成孩子的曲解，可以采用写便签的形式。

这样做的好处是：

（1）能将信息传递得更清楚、全面，你还可以通过加粗、用不同颜色

的笔标注等方式标明重点。

（2）如果要传递的信息量比较大，孩子也确实无法一下子记住你说的所有内容，写下来方便查看，沟通效率也更高。

（3）如果这个阶段亲子关系不好，孩子根本不愿意和你对话，或者孩子一听到你说话就烦，或者你确实容易唠叨，写便签可以最大化地避免因为语言传递造成的误解以及不必要的争执，可以给予亲子双方更多的空间。

3. 对于表扬不要轻描淡写，要做到可视化

如果老师传递的信息里涉及对孩子的鼓励、表扬，父母要珍惜这些积极的资源，千万不要一带而过、轻描淡写——"这原本就是他应该做到的啊。"

比如线上的作业批改老师给了很好的反馈，比如在某一门不擅长的科目上有很大的进步，我们需要把老师的反馈，"呈现"到他面前。

让孩子自己用眼睛去"看到"，而不是只通过你的嘴"听到"。

这是一个特别好的小技巧，推荐你使用。

4. 对于负面信息，父母要先做过滤

有很多青少年的极端事件，发生在父母将从外部获得的负面评价没有任何消化地倾泻到孩子身上之后。

父母的心情可以理解，对孩子着急，也可能是对自身养育能力遭到"审判"的防御。

但父母要相信，我们永远是最了解孩子的人。孩子语言背后的意义，行为背后的需求，他的本性，他的节奏，父母对此要有独立的思考和判断。即：我知道发生了什么，我更知道它是如何发生的，我可以做哪些事才是对孩子更好的帮助。

在必要的时候，父母要当好各类信息侵袭的屏障，当好孩子的过滤

器。尤其是对那些原本就容易自我施压的孩子，这种过滤更有必要。

只有这样，我们才能和孩子一起，更理智地面对、处理需要解决的问题。

5. 松弛有度，弹性应用

不同时期，不同状态下，父母需要使用不同的松与紧、表扬与批评、激励与惩罚的方式。

比如孩子这个阶段挫败感很强，信心极度缺乏，我们就要有意识地帮助他看到自己的积极面。这个"看到"，建议也是可视化的。

拿学习上的挫败举例，如果我们发现他在某一门功课上遇到了阶段性困难，做题错误率较高，我们就要有意识地寻找做得好的那些部分，分区域多打几个红勾，或者标注上我们的积极观察：

这一题这一次做得很仔细。

这个知识点你掌握得很清楚。

审题认真，送你一个小笑脸。

……

孩子越挫败，你越苛责，他越挫败。

一些细小的正面的发现，会传递给孩子积极的心理暗示，从中，他们看到一点亮光，看到一点希望。

然后，带着这些，孩子就有了继续往前走的动力。

以上所有行动清单，我们都要传递给孩子三个重要的信息：

（1）他是自己的主人，我们只是助手。他不能总是依赖我们，我们也不应该越俎代庖。

（2）他是自己的专家，遇到了问题，所有的解决，他都是运用了自己的资源。

（3）任何时候，爸爸妈妈都是和他站在一起的，是伙伴，是战友。不是敌人，不是对手。我们可能不赞同他的行为，但会永远理解和支持他这个个体本身。

这是父母的智慧。做到了这些,也是父母的成长。

更有质量的养育,父母需要做到这 7 点

1. 在青春期孩子驾驶的这辆车上,父母的角色有且只能是副驾驶

很多青春期孩子遇到的问题,源自家庭角色的错位。孩子本应是他人生的主角,而家长因为恐惧、不信任、思维方式未能转变,抢了孩子的方向盘。

被抢了方向盘的孩子,短途行驶的问题被隐藏,看似风平浪静,实则暗潮涌动。孩子在被压抑、无自主的环境里习得了依赖,在该独立的时候无法独立,被剥夺冒险的机会,旅途再长一些,各种问题就暴露出来。

给孩子机会,给他们犯错的机会,让他们从错误里学习,让他们当好自己的司机,是非常重要的经历。父母需要做的,就是在需要时给他们支持,但不干涉他们探索和追求。

2. 磨刀不误砍柴工,在引领、教育之前先处理关系

当你不认可一个人时,你真的很难听取他的建议,很难真正从内心里接受他。对于孩子来说,难道只是因为你是他的父母,他就应该无条件听从你的建议吗,即使他内心知道这个建议是正确的?

感觉好,才能做得更好。那么,同样的,青春期这个重要的阶段,也要先处理好自己与孩子的关系,才能推进对孩子"有智慧的引导"。

3. 确保把爱的信息传递给孩子

很多人都会质疑,我那么爱孩子,怎么可能没有把爱传递给孩子呢?这只是站在你的角度一厢情愿的想法。想一想,在孩子犯了错误以后,你

的第一反应，是责骂、愤怒、长篇大论地说教，还是先表达对他的关心？

这很难吧，明明孩子犯了错误，我都要被气疯了，还要让我心平气和地先关心？建立情感联结是第一位的，严厉地盘问他，也不能帮助或改变任何事情。而当你对他表达了足够真诚的关心，他感受到了尊重和没有条件的爱，他会愿意和你沟通。

4. 倾听并保持好奇心，万能工具是启发式提问

多听少说，是和青春期孩子相处的重要法则。

但如果父母过于"矜持"，又往往容易给孩子造成"被忽视"的感觉。青春期的孩子就是这么矛盾的，既希望你不要管，又不希望你真的离得远远的。

所以，父母保持好奇心，很重要。保持好奇心的一种方式，就是提问。这能很大程度上规避父母自说自话，越说越激动、贴标签，又能更好地了解孩子的想法。

提问有技巧，多提开放式问题，多提启发式问题，帮助孩子理清自己的想法以及自己的选择造成的后果，而不是说服孩子按照你的方式思考。

5. 做真正对孩子有利的事，而不必担心别人怎么想

没有对比，就没有伤害，也就没有别人家的孩子。每个人都处于不同的时区，花期有早晚，但大部分父母的焦虑就来于在 A 时区期望着 B 时区才能完成的事，只因为同学小王已经到了 C 时区。

武断的对比，是没有任何好处的。父母要做的是尽全力，然后等待。父母越多地改变自己而不是改变孩子，就越能够让孩子自我发现、自我觉醒。

6. 不假借"民主"要挟孩子

规则是评价和衡量的标准，没有标准，就没有界限。你说什么就该是

什么，想发火时就发火，就因为你是我妈？

君子协议，是十分必要的。而达成君子协议的过程，一定需要孩子的参与，并经过充分的讨论。任何一方的强行灌输都不能称为约定，只能叫霸王条款。

这个过程，是父母很容易犯错的过程。我们很容易预设一个问题的答案，然后假借"民主"的名义，"要挟"孩子同意，每一步引导都是陷阱。认真回想一下，我们都这样做吧。

"选一件你喜欢的颜色的衣服吧，你自己决定就好。"当孩子选了黑色时，"你的肤色太暗了，还是白色适合你，就白色吧，就这么定了。"

7. 任何时候，父母心中都要有自己

父母的自我实现，是对孩子最好的教育。

很多父母为了孩子放弃了自己的需要。如果以这种方式养育孩子，会给孩子造成整个世界都围着他转的幻象。当我们尊重自己，并且向孩子表明我们也有需要和愿望，也有自己的生活时，我们更能各自安好。

站到未来看现在，我们最应该告诉孩子的8件事

小时候，我喜欢坐在路边看来来往往的行人。小镇上狭仄的街道，慢悠悠穿行而过的人们。

现在，几乎每天我都会在同一个地铁出口处等红灯。无论是从后视镜还是前挡风玻璃看过去，源源不断从地铁里走出来的人们，带着各自的故事，步履匆匆。

曾经，我是以一个孩子的视角去理解"路上的成年人"，对他们好奇，憧憬长大后的生活。如今，我以一个成年人的观察，从他们的外貌、神态、姿态、穿着、气质上搜寻岁月的沉淀留给他们的"礼物"。

我们都从孩子成长而来，最终成为现在的自己。有一次，我对着一个

粗鲁蛮横的男人笑出声来，有那么一刻，我仿佛看到了他婴儿时的天真烂漫，过去和现在，两个画面的交织，形成了多么鲜明的对比。我想，他曾经也是一个天使啊。可是，是什么让他成为了现在的样子？

站在现在，看我们的过去，总是有迹可循。当我们成为父母，当我们站到将来，站到孩子的将来，来看现在的我们，看我们和孩子的关系，我们现在所有的烦恼都有意义吗？我们可以做些什么更有意义的事呢？我们真正应该教给孩子的是什么呢？

放下焦虑，以下 8 点是我们真正应该告诉孩子的事。

1. 学习和困难 / 问题相处

青春期是孩子逐渐独立的阶段，他们会遇到很多困难，在心理意义上也开始学习独自远行。很多出现问题的孩子，是因为不具备与困难相处的能力。这不仅表现在当下遇到困难就逃避、抗挫力差，未来迈入社会，走向工作岗位，走进真正的生活，也容易沿袭这样的"习惯"。

在学习中，挑战自己不擅长的学科，弄懂难题、错题，本质上的意义并不只是学会了知识点本身，更是锤炼了意志，锻炼了挑战困难的能力。这个能力会在未来被用在不同的"标的物"上，比如职场。

逆商必须从逆境中才能养成。这样可以帮助父母更好地理解、面对孩子的问题和困境，将它们当成宝贵的资源，而不是视作敌人来对抗。

2. 学习和环境相处

社交障碍、环境融入困难是青春期孩子遇到的典型问题之一，他们内向、自闭、偏执。有些孩子觉得莫名受到了排挤，把自己封闭起来。还有一些孩子因为不喜欢某位老师，给自己在这门课的学习上设置巨大的障碍，最终耽误了自己。

我们走上工作岗位，并不能完全自由地选择同事和领导，我们也不能左右他们是什么样的人，我们能做的是清楚地知道自己是谁，要去向哪里，正确看待别人和我们的不同，尊重这些不同。这些与环境和谐相处的能力要从小培养。

3. 学习和异性相处

上学时十分紧张孩子和异性同学接触，一毕业就催着孩子结婚，依旧有很多父母践行着这样的悖论。

孩子们在青春期学习和异性相处，为将来亲密关系的经营打下基础。他们从中理解另一个"物种"的思维方式，

学习包容，学会担当，勇于承担责任。

青春期情感，不会因为我们的担心就不会发生。孩子的情感自然而然流淌出来，越堵越热烈。不得不承认，这个阶段的情感纯粹而美好，值得珍惜。引导他们恰当处理自己的"喜欢"，把对彼此的爱慕转化为让自己变得更好的动力，转化为对对方的支持和祝福，是这份喜欢带给孩子们最宝贵的礼物。

大部分异性吸引原本并不会发展为恋爱，是不恰当的处理方式"催化"了它们。孩子有了欣赏的人，这是他们成长的重要标志，我们应该给予祝福。在宽松、开放的环境里，相信我们的孩子会更容易分辨、行动，他们会慢慢理解责任，对自己的责任，对他人的责任。

4. 学习和"物"相处

物质的丰富度在我们这一代孩子身上达到了历史最高点。他们不缺"物"，缺少的是对"物"的态度。

他们会有很多笔，很多本子，很多双鞋，很多高科技的设备……在这背后也会有很多种选择。物尽其用，在几十年前是不得已的行为，而在现在成了一种品质。孩子和物的关系，也是他们和自己的关系的印照。引导他们正确地认识"物"，思考"物"给予他们的到底是什么，是伙伴、助手，还是被它们绑架沦为奴隶？

在最繁花似锦的日子里，过着最"轻"的生活，精致、极简，孩子也会从我们身上学到这些。

5. 学习和诱惑/欲望相处

即便可以做到给孩子全面的保护，我们也无法保证他们会一直生活在无菌的环境里。他们总是会面临外在的诱惑，面对内在的欲望。当无法再护其左右，我们需要为他独立奔向远方做好准备。

这个时代与以往最大的不同是提供了各种各样的机会。有人坚守，有人迷失，在"诱惑"面前，需要极大的判断力、定力、格局、视野，知道什么适合自己，什么可以留下来，什么只是短暂的繁华。

这个人生的技能，并不是等到成年后才开始学习的。比如让无数父母痛恨的手机，也可以看作诱惑和欲望的代表。隔绝手机，并不会教会他们与欲望相处，一旦有诱惑的场景，即便不是手机，他们也一样会被裹挟其中，因为他们并没有机会去练习自我管理、征服欲望的能力。

6. 学习和时间相处

几乎所有的努力都不是立竿见影的，成长更是漫长的旅程。时间会告诉我们答案，前提是我们需要在时间里坚守。

很多孩子放弃学业，甚至放弃自己，是在追求极速的回报和满足里迷失了，不愿意再等待一下，不想碰到墙后再换条路试试。

值得我们反思的是，他们的"急功近利"可能是从我们身上学到的。有很多父母在孩子遇到问题时确实很快就做出了自我改变，但是他们也更容易快速放弃：我已经学习了，也为你改变了，你怎么还是这样？

这和孩子放弃时的心理，没有本质的不同。

7. 学习和情绪/情感相处

当孩子摔门扔书发火，我们问孩子怎么了，往往得不到答案。不是他们不想说，而是因为他们极有可能不知道自己怎么了。越是"不知道"，越容易情绪波动。

情绪不需要被处理，但需要被辨识。愤怒、失望、沮丧、失落、喜悦、欣慰……也许孩子的情绪词汇是贫乏的，以至于他们只能形容"我现在感觉很不好或者感觉很好"，找不到匹配的词汇与此对应。带领他们积累和体验不同的情绪词汇，可以帮助他们更好地了解自己。当可以准确地把具象的感受从一团乱麻中剥离出来，他们也许就已经找到了调整的办法。

当孩子表现出一些"负面"情绪时，有些父母容易反应过度。任何情绪都是中立的，可是他们只允许孩子高兴，但不允许悲伤。

为了"讨好"父母，为了不被指责，一些孩子学会了隐藏和伪装真实的自己。情绪需要被感受，而不是被压抑。情绪本身并不会带来危害，但压抑它，让情绪无法充分地流动，才会真的带来伤害。

情感的表达也同样重要。我爱你，我很欣赏你这种行为，你的这个做法让我感到失望，你的努力我都看在眼里……我们是如何表达我们的情感的，也大部分会"遗传"给我们的孩子。

8. 最终，需要学会的是和自己相处

所有的学会，最终都指向学会如何和自己相处。世界那么大，我们如此渺小。但在如此的"渺小"里，我们却又是自己的整个宇宙。

回归到生命本身，只有"我"，才是我们的全部。学会和不同的人相处、和环境相处、和情绪相处、和困境相处、和欲望相处、和时间相处，最终，我们真正需要去学会的是和自己相处。

告诉我们的孩子，肯定自己，爱护自己，珍惜自己。

PART 4
我的养育感悟

Chapter 16　8个养育故事

参加儿子的运动会，我泪流满面

运动会，儿子参加 1000 米跑，我去当啦啦队。

连日阴雨，终于放晴了。虽然天气有些冷，但太阳就在头顶上，内心里也感觉温暖了许多。

一次再平常不过的运动会，我竟感慨万千。湛蓝的天空，深绿的草皮，砖红的跑道，和青春一样浓郁的热情涌动。看着阳光下来回穿梭奔跑着的孩子们，我突然间被深深地感动。是啊，一个再平常不过的运动会，凝练了奔涌的青春，凝聚了花样的风华正茂，年轻、美好的气息仿佛不再是一种氛围，一种感受，它们变得真真切切，触手可及。

1. 时光

初二的孩子比初一的学弟学妹们明显成熟得多。阳光洒进他们的笑容，我有一种恍惚的感觉。还记得去年运动会时的场景，短短 1 年时间，他们像竹笋般冒了上来。

时光看不见，摸不着，却最真实、靠谱。我看着一个又一个孩子的脸，有一瞬间突然真切地体验到他们的成人感。在方阵的表演中，在奔跑的赛道上，一种从懵懂到成熟的跃跃欲试，有着独立的思想，有着坚定的意志，他们是完整的独立的自己。他们真的不再是个稚嫩的孩子了啊，我们怎么能把自己的意志强加给一个"大人"呢。

那一刻，我被从原本的角色拉开，我向后退了好几步，以看清全貌。我也仿佛进入一个真空的跑道里，那么安静，那么清晰，那么多感动。

2. 集体

当孩子散落在人群中，你看不出他们有什么区别。但在特定的环境里，一条看不见的线把分散在操场四处的孩子们串联在一起。

通讯稿穿梭不断，广播里此起彼伏"××班加油"的青春洋溢的信息从四面八方涌来，那么情深意切，那么诗情画意。那个时候，每个孩子不仅仅是个体，更代表了集体。

电波在空中弥散，星星点点串起那条看不见的线：我是××班的人，我以身在××班为荣，我希望他好，我为他加油。那条看不见的线，是集体荣誉感。

3. 代沟

方阵表演，音乐响起的时候，时常听见"观众"们此起彼伏的欢呼声。第一次，我悄悄想，应该是正在表演的这个班里有个特别帅的男生或者特别美的女生吧。然后我又听到了一次，我想可能因为这个方阵穿的衣服特别好看吧。

后来，我突然反应过来，他们是为那些音乐的旋律而欢呼。那些熟悉的音律响起，就点燃了他们的激情。那些我完全无感的旋律，正是他们所喜欢的某个女团或者男团的作品。我后来在人群中看到拿着小小的偶像的海报在赛道边为同学呐喊助威的孩子们，呀，多么美好的青春啊。

我们离我们的孩子到底是有多远了呢？我们了解他们在想什么吗？知道他们喜欢的是什么吗？除了学习，我们还和孩子交流过什么呢？对于他们感兴趣的那些人和事，我们尝试着去了解过吗？当我们抱怨不懂孩子,和他们没有共同语言的时候,真的,我们尝试过主动靠近孩子一点点吗?

4. 自我

他们和伙伴在一起,他们在"舞台"上,才不管父母呢。

一个姑娘参加100米跑决赛,在起点等待着清空跑道。她的妈妈就站在我身边,看着穿着单薄的衣服站在寒风中的孩子,用力地向她挥手:"你动一动啊,跳一跳,做点热身,加油哦!"

她说了好几次,我确定,孩子听见了。她的目光从妈妈的方向淡淡掠过,没有停留,转向别处。是的,她看见了,也听见了,但是她又没有"听见"。她依旧像之前那样站着,等待着跑道上的人群散开。

妈妈很失望吧。期待中的孩子也向她挥手的感人场景并没有出现。可是这又多么正常啊,一个青春期的孩子才不会在人群中,在众目睽睽的人群中对着你挥手示爱呢。

5. 朋友

我和先生商量了,我们该分别站在哪里给儿子拍照,怎么给他加油。我从起点往前走了100米,这样我可以迎面拍到他。我们想好了,等他跑到终点,我们要去迎接。

然后,我们放弃了。

他跑在赛道上,内圈一直有个同学在陪着他跑。经过我的时候,我听到那个同学在给他鼓励:注意节奏,不要太快。最后小半圈冲刺的时候,我看到那个小伙子满头大汗撤下了,换了另外两个同学继续陪跑冲刺,直到和他一起冲过终点。

终点迎接他的同学在欢呼。我站在操场最中心的草地上,远远看着。不知道为什么我有些恍惚,也突然非常非常的感动。在青春期的旅程里,朋友发挥着多么巨大的作用啊。这个1000米的跑道,不是像极了青春期的旅程吗？因为有同伴的鼓励和陪伴，他们不再孤独，他们充满了力量。等在终点的，一定要是父母吗？有惺惺相惜的朋友，有志同道合的伙伴，对孩子来说不是更好的一种鼓舞和精神力量吗？

他们似乎不是那么需要父母了，你曾经因此感到沮丧吗？可是，他们并不是真的不需要我们了，他们只是把我们放到了心里另一个重要的地方。

女子800米比赛仍在继续着。我回头看，赛道上，10个选手。内圈，至少50个人像迁徙的候鸟，成片成片地随着选手位移。听到鼓励的声音，加油的声音，也听到喇叭里在喊，"请中间的同学停下，不要陪跑，不要陪跑！"多么美好纯真的画面啊，它一直停留在我的脑海。

6. 坚持

胜利者被鲜花和掌声簇拥着，我的关注点还在跑在最后的孩子身上。

跑道空了。身后没有人，眼前很远的距离也没有人。她气喘吁吁，跑得很慢，但没有停下自己的步伐。人群大部分散去了，但还有一些鼓励声，加油！坚持到底就是胜利！

是的，终点正在欢呼胜利，但她还没有结束自己的比赛。她会觉得孤独吗？

可是她又是多么强大啊，明知道是跑在最后，依旧坚持跑到终点。结果已经注定，但是她依旧没有放弃。

事实上，"最后一名"比那些"胜利者"需要更多的鼓励、关注、支持，一点点力量就可能点亮她。在最困难的时候，她还没有放弃，我们应该高呼"加油"还是大声责备，然后退出啦啦队的人群？这个场景是不是也像极了狂风暴雨的青春期旅程？

她们拼尽全力的样子那么美好。第几名是不是真的那么重要？真的奋斗过了，奔跑过了，不管结果如何，我们的孩子都值得一个最温暖的拥抱，是吧。

晚上11点，我在不睡觉的孩子身上做了个实验

晚上10:30，忙完一天所有的"工作"，儿子蹦跶着躺进被窝。

Leo：干点啥呢，干点啥呢，哎呀，睡不着呢！

我：你有什么好主意？

Leo：啊呀，干点啥好呢？

（开始从躺着到半躺半坐，眼里都有光）

我：要不你再想想？想3分钟够不？

Leo：（没用3分钟，立刻马上）要不，看会儿电视？看新闻，怎么样？

我：你确定吗，确定现在想出去看会儿电视。

Leo：（犹豫）又嫌冷，出去又嫌冷（犹豫）。

我：（不说话，等待）

Leo：要不然，5分钟后，你再进来喊我去看电视。（这个操作很有意思）

我：好的，等5分钟我来喊你。

5分钟后。

我：5分钟到啦，起来看电视啦！

（有八成把握我猜他是不会起来了，但我失算了）

Leo：好嘞！来啦！

（一骨碌爬起来，飞也似的跑到客厅沙发，随手抓了个薄毯子裹在身上）

调到中央13频道，看了一会儿新闻，调到中央5频道，看了会儿F1。

11点：我忍住提醒，等等他怎么做。

11:05：他关上了电视，回房间睡觉。

这是儿子初一的时候我家的一个日常情景，复盘一下，可以从中看出青春期孩子的心理需求是如何被满足的。

1. 家庭规则是不是可以被破坏，在什么情况下可以被破坏

10:30上床睡觉，是我家的规则。在正常上学期间，可能由于作业

量、活动安排等原因不能完全严格执行，但10：30一直是心里的一条线，并以这条线来安排晚上的时间。有一条线很重要，那是一条准绳，对行为有约束，很多时候，deadline是第一生产力。

但为什么这个案例里，我和他一起"打破"了这个规则？

那天整个白天，他的学习节奏一直非常紧张，强度很大，在时间管理上也一直做得很好，在一天收工之后，除了疲劳，他应该对今天的自己也比较满意（从他的言语动作神态中可以做大致的判断），因此，他有"奖赏"自己的动机。这是他没有表达出来的心理语言，也是期待可以被理解的心理语言。他的潜意识里，会认为我今天做得很不错，对自己很满意，你也一定看到了。如果父母留心观察他的日常行为，这确实是会被看见的。即，看到孩子做得好的那一方面。

我看见了他，理解了他当下的心理语言，因此也默认了他想在今天打破规则的行为，不反对也不支持，将选择权留给他自己。这个空间，可以让他自我消化想法、行为、规则之间的关系。

很多青春期孩子与父母之间的冲突，源于在规则面前父母的态度。诚然规则是用来遵守的，但一定要考虑不同情境下的应用，只有结合情境灵活、圆融、不呆板，规则才能持久地发挥作用。

他通过打破规则来给自己一些心理补偿，如果补偿成功的话，他感受到的放松愉悦，可能会和今天一天的努力联系对应起来，这样的心理暗示有助于促进他继续努力的行为，并形成良性循环。

2. 创造一个场景，让孩子亲自表达他的诉求

谈完了规则，我们来看孩子的诉求是怎么被表达出来的。看起来这并不是一个问题，但在现实生活中却是问题的起点。

有的孩子很直接，想什么就说了。有的孩子什么都不说，直接就去做了。有的孩子会拐个弯，看看他想说的有没有人帮他说出口。

上面这个例子属于第三种情况。孩子出于某些方面的原因（比如知道

自己破坏了规则）而不将诉求直接说出口，我想他躺在床上翻来覆去自言自语的时候，心里早就想好了自己想干什么。

"你有什么好主意？"就是给他的空间，让他用自己的嘴巴，而不是别人的嘴巴或者猜测表达出来。不管是代替他表达，还是猜测，都容易加上自己的主观情绪，当"事实"不再客观的时候，沟通就容易扭曲。

"要不你再想想？想3分钟够不？"是给这个空间加上时间的限制，在有限的时间里，可以帮助孩子做出选择和决定，特别是有选择困难或者纠结型的孩子。

没有用3分钟，立刻马上，他就说出了自己想要做的事，潜意识的语言是："我今天打破了规则，没有在规定的时间里睡觉，但是我今天很努力，我太想取悦自己了，我的需求是我妈让我说的，可不是我主动要说的。"我们给了孩子一个完美的台阶，孩子也从中获得了心理的满足。

3. 为什么他让我5分钟后再去喊他

既然有那么强烈地自我满足的愿望，为什么他要推迟5分钟？这个5分钟是个非常有趣的心理活动，他想在这5分钟里获得什么？

（1）确认他自己的想法。5分钟是他给自己的空间，除了他觉得从被窝里爬起来冷，他也在确认自己是不是真的要去看电视。你看，孩子有很好的自省，他们不缺对道理的理解，知道什么时候该做什么，他们的内心活动很丰富，只是不是每个孩子都可以自由地表达出来。

如果父母只是武断地拒绝，着急地说"不"，或者一副严肃脸刚正不阿，其实是加速了孩子想做那件事的决心，这就是他的逆反心理：你不让我做的我偏要。

（2）确认他自己是安全的。这在亲子关系不稳定的家庭里比较容易出现。孩子摸不清父母的规则，或者规则总在变化，或者父母的情绪很不稳定，孩子需要确认，刚刚父母说的"yes"是真的吗？我是不是真的安全？他们会不会秋后算账？

在这里，我5分钟后准时喊他，他确认自己实在是真的想看一会儿电视，确认妈妈是真的支持自己这个行为，他就没有顾虑地飞奔出去了。忍着冷（带上了薄毯子），心里无比暖和。

4. 11点，我为什么没有提醒他时间，而是等了他一会儿

唠叨孩子晚睡，都源自希望孩子更好的动机：早睡多长，休息好，身体才能好。可是夜猫子仿佛是青春期孩子的代名词。也真是奇怪的逻辑，越是忙得没时间睡，越是想过一会儿再睡。

我也一样，希望孩子可以早点睡觉，早睡1分钟也行。如果11点孩子还精神抖擞坐在电视前，心里有千言万语是可以被理解的。

大部分的冲突，就发生在美好的动机背后。太迫切想要孩子好，而剥夺了孩子自我调整的机会。我们很难像一个钟表那样做到分秒不差，也不必像一个机器人那样冷酷严谨，除非有非常严格的时间节点，5分钟上下的误差是可以被接受的，这5分钟就给了孩子空间。等他自己去发现，然后自己主动去做开始或结束的动作。

"再等一会儿试试看"是父母的修行，孩子也就是在这样的空间里得到信任和成长。

最低零下7度，你确定要脱掉羽绒服？——是的！

1. 零下7度，被脱掉的羽绒服

大降温的那天，清晨出门上学的时候，儿子把校服外套下面的羽绒服换成了抓绒衫。我心里想，这家伙不会被冻傻吧。

我问：天气预报说今天最低零下7度，你确定要这样穿吗？

"是的！"——回答得斩钉截铁。

他让我帮忙贴了个暖宝宝，兴冲冲出了门。

这是青春期孩子一种典型的解决问题的方式。在诸多利与弊里，挑选那个最有利于当下需求的方式，无暇顾及这个答案是不是最理性的。

2. 有一些需求强过感到暖和

最理性的思考，从大人的角度来说，当然是保暖。大冷的天，该添衣服，而不是减衣服，这是多么显而易见的道理。

但对孩子来说，当下最有利于他的那个条件，可能和我们认为的理所当然完全不同。

他的那件羽绒服是军绿色——暗色系。抓绒衫是黄色——亮色系。

这就是他权衡当下对自己更有利的选择——用一件亮色的衣服替换掉暗色的那件。

他从中的获利是：借助色系的改变做一些"改变"。也许是调节一下心情，也许前一天他觉得沉闷，"明亮"是他的心理需求和对自己的暗示。

弊端是：他可能会冷得发抖，可能会冻得感冒。

权衡利弊，他选择了情感上立马可以被满足的"改变"，未来可能发生但不一定发生的理性思考被放到了一边。

3. "你确定吗？"给思考一些空间

理解孩子的心理需求，我们就更能理解他们那些不合常规的行为。理解了他们的行为，我们就可以以更积极的方式去和他们对话，就会少一些对抗，多一些共同解决问题的方案。

在理解的基础上，问"你确定要这样穿吗？"——尽到告知的义务，给他思考的空间。如果他确定，那就是确定。你又不能像小时候那样，抓着他就把衣服往他身上套，他都长高到你连他的肩膀都够不着呢。

"你确定吗？"更是个缓冲，他给自己的决定打了个补丁——贴片暖宝宝。这是大脑思维阶段性的小胜利，多加练习，它会在未来取得更大的胜利。

练习是必不可少的。少年的大脑永远不能从 1 直接跨到 100，除非发生变异。

4. 积攒能量用在真正需要解决的问题上

有一种冷是真冷，但妈妈觉得我冷，冷得直哆嗦我也装得不冷——你的青春期也经历过这个阶段吧。

与其争论，不如让他感受下寒冷。寒冷也是一种体验，最坏的结果可能是什么呢？似乎并没有什么天要塌下来的事。最多，就是我们感到失落，孩子没有听进去我们的"好意"。

别高估了自己，父母管教的精力是一个有限的恒量，用在这里多了，用在那里的就少了。如果我们把精力分散在每件细碎的事上，面面俱到，在重要的事情上就会有心无力。

别浪费我们的能量，在想和孩子一争高下时，问问自己，这个问题非常重要吗？一定要当下解决吗？如果不按我的要求做，最坏的结果是什么？能接受这个结果吗？这个对抗有意义吗？这个问题交给时间能解决吗？

保持冷静，积攒能量，在真正重要的问题上发力。如果孩子说我们很唠叨，一定要反思一下自己，即便你觉得非常委屈——我明明一句话也没说啊。唠叨不是一次性说了很多话，而是很多次说了一些没有必要的话。

给青春期孩子一个出口，我试了试早餐自由

1. 周六的早餐自由

很长一段时间以来，儿子可以在周六享受早餐自由。自由的定义是，他可以选择任何地点，以任何形式喂饱自己。

一般情况下，我和爸爸会同行。平时能三个人凑齐一起吃顿饭的时间

并不多，就算是早餐，也是很值得珍惜的机会。

我们吃过路边摊，吃过自助餐，也自己动手做过三明治。印象最深刻的是，我们找到一条深巷子里的早餐店，坐在露天的树荫下，边吃边聊边看着院子里的行人。在烟火气十足的小巷，温柔的朝阳，抬头就是满眼的绿。一阵微风吹过，落叶就动了情，摇摇晃晃找它的归宿。有的掉在地上，有的掉在桌上。他边吃边捂着碗，温暖而充沛。

2. 把选择权还给孩子

决定启动每周一次的早餐自由这件小事，源自有一天我突然意识到，"把选择权还给孩子"，完全可以从日常的每一点小事做起。我们想把一切好的都给孩子，把自己认为对的塞给孩子，有时候不自觉地就忘了孩子真正想要的是什么。

还记得吗，你睡眼惺忪从温暖的被窝里爬起来，给孩子做一顿丰盛的早餐，每一份爱都在筷头碗间，期待着分享他大快朵颐的满足。可现实却是，孩子只是扒拉了两口就放下了筷子。你边在大脑里飞快盘算着他的这餐还缺哪些营养指标，边生着闷气。

孩子也气呼呼：我早上胃口不好，这不是我爱吃的啊，你为什么要强加你的观念给我，我着急去上学啊……

似乎每个立场都对，但又是相互矛盾的。对抗就这样一点点累积。

有一个朋友和我说，大人从来不挑食偏食，因为他们从来不给自己买不爱吃的东西。

我恍然大悟。很多时候，我们以爱孩子的名义，剥夺了孩子自我选择和表达的机会。孩子可能有过抗争，但大多被家长的"权威"和"为你好"镇压了。日积月累，孩子放弃了选择，习惯了被安排，习惯了被动地接受。

这些伏笔伴随着他一天天长大，直到有一天，孩子需要自己独立做出选择的时候，没有能力做出判断，只能一味地依赖父母。每个父母在吐槽自己的孩子没有主见、缺乏独立时，都应该首先认真地反思我们自己。

3. 长长通道里的一个个小出口

自主选择早餐这件小事，还有其背后深刻的心理含义。

从儿童到成人，青春期是一段过渡的长长的通道。孩子需要在这段至黑的、封闭的通道里穿行、挤压，直至羽翼丰满坚毅，身躯强健有力，内心坚定稳固。这是一段孤独的漫长的旅程。旅程里的任何喜怒哀乐，都是有意义的成长。

有人是快乐的，也有人是痛苦的。叛逆、阵痛、迷惘充斥着，像一艘漂浮着的小舟，在暗黑的无边无际的海上，只看见若隐若现的灯塔的微弱光亮。他横冲直撞，没有一个出口。

青春期的孩子，被需要、被尊重、被认可的需求越来越强烈。学习还是这个阶段孩子生活中非常重要的一部分，随着学习的难度和压力越来越大，原先他引起为傲的敞开着的大门可能会被慢慢关闭。他在自我认同里挣扎，在封闭的管道里扑腾，每关上一扇门，光亮就更暗淡一些，他的能量值也就会更低一些。

这个时候的父母，尤其需要为孩子提供尽可能多的出口，让他有探出头来喘息一口再继续前行的机会。

优秀的父母都是有原则的智者。有原则不代表一刀切，在不同的情境下，需要有不同的变通，甚至是"有原则地妥协"，这确实是对父母提出的比较高的要求。比如在餐饮这件事上，我们的保健医生给出的建议是，尽量不外出用餐，尽量不吃含添加剂的食物，不吃巧克力和任何形式的快餐。但早餐自由势必会破坏这些原则，在充分的沟通下，我和孩子在这一餐达成一致，其实就是给了孩子一个心理出口，他的情绪能通过一点小小的改变、不同得以释放，他的能量也可能因为一个小小的决定得以正循环。

洗澡这件小事，我从中悟出的道理

1. 洗澡这件小事

一直以来，儿子在洗澡上都会花费比较长的时间。

这片完全属于他自己的绿洲本无可厚非。但随着学习生活越来越紧张，晚上的时间显得尤其珍贵，甚至捉襟见肘。

为此，我提出建议，能否在可能的范围内压缩一些时间，用于"补贴"给睡眠。

尽管我可以感觉出他也努力在做一些调整，但很长时间以来，并没有得到改善。

我一直把在这个时间段上的"铺张"理解为一种有意义的放空——完全与自己相处，修复一天的疲惫。

但从主观上来说，溢出常理的时间"过剩"，以及主动想要调整的意愿和无法得到解决的结果之间的矛盾，又让我隐隐感觉，也许在放空之外，还有一些我们没有意识到的心理意义，需要用更多一点的时间来满足。

2. 父母的好奇心

在我们对孩子的期待列表里，"好奇心"有一席之地。

好奇心，对孩子的终身成长来说如此重要，它是创造力、生命力的另一个诠释。但我们往往容易忽视的是，"好奇心"对于父母来说，同样重要。

对于不断发展变化中的孩子这个"新物种"，我们是一直自认为对他了如指掌，还是时刻保持着观察、警醒和好奇？

伴随着孩子的成长，一些新的问题会出现，尤其是当他们走到青春期，更多的困惑会产生。

比如：

为什么他要紧锁着房门？

为什么他突然就情绪失控了？

为什么他有很强的好胜心但表现出来的却是对学习的"忽视"？

为什么他要在网络上专找陌生人聊天？

对"为什么"的探寻和思考，也许并不能总是让我们找到正确的答案，但是，"好奇"这个过程本身是有意义的。

如果我们坚持这样做，就会对眼前的问题和孩子这个个体抱有更多的同理心，就会少一些责备，多一些理解，多一些反思。也许有一天，我们会突然发现，那些困扰着我们的事物，在一个更广阔的空间里，存在着某些异曲同工或者环环相扣。

这将帮我们摊薄我们的焦虑，理出解决问题的那个源头或者导火索。这也将极大地提升我们在和孩子相处和沟通时的质量，让那些短暂而珍贵的亲子时光可以感受到更多的温馨、温暖。

3. 知道的正确道理，隐藏的心理需求

我们日复一日的人生经验，让我们掌握了很多人生的"真理"。

我们爱自己的孩子，出于本能，我们把这些人生的"真理"对孩子毫无保留。语重心长，谆谆教诲，和盘托出，我们总是关注那些显而易见的正确的事。

比如：

- 重要的事情优先做——先做好作业再玩。
- 礼貌待人——谁教会你说脏话？
- 把时间花费在有意义的事上——沉溺在游戏里获得了什么？
- 休息好才能学习好——夜里不睡早上不起怎么就改不了？
- 时间管理是太重要的事——总是迟到你不觉得有问题？

可是，这些正确的道理不只有我们懂，孩子更了然于心。他们缺的不是对"真理"的了解，他们只是无法做到，或者暂时无法做到。

从了解到真正的理解之间还有很长的一段路要走。

因此，我们把太多的时间花在摆事实、讲道理上，是性价比很低的行为。我们更应关注和思考的是，孩子为什么没有办法做到？有哪些没有解决的问题？他有哪些心理需求没有得到满足？我们可以给他提供怎样的帮助？我在同样的问题上是怎么想的？如果换作是我，会怎么做呢？

人同此心，我们反思自己，然后理解他，我想我们就会和孩子少一些对抗。我们透过问题表象去探索背后真相的思考逻辑，也会潜移默化地影响我们的孩子，他会从被动地接受一个正确的道理，到真正地去思考他的人生课题：

我为什么要这样做？我是怎么想的？我有哪些需求没有被满足？还有其他可以实现的方式吗？

4. 为了更少的损耗，我们可以怎么做

放手让孩子去试错是必须的。按照他们的认知、理解去体验、丰富他们自己的人生。

放手不等于做一个放纵的甩手掌柜，凭侥幸等待的收获在绝大多数情况下，只能等来残酷的收割。始终有一根线，需要抓在我们手里。在看着他撞过墙一次、两次、三次以及更多次还是回不来的时候，我们可以顺着这条"线"，向他走近一些。

如果我们在同一个问题上，一次、两次、三次以及更多次发出我们的提醒，提出我们的建议，但是孩子完全不去理会，或者理会了依然无法改变，我们首先需要思考的是：

- 是不是我们用错了方法。
- 我们预设的正确答案也许不符合当下的实际。
- 还有一些我们并未意识到的存在。

一个习惯的养成，需要很长的时间；一个习惯的改变，需要花费更多的时间。从一点点小的改变开始，给等待一些时间，给结果一些时间，总

是有益的。

最低效的方法是责备。你永远不能在孩子尝到"恶果"的时候，长舒一口气来验证自己的"全能"：

我就说嘛！

我当时怎么说来着，你就是不听我的！

我早就知道你有这么一天！

这不是鞭策，是雪上加霜，是无情的奚落。是在变相告诉孩子：下次我依旧不能听我妈的，我可不能让她得逞。

退一万步讲，也没有什么一定需要被改变。随着时间的推移，即使你不喜欢，有些习惯终会伴随我们终生。

这又有什么大不了的呢？谁还没有点"特别"的习惯，是吧？

争吵中，孩子教会我的那些事

孩子小的时候，如果我们想让他向左，而他偏偏向右，我们一只手就能把他拎起来调转方向。

等他们长大了，尤其到了青春期，他想向哪里走都走得义无反顾，完全不受我们的控制。

矛盾就是这样产生的。按照成人的经验，这显然是向左才有路嘛，向右完全是不可理喻，死路一条啊。当我们习惯性地把我们几十年来总结的精华直接告诉他们，他们才不想抄答案呢，他们要亲自答卷。

交出什么样的答卷，都诚实地反映着他们当下的能力水平、认知水平。我们认为的100分，他们一点也不羡慕。在他们眼里，没有约定俗成，会不会，答了才知道，行不行，走了才知道。至于"考分"，是不需要被预见的，亲自上场本身就是一场华丽而骄傲的冒险。

孩子们多有勇气，多么值得我们成年人学习。当我们保守地避免去犯错误，他们却在积极地试错，并从错误中验证、成长。

他们可能也感到疑惑吧：在日常学习中，爸爸妈妈希望我独立思考，一定不可以抄答案；为什么在生活、成长这条更广阔的路上，又要求我抄他们的标准答案呢？

我依然记得在和孩子争吵时，他说过的那些带给我思考、让我印象深刻的话。孩子教会我很多事，他自身充满能量。

以下的每一段标题都还原自孩子在和我争吵过程中的"脱口而出"。当时有气愤，有哑口无言，现在看来，每一句都是教会我成长的"良言"。

1."别用今天来定义我，明天又是新的一天"

孩子生命中重要他人的评价，对他来说是意义重大的。当我们因为某一刻或者某一次的行为给孩子贴上标签，也就是他所说的"定义"，本质上是我们固着在自己有限的认知里，给孩子戴上枷锁。

我们常常习惯放大孩子的错误，并把当下当成永远：你现在都这么不思进取，还想拥有成功的将来？

那些意志力弱的孩子，就信以为真了。他们也可能把这个评价迁移到自己的其他方面：我不行，我做不好，我是个没用的人，我是个没有未来的人。

我们的担忧就这样悄悄成了诅咒。我们担心的事，常常就像变戏法一样成了现实。就事论事，是父母和孩子相处时的一种能力，不延展，不迁怒，就看着眼下这件事本身。

当孩子做错了事，他们往往比我们所看到的要更深刻地认识到自己的错误，即使对此他会有不同形式的隐藏。我们不需要一再重申，一再证明你就是错了，他此刻需要的是一个台阶，一个可以翻篇重来的机会。

是的，"明天又是新的一天"，这是个很好的自我抚慰。从僵化的定义里挣脱出来，明天确实又可以从 0 开始，重整旗鼓。

2."你一说，我就不想做了"

我们在和孩子交流时，将自己呈现在孩子面前的有两个重要的维度。一是我们所说的事、所提的建议本身，另外一个是我们伴随其中的语气、姿态。

很多时候，我们所说的话是出于好意，但却激发了孩子的"逆反"，可能是因为我们所传递出来的态度给了孩子不好的体验。这种态度可能包含：

（1）帮助孩子做决定，破坏了孩子的独立感。作为青春期的孩子来说，"由谁决定"对他们来说有着重要的意义：我是个独立的人，我不需要你为我决定，我需要为自己做主。我要主动地选择，不要被动地接受。

（2）居高临下，激发了孩子的权利争夺。"我吃的盐可比你走的路还多。你还年轻，很多事真的不懂。我在你这么大的时候……"以一个过来人的身份自诩，处处展现优越感，是孩子特别讨厌的事。孩子关注的不再是事情本身的正确与错误，而成为一场权利的争夺：别以为你这样就可以证明自己有多厉害，我偏不按你说的那样做。

（3）过度关心，暗示孩子的能力不足。当我们事无巨细地去帮助孩子、提醒孩子的时候，孩子往往感受到的并不是轻松和安全感。他们可能会自我怀疑，为什么我需要被这样"全方位地照顾"，是因为父母对我没有信心吗？觉得我肯定做不好？是因为我能力不足吗？

3."是的，你说的对，但我的体验非常差"

他说出这句话的时候，我内心在那一刻非常复杂。本能让我很生气，明明自己做错了事，却要求有好的体验。另外一方面，我被深深地触动，也许我们确实忽略了问题的本质：我们只关注正确与错误，但从不关注孩子的感受。

对和错，是相对容易衡量的，结果导向会给我们答案。而感受，是主观的体验，看不见，摸不着，似有若无，只有当事人可以理解。对错可能只是单次的、暂时的，但伴随其中获得的感受却会被永远留存下来，转化为孩子对自己的印象、体验、认知，融入在他自己的气质里，伴随终身。

做得对，不一定感觉好。相比于正确的结果，情感的"孤儿"更值得我们的关注。如果心是空的，再多的"对"都是没有灵魂的木偶，也永远发展不出长远的谋略。

感觉好，才能做得更好。如果我们眼里只有孩子的错误，而从不关注他的情感，用粗暴的方式对待他，用鄙视的眼神嫌弃他，他该是多么无力和绝望。那些在错误面前的自省、努力都失去了力量的源泉，实在太累了，干脆放弃算了吧。

4."所有的自我管理都得要有个过程吧"

当我们和孩子约定了一个规则，我们有"规则洁癖"吗？会因为孩子破坏了规则就大发雷霆，责备他说话不算数吗？我们怎么理解规则的意义？我们能接受为这个规则留出一定的"试用期"吗？

当我们终于和孩子制定了某项规则，长舒一口气，因为我们有了操作手册、尚方宝剑，我们认为问题从此就应该变得简单而直接：既然有了规则，就是用来严格遵守的啊。既然你同意了规则，那就要即刻生效啊。

让几乎所有父母失望的是，真正的规则，从来没有真正被完全履行过。这可能是因为规则本身可执行性的问题，更大的问题也许就出在"即刻生效"上。孩子不是可以自动开关的机器，任何一个习惯的养成和消解也有着渐进的规律，我们不能机械地照搬规则，而无视科学的规律。

我们因此思考规则的意义。制定规则的本质是辟出一块自留地，让孩子学会和诱惑相处，学习自我管理。这个过程，他们经历了、体验了、克服了，他们就成长了。我们不能只将目光聚焦在审视、监督他是否踩了规则的红线，而无视他为此所做的任何努力、取得的哪怕一点点进步，我们要对这个过程抱以十足的耐心。所有的自我管理都不是一蹴而就的，它需要时间，可能会反复，这是个漫长的过程。

想一想，在让很多父母头疼的手机规则制定上，我们是不是将这个势必会反复的过程想象得太过于完美。"所有的自我管理，都得要有个过程吧"，我想这句话，是不是正说明了我们的一蹴而就是多么不切实际。

给他们一点儿时间吧。也给自己一点儿时间。

5."生活千篇一律，我不可以做新的尝试吗"

当孩子和往前表现得有些不同，我们往往容易反应过度。

比如某个周五的晚上，孩子颠覆了以往的作息，先蒙头睡了一大觉，再爬起来准备熬夜奋战，我们可能会有哪些反应？

- 失控感。列车不按照固定的线路行驶了，它会开向哪里呢？还在我们的掌控范围吗？
- 可能有些生气。真是无法理解，为什么荒废大好光阴，偏偏要牺牲本该睡觉的时间呢。
- 不确定性。不会以后都这样吧？我是不是该阻止他？
- 心疼。熬夜伤身体，缺少睡眠影响生长发育啊。

孩子需要一些不同的尝试来体验来丰富他自己，他们甚至会尝试去做一个"坏"孩子。这是他们对冲枯燥、厌倦的一种方式。生活中一些小小的改变，也许就像在平静的湖面上钻了一个小孔，幸运的话，滋养的源泉就会汩汩而出。

支持他们的体验，不会将他们带离轨道。当他们充分体验了、经历了，他们会更理智地面对眼前的选择，也更容易做出正确的选择。他们不需要压抑那个"得不到"的：得不到的总是好的。这种稀缺反而让他们容易脱轨。

一个与以往不同的尝试，是满足孩子的健康的心理需求，而过度反应甚至是干涉，只是我们维持秩序的需要。为了稳定的秩序而牺牲创造与革新，没有了冒险，也就没有了生命力。

毕竟，五彩青春，正是尝试的大好时机。

和孩子打牌这件小事中藏着的 10 个智慧

家庭传统节目——打牌。

4 个人围坐打"跑得快"。每盘结束，手上剩余牌的数量被记在小本本上，最后累加数字最小的那个人是冠军。冠军没有物质激励，精神激励是脸上笑眯眯，心里喜滋滋。

竞争、合作，一片祥和、友好。

孩子从懵懂观战到以"独立"的身份加入牌局，我赋予它特别的意义。N 年前，我们外出度假过年，在酒店里，儿子第一次"笨拙"地加入我们的打牌队伍，那一次也是我印象深刻地将"长大了"具像化——

- 独立参与到"成人化""社会化"的活动。
- 需要"战胜"对面的大人而感受到自己的力量。
- 在短时间里选择与决策。

几年过去了。如今，他的牌技已经越发娴熟。舍得将手里的牌根据局面变幻更多的排列组合，从表情再也看不透他手里还剩下什么。

如果留心，你会发现孩子在打牌上的各种变化，是不同成长阶段的标志。而在打牌的过程中，藏着丰富的智慧，可以让孩子体验到一些共通的逻辑，也让我们思考蕴含其中的教育的真谛。

打牌这件小事里藏着的智慧，值得我们思考，也值得和孩子分享。

1. 打好手中的牌

我们无法控制自己会抓到什么牌，但是，更重要的是我们如何打好手里已有的牌。

正如，我们无法左右孩子与生俱来的特质。孩子这把"牌"，不是我们可以挑选的。别羡慕别人的"好牌"，也别自怨自艾，专注地看着眼前的真实，尽力做到更好比成为那个最好，更有可行性。

2. 选择与可能性

本质上是我们的选择左右了结果——选择怎样的排列组合，选择攻还是守，选择阶段性结盟还是绝地反击……

有无数种可能性。而我们的选择，在很多时候大于努力。孩子的路，也同样有无数种可能性。当孩子和我们在某条路上都非常痛苦的时候，想想另一种可能，另一种"牌局"的组合。

3. 舍与得

舍得，有舍才有得。

如果我们舍不得拆掉齐整的牌，舍不得拆掉炸弹，就可能错过最关键的出牌时机。错过了时机，再好的"牌"放在手里也没有用武之地。

破坏，也可以解读为一种革新，为了进攻的需要。

在孩子成长过程中，你不能什么都想要。想要"得"，必须有一定的"舍"。

4. 进攻与防守

我们不能总是进攻，把对手逼得退无可退不见得是件好事。

我们也不能总是防守，这会丧失宝贵的"对话"机会。

我们要练习温和而快准狠的技术，把力量用在针尖上的技术。这个火候如何掌握并没有标准的教程。"局面"瞬息万变，需要我们用心体会，不断尝试。

面对青春期的孩子时，我想你应该可以真切地感受到这一点。

5. 关键时刻扭转惯性

曾有高手队友对我的牌技连连摇头，然后谆谆教诲：不能让对方顺利走两步以上，你得想办法扭转态势。

比关注"点"更重要的是关注趋势这个"面"。如果孩子遇到了问题，作为父母可以提供的帮助之一是耐心观察，不仅是单纯的一个"点"，也是连续的"点"形成的趋势。

如果问题走得太顺利，一定要果断主动出击，创造一个转折点。

6. 及时止损，重整旗鼓

打出去的牌就如泼出去的水。你再解释是看错了、手抖了、手残了，你也不能毁牌耍赖。你只有接受失误，接受错误，然后吸取教训，承担后果，重整旗鼓，向前看。

我们和孩子都容易在不经意间沉浸在打翻了的牛奶里。这瓶牛奶怎么也喝不着了，最好的止损是别把下一瓶牛奶也浪费了。

7. 绝对值与相对值

4个人的牌都非常差的情况下，也会在最终决出一个胜者。

所以重要的并不是我们手里的牌要非常好才能胜出。而是在特定的环境里，我们可以怎样首先赢得自己，然后赢得整个盘面。

别给自己设置太多的障碍，别下太多绝对的评判，别主观毁了自己的可能性。我们并不是总要一个绝对值，有时候需要的是一个相对值。

8. 保持谨慎，永不放弃

握着一手特别好的牌空悲叹也是常有发生的。好到觉得赢这局是板上钉钉的事，可就在沾沾自喜的时候，冷不丁发现对方已经出完了。

以为自己输定了却反转也偶尔出现。最后剩在手里的牌太小了，但对方比你还小。

最安全的地方可能最危险，任何时候都要保持谨慎。

最危险的地方也许最安全，任何时候都不要轻言放弃。

9. 失败的意义

决出冠军的规则是：每盘结束，手上剩余牌的数量被记在小本本上，最后累加数字最小的那个人是冠军。

赢的次数多的，并不一定是最后的胜者。也就是说，结果和我们在过程中赢的次数并不总是正相关。

即使你一盘都没有赢过，你也可能是最后的冠军，因为你留在手里的牌的总数恰巧最少。不要太在意每一盘的胜负，小失败可以让我们一直保持谨慎，不掉以轻心，在更长远的战役中获得胜利。

这也是"失败"的积极意义。

10. 心态的力量

越输就越容易输。越赢就赢得越多。

这和运气——手里摸到的"牌"相关，也和心态相关。积极地充分利用资源，不管它有多"贫瘠"，或是消极地暗示自己肯定不行，都会影响结果。

创造机会，从不放弃，可以改变气场。而我们的成功之路，可能只需要这种状态下的一个非常小的突破。

审孩子这道"题" | 一万个道理，不如一句"懂你"

1. 四个小故事

故事一

娃：妈，笔今天又用完了，哎，用得可真快哦，昨天才用的新笔。

妈：没事，笔无限量供应，现在要不要给你买？

娃：啊……哦……不用。

这是无意中听到的朋友和孩子之间的对话。孩子说这段话的背景是周末他终于从作业堆里抬起头来，甩了甩生疼的手之后。

他真的是在抱怨笔用得快吗？妈妈听懂了他的心理语言吗？

故事二

有一段时间，在忙了一晚上后，儿子会在9点左右甚至更晚约我下楼散步。我们绕着楼下走一圈，他总会在途中"顺道"去一趟便利店，买些零食、饮料、方便面。他有敞开挑的机会，而我会很配合地默默收起"8点以后最好不吃东西尤其是垃圾食品"。

他是真的饿了，想吃东西才买的吗？

如果打开壁橱，1个月前出去买的薯片还原封不动放着。

故事三

小时候，每到暑假我都会去姨妈家住上一段时间。后来有一年，刚去了几天就哭着闹着要回家，要立刻回家。我妈显然有些生气，急匆匆地赶来接我。回去的路上说了我一路，她怎么也不明白我"想家门口的篱笆"是个什么鬼。

我是真的放心不下那排"篱笆"吗？还是我想家了，想妈妈了？

故事四

孩子做一道很难的题，绞尽脑汁终于想出了"正确"的解题方法，但结果却是错的。

他很不甘，回过头去又检查了一遍解题步骤，没有发现任何问题。

他很迷惑，非常迷惑，直到回到起点，把题目重读了三遍，才发现是自己理解错了题意。

审题错误，再完美的方法也只能得到错误的答案。

2. 孩子这道"题"你读懂了吗

有人说，这世界上最动听的语言，不是"我爱你"，而是"我懂你"。这在亲子关系里也同样适用。

理解孩子，是一切教养的前提。审孩子这道"题"，不是一件容易的事，需要我们用心、用脑、用爱、用智慧。青春期的孩子往往"口是心非"，和我们玩着捉迷藏的游戏。如果我们只是"看到""听到"，而没有"想到""悟到""理解""消化"，就很容易审错题。

当孩子和妈妈说他的笔那么快就用完了，他其实并不是说他缺笔，而是在表达在过去的这段时间里他写了很多字，用了很多力，他的辛苦希望被妈妈看见，他可能需要的是一句安慰，或者一个拥抱。

当我的儿子深夜去买一包薯片，他是在用这样的方式找一个出口，让自己"满足"来调和一晚上的疲惫。这是他的自我补偿。他当然知道深夜不要吃垃圾食品的道理，如果我们在这个时候给他语重心长的提醒或者阻止，他可能真的会暴饮暴食，或者寻求另外的"发泄"方式。

现在看来，当我那年暑假哭着闹着要回家时，是真的想家，想爸爸妈妈。但那时我表达不出来，不知道自己怎么了，或者我是不愿意让别人知道我的真实想法，可能觉得想家是个丢人的事吧。"篱笆"成了我的借口，也是我心里家的象征。当多年以后我把这个一直记忆犹新的故事讲给我妈听时，她恍然大悟，热泪盈眶。

3.最匹配的那块拼图你能找到吗

理解，是站在孩子的角度设身处地，真正体验他、感受他。被理解的孩子，像被从几千块拼图里挑出来的最吻合的那一块，完美地贴合、归位。他是被理顺的脉络，不需要在烦乱里挣扎。心安，是最温柔的疗愈。

当他们被理解，他们也可能同时感受到被接纳：不管我是好的，还是差的，都有一个懂我的人，理解我，接纳我，还有什么比这更能让我从中获得勇气和力量。即便我遇到了人生中最大的挫折，我走过风暴，我似乎都不认识自己是谁了，我犯了很大的错误，我不知道怎么才能振作起来，我最亲近的爸爸妈妈，他们站在我身边支持我，不仅说说而已，还保持理解的姿态，我会觉得天不会塌下来。

理解是一种双赢。父母因此赢得孩子的信任，亲子关系得到滋养。孩子因为父母的理解和信任赢得更多自由开放的空间，他们不要和谁抗争，只需和自己对话，与自己和解。

4. 让"我妈懂我"成为孩子最高级的炫富

当我们掀开一切被覆盖着的花花绿绿，站在一个最冷静的角落，想一想我们曾经对孩子一些行为的看法和反馈，发现其实我们是可以理解孩子的，但我们却将这份理解深深地隐藏。

我们理解孩子学习累了想放松一下；当他闲逛时，我们却忍不住就去指挥甚至责备。

我们理解孩子在和我们有不同见解时的争论；当他铿锵有力义正词严时，我们却常常控制不住去泼他的冷水。

我们理解孩子心情不好不想说话；当他甩门或者对我们爱理不理时，我们却总是生气责备他的目无尊长。

我们理解他，但表现出来的却并不是这样。我们口口声声说爱孩子，为他付出一切，但常常放不下自己。我们总和孩子说，我们是平等的，我们互相商量着来，但如果孩子的选择真的在我们的意料之外，有多少父母依旧可以淡定地保持尊重。

孩子的话总是直击要害，他们中的一个说：你们给我的选择都是经过了你们的"筛选"，这是有条件的尊重；另一个说：我的父母理解我，但我必须按照他们说的来。

是什么让我们披着美丽的外衣，喊着冠冕堂皇的口号，裹挟着自己和孩子向前？我们是父母，难能可贵的是我们能否身在其"位"，却能放下我们的权威感、控制欲，真正地回归养育的起点。

不求做到完全的理解，但我们可以一起再努力一点点，让"我妈懂我"成为孩子最高级的炫富。

Chapter 17　亲子关系这座桥

和青春期孩子冲突不断？亲子关系中的相互理解

1. "乔哈里视窗"亲子版

"乔哈里视窗"是一种关于沟通的技巧和理论。

美国心理学家乔瑟夫和哈里将人际沟通分为四个象限，用于分析及训练个人发展的自我意识，增强信息沟通、人际关系、团队发展、组织动力以及组织间关系。

我将这个理论演绎至青春期的亲子关系中，发现同样适用，并能很好地帮助我们直观、便捷地理解我们和孩子的冲突是如何发生的，如何更好地和孩子进行有效沟通，增进亲子关系。

	父母知道	父母不知道
孩子知道	开放区	盲点区
孩子不知道	隐藏区	未知区

亲子关系中的"乔哈里视窗"

开放区——自己知道、孩子也知道的信息。

盲点区——自己不知道、孩子可能知道的盲点。

隐藏区——自己知道、孩子不知道的秘密区域。

未知区——自己和孩子都不知道的信息。

青春期亲子关系的矛盾，主要发生在盲点区和隐藏区。

父母很委屈，明明是为了孩子好，为什么他们就是不理解呢。

孩子很挫败，父母爱的，只是"优秀"的我。

我们通过案例来看一看，亲子关系中的这些矛盾是如何发生的。

2. 亲子关系长期处于隐藏区，孩子容易自我攻击

由隐藏区产生的亲子矛盾，主要表现在，父母认为自己所思所想，孩子显而易见、理所应当都能非常了解，不需要再多余解释和表达。

而孩子只能感受到他直观感受到的，并无法理解背后隐藏的、未被表达的信息。

隐藏区亲子场景举例：

孩子和朋友约了出去玩，很晚了还没有回家，电话也联系不上。妈妈很着急、很担心。等孩子开门进来后，把孩子劈头盖脸骂了一顿。

这个情境下，妈妈的情绪并不是单一的：

- 生气（不遵守约定的回家时间）。
- 着急（很晚了还没有回来，还联系不上）。
- 担心（这么晚了，不会有什么危险吧）。

如果分离妈妈此刻的情绪，担心可能占了很大的比重。但妈妈表现出来的行动——劈头盖脸责备孩子，孩子感受到的只有妈妈的愤怒。

妈妈知道：我很担心你。

妈妈认为：我这么担心不是显而易见的吗？

孩子知道：妈妈非常生气。

孩子不知道：妈妈除了生气，更担心我。

孩子认为：原来妈妈更关注我有没有遵守规则（而不是我这个人）。

如果我们和孩子的关系长期处于隐藏区，即父母知道，且认为孩子理所当然也知道，而孩子并不知道。孩子容易更多地自我攻击："我就是个失败的人""我什么都做不好""我是不值得被爱的"。

3. 盲点区里，父母"看不见"孩子

从第三方视角去观察每个父母和孩子的沟通，都有各自的风格特点：有的偏柔和，有的偏强势，有的启发思考，有的直接给出答案要求执行……

身处其中，我们对自己是什么样的风格往往无意识。比如我们时常不经意间把社会角色带入亲子沟通中。

盲点区亲子场景举例：

一个妈妈是企业的高管，决策果断、雷厉风行、追求效率。这是她工作场合中的常态，一天中的绝大部分时间，她都是这样做的。当她回归到家庭，在和孩子沟通时，有较大的可能性会延续职场的惯性。

妈妈不知道（无察觉）：在和孩子沟通时，她很强势。

孩子知道：妈妈根本"来不及"顾及我的需要，她只要结果。

如果这位妈妈对自己的亲子沟通方式不做有意识地察觉，亲子关系长期处于盲点区，孩子感受到的是妈妈那么"自以为是"，她不懂我，我感受到压迫感，我那么不被尊重。

长期被"压着打"的孩子，要么剧烈地反抗，要么失去生命力。

4. 移除障碍，进入开放区域，让更多未知领域在开放领域相遇

把挡在我们面前遮住我们视线的障碍移除，让父母知道，孩子也知道需要亲子的共同努力，尤其是父母方面的努力。

（1）练习表达。在我们和孩子形成足够的默契之前，练习表达，将内在的情绪状态、思考过程用语言或者行动展示给孩子，而不是囫囵吞枣地只给出一个单一的结论。这将帮助亲子双方更好地理解彼此。

(2) 认真倾听。我们需要听得进孩子的声音，即使是一些刺耳的声音，不把它们视为一种挑衅或示威。认真反思：因为什么给了孩子这样的感受，有没有其他更好地表达方式。

对于彼此目前都不知道的那部分，即未知区域，伴随着孩子的成长旅程，他会逐渐挖掘他不知道的那部分。作为父母，我们需要做的，是持续学习、终身学习，只有这样，我们也才能开拓自己的未知区域。

当我们和孩子同频成长，我们未来会在更多开放的区域相遇。

我的风筝断了线，亲子关系中的链接时刻

1. 锁上的门，断了线的风筝

房间的一扇门，把我们和孩子分在不同的物理空间。也许，他还上了锁，我们敲不开门，对不了话，很好奇他在房间里做些什么，有些担心、焦虑，也伴随着一点点无法放下的"控制"。

这似乎就像是一个风筝，顺着风起飞时，突然断了线。可能是风太大了，可能是风筝积蓄的力量太强了，也可能是我们用错了握线的方法。我们跳了又跳，就是够不着那根线，不知道它会飞向哪里，路途中会遇到什么风雨雷暴，也不知道它什么时候回来，会不会再回来。

多少个青春期家庭里正上演着这样的剧本，剧情相似，只是主角不同。

实在被逼急了，我们还有个撒手锏——破门而入，暴力执法。看得见的门被打开了，另一扇看不见的门却被关闭了——孩子的心门。

失去了链接，这让原本岌岌可危的亲子关系雪上加霜。

2. 那条找回孩子的路

很多在孩子青春期遇到困难的父母，都不约而同地描述了这样的场

景——柴米油盐不进，像块冰，像块石头，太无助了，太难了。

那个曾经对我们全能依恋的孩子，和我们形影不离的孩子，在分离焦虑期连妈妈上厕所时都守在门口的孩子，怎么到了青春期，就突然消失不见了？他怎么消失得这么悄无声息，连给爸妈反应的时间都没留。

"找回"我们的孩子，唯一的方法，就是从改善关系、经营关系开始。

父母对青春期孩子的引导，如果有可以事半功倍的技巧，我认为就是"经营关系"。

无条件的爱，持续的关怀，精神的动力，根据阶段性的目标和关系状态，调整适应平衡的支撑力量，修复一段曾经有意无意的破坏而带来的伤害。

营造、调整、修复，伴随着经营关系的每一个阶段。

在处理事情前，先处理关系，在处理关系前，先安置情绪。

3. 积极亲子关系的 8 条建议

(1) **回归"母亲/父亲"的角色**。面对孩子时，让我们不再是老板、教授、员工，我们就是一个爸爸、一个妈妈。回到我们迎接这个生命的本初，那时候我们是带着怎样的热切、专注与真诚。

(2) **倾听、看见、理解、尊重**。认真听他说，看到真实的他，理解他的需要，尊重他的个性。把他当成一个独立的个体，而不是一个"产品"、一个"项目"。

(3) **不轻易承诺，承诺的一定要做到**。不要为了安抚孩子，随便承诺。和孩子约定了的事，不管多难，都要努力做到。如果因为某些原因，实在无法做到，一定要提前和孩子说明，解释清楚。更重要的一点是，孩子可能偶尔会忘了曾经的约定，我们千万不要因此就侥幸"蒙混过关"。

一个言而无信的人，不能成为榜样，不值得深交。

(4) **不求不助，需要帮助时义无反顾**。在获得邀请前，不侵入孩子的领地。我们总担心孩子做不好，做不到位，总觉得需要做点什么，才能避免失控的感觉。但当孩子真的发出邀约需要帮助的时候，却变成了"我正在忙，等一会儿再说"。警惕你和孩子之间正以这样的模式相处。

（5）一些特殊时刻。记得他喜欢什么，不要忘了他还有哪些没有实现的愿望，别总是等到他"索要"再给予。生活的仪式感，不一定要发生在特殊的时间节点，更可以在每个平凡的晨起日落。从小惊喜中获得的幸福感，也不一定与物质相关。一段亲密的陪伴，一次意料之外的出现，一首他爱的歌的时间。用心，你一定会找到和孩子之间的密语。

（6）留一些自由时间给孩子。青春期看似是孩子开始脱离父母的羽翼，奔向远方，他们似乎有更多属于自己的时间和选择，事实可能恰恰相反。

繁重的学业压力、被寄予的期待、自我的纷繁探索、每一个争分夺秒的日子，他们被赶着往前，"被安排"着向前，对于绝大多数孩子来说，拥有真正属于自己的时间是奢侈的。

给孩子留一些属于他自己的时间和空间，在这些"空白"里，他们可以暂时停下，可以补给能量，可以什么都不做，也可以做很多想做而没有来得及做的，可以完全为自己做决定。

（7）聊一些共同的话题。不想和青春期的孩子把天聊死，就需要站在孩子的角度去了解他的喜好。不愿意主动走近他，就别抱怨现在的孩子太难懂了。别以"代沟"为借口拒绝了解他，生长于不同的年代的两代人对于世界的感应和认知自然是不同的，但是好奇心却永远不受年龄的限制。

了解他喜欢的事，甚至发展一个和孩子相同的兴趣爱好，自然能找到和孩子的共同话题。因此，你不会觉得孤立无援，孩子也不会觉得孤单。

（8）言传不如身教。孩子是父母的一面镜子。最好的教养不是言传，而是身教。成为更好的自己，是父母增进亲子关系的高级方式。

一个积极的榜样，让孩子想去靠近，想要模仿。一个更好的父母，也在自我学习和激励中习得更科学的育儿方式，方法得当了，关系自然也就走近了。

只是和孩子闲待着会发生什么？
亲子关系中的特殊时光

当繁重的工作、人到中年的生活压力、自己不当的情绪管理，都倾泻而来的时候，我们早已忘记了陪伴的真正含义。

在和孩子有限相处的时光中，我们不断提要求，只看到孩子的问题，我们用无限的"快餐"模式，用无限的欲望，刷着需要和孩子完成的或孩子需要完成的一个又一个待办清单。

走了很远的路，我们忘了，那些曾经目不转睛、寸步不离、没有条件的爱。

亲子关系中，我们需要一些放空时刻。

1. 在纠正之前先建立情感联结

良好的亲子关系，是家庭教育非常重要的一部分，也是开展教育与引导的基础。智慧的父母，懂得磨刀不误砍柴工的道理。和睦融洽的家庭环境和亲子氛围，润物细无声，事半功倍。反之，鸡飞狗跳，孩子眼里满是质疑，心里满是抗拒，怎么可能真正接受父母的建议？

有时候，忘掉孩子的行为而专注于与孩子的关系，会有意外的收获。

不妨花一些心思，想一想，怎样才能首先和孩子成为朋友。成为他们信任的、无话不谈的真心朋友，你试过了吗？

2. 营造适合你的家庭的特别时光

每个家庭都有各自的不同之处，家庭成员之间，有着属于这个家庭独特的生活习惯、生活默契。没有必要照搬照抄别人的经验，而是要根据自己的家庭特点，设定最适合自己家庭的"特别时光"。

有的习惯早起，有的习惯晚睡，有的安静，有的习惯以固定时间召开家庭会议，有的适合通过一次徒步、一次登山、一次旅行、一场电影，增强家庭人员之间的情感联结，只要是用心、真诚，能被大家都接受的方式，都可以成为你们的特别时光。切忌刻意的安排，那样会引起孩子的反感，达不到链接的效果。

而孩子，能从这些特别时光中感受到慰藉、被接纳、被尊重。真实被爱着的感觉，能让他们体验到内心深处的快乐，也能更好地改善自己的行为。

3. 只是和孩子闲待着也算是特别时光吗

不知道从什么时候开始，我们会有这样的错觉，和孩子在一起，总得做点什么，时间才没有被浪费。于是，我们习惯了不断地安排，不断地说话，不停地动作，显得极其亢奋。

有时候，孩子会适应这一点。但更多的时候，孩子可能只是想安静地待一会儿，以获得足够的物理空间和心理空间。

只是和孩子安静地待着，甚至什么话都不说，往往能达到更好的陪伴效果。当孩子知道你在身边，即使他们看上去没有注意你，你真正地陪伴而产生的能量，都会带给他丰富的滋养。

不要刻意期待他们注视你、在意你。同样，"闲待着"也要保持你自身的内心宁静，这是很重要的。听一首喜欢的歌，读一本喜欢的书，都是很好的共度时光的方式。

4. 试着和孩子随心所欲地过一天，或者一个小时就好

有没有一刻，你发觉自己成了曾经自己最讨厌的那类父母。开口就是要求，眼里看到的也都是孩子的缺点。你不停地说教、指责、发火、暴怒。嘴里是爱，面目狰狞。

孩子生活在巨大的心理压力里，畏缩不前，他不知道他要做的下一件事又会是怎样的"错误"。他也学会了看这个世界的反面，眼里看到的都是问题。

对孩子没有任何要求，确实是不现实的。但我们可以创造一点时间，创造一些机会，在这个"空间"，孩子可以"随心所欲"做自己，给他的心理压力一个出口，给自己一些放松与抚慰。

亲子关系中的一面镜子 | 3则亲子小故事的思考

1. 猛摔东西的孩子

一个妈妈给我留言，说儿子发火就会猛摔东西，逮到什么摔什么，场面经常无法控制，为此她非常苦恼。

我问她在家庭内部，其他家庭成员，以及成员之间是如何表达情绪的。

她说我们挺好的啊，比较温和。沉默了一会儿，接着说：

"我以前也摔东西，但是我已经有一年多没有这样做了。"

2. 一吵架，我就要笑场

有一次我和儿子因为某件事吵了一架。吵完他开始进行"收场"工作："你还有什么需要表达的？这件事咱们算过去了吗？"

回到房间，先生对我说：

"你有没有发现，你们吵架的模式一模一样？逻辑，语气，甚至语速。"

我发现了。所以，有时候吵着吵着我就特别想笑场，仿佛看见了另一个自己。但毕竟是在正经吵架，我还是得严肃点是不是。

3. 迟来的学情分析

某次测验之后，儿子做学情分析。我看到他画了饼状图来计算失分率。

通过单次的横向比较，对扣分项有更直观的概念，从单份试卷来看，阅读理解的扣分率是最高的，说明这部分要做预警。而阅读理解扣的4分里，任务型阅读占到了3分，重点就更明确了。

这只是单份样本，并不能完全说明问题——任务型阅读不一定是最薄弱的。但如果按照这样的思路，将一定周期内的测验都做这样的分析、对比，将很容易看出，自己的弱项在哪里。

这样的横向、纵向比较、分析，大约是在一年前，我带他进行梳理的时候做过，之后他自己在做学情分析的时候从来没有用过。

一年后，这次的情景似曾相识。

4. 孩子是我们的一面镜子

负面影响，常常不是即时体现的。在一段时间差后，它的消极作用才会发挥威力。因此，谨言慎行，永保敬畏。

积极的影响，也不总会那么立竿见影。一颗种子被埋进了土壤里，它慢慢生根，然后长出嫩芽。坚持播种、浇水、施肥，耐心等待，别轻易放弃。

所有的过往，都会被看在眼里，记在心间。在某一个不曾被预期的时刻，它将现在与曾经呼应，或早或晚。

坚持做难的、正确的事，然后等待花开。

孩子的眼里，都是你的样子。孩子，就是我们的一面镜子。

亲子关系中的"你若芬芳，蝴蝶自来"

1. 明明真心对他好，孩子为什么越走越远

"痛并快乐着"，用在中年父母感受孩子的成长上也贴切无比。

我们欣喜于孩子的长大，羽翼逐步丰满，跃跃欲试展翅高飞。这是

我们希望看到的成长和成熟，但也交织着失落、焦虑，还有很多很多的困惑。

他待人热情似火，对你冷若冰霜。

你说什么他也不听，你做什么他都熟视无睹。在你面前，他不哭，不笑，不感动，你心累得不行。

但他并不总是这样，他践行着两套标准，在另一个没有你、你也不理解的世界里激情澎湃。他和朋友呼风唤雨，对某个明星无比热衷，对某个老师非常喜欢甚至是崇拜，沉浸在手机游戏里忘记了时间。

他用尽全身的力量去投入、去热爱。强烈的对比，让你站在失重了的天平一端。在高高翘起的甲板上，你更看不清他。明明真心对他好，明明对他的爱一点都没少，他为什么渐行渐远了呢？

2. 三个月后，孩子采纳我的建议"搬家"了

刚进入冬天的时候，我提议儿子搬到朝南的房间去，那里阳光充足，也更暖和，但被他拒绝了。他愿意待在他朝北的房间，虽然那里很阴冷。

为了便于我随时随地地工作和学习，我把南向的房间做了布置升级。极简的小书桌，ins 风的桌布，精致的文创摆件，黑胶唱片机，种了植物，在阳光四溢的飘窗下打造了一个阅读角和工作台，白色的纱幔随风轻轻摆动。

每天的清晨、黄昏、夜晚，我都坐在这里读书、写字。渐渐地，儿子会在看纪录片时在我的座位上坐一会儿，周末写作业的时候会借用一上午我的书桌，太阳笼罩着他，看上去很温暖，心里也很温暖。

寒假来了。有一天，他拎上他的包，准备强行入住了，我被"赶"了出去。距离我提议让他换到那个房间去过了大约三个月。在看着那个角落一天天被打造得越来越好，在看着我专注地坐在那里学习和工作，在多次长短不一、有意无意的体验和感受后，他发自内心地接受了那个美好的角落。他不仅愿意坐在阳光下，阳光也真正走进了他的心里。

3. 企图说服，最没有力量

当我们用行动去给孩子展示，让他真正看见我们所描述的，这可能很慢，但却更能扎扎实实地形成真正的驱动。

这个过程，本质上是首先让我们自己过得更好。

我用了一些小小的改变，改善了居住空间，让我自己首先享受到灿烂满屋的美好体验，无形中就迎来了孩子的靠近和追随。

你若芬芳，蝴蝶自来。

"吸引力"看不见、摸不着，但却有无形的巨大力量。

朋友对孩子来说更有吸引力，因为他们有共同语言，能相互理解，也永远没有高高在上的评判。

热衷明星，是被明星身上美好的特质吸引，希望自己也能成为那样的人。

学识渊博的老师，并不一定会得到大家的崇拜。被崇拜的是那些既有专业能力又有趣，更重要的，是能理解孩子，能给他们带来力量的老师。

手机只是个中性的物，被裹挟其中，是因为其中有海量的可以点燃激情的体验，即使它是虚拟的。

那父母呢？仅仅因为我们是孩子的父母，就要求他们无条件走向我们吗？那些在朋友、明星、老师、手机上追逐的特质，能在父母身上找到影子吗？作为父母，我们是一个有趣、充沛的人吗？

4. 如何让孩子在心理空间上靠近你

物理空间上渐行渐远的青春期孩子，如何让他们在心理空间和我们越走越近，是个不容易的课题。

他们像脱缰的野马，想要追逐新的体验。他们满腔热血，去探索各种可能。可是，他们两点一线的生活，对外界的接触是非常匮乏的。我们要成为他们力量和资源的源泉，阶段性替补他完整拼图里的一块。

做一个充满能量的父母，就像一汪泉水，我们要有滔滔不绝的源泉，才能补给孩子。做一个并肩作战的战友，除了给他安排好生活，我们有没有把做一个有趣的父母，带领孩子去见识一个有趣的世界，让他的生活里除了学习也还有音乐、艺术、诗歌和远方，也作为一个重要的项目去规划？

跌跌撞撞的时候，你会特别担心，希望自己的一些建议他可以听见。可不管你说的道理多么正确，只有他内心接纳你，才能真正地听见你。

当你有趣了，孩子也会变得有趣，他也会更愿意和有趣的你在一起，听见你的声音。

30张温情亲子小纸条

（1）像他初次来到我们身边时那样看着他，对他好奇、欣喜，就算在那些暴风骤雨的日子。

（2）我们未必总是需要说话，有链接的沉默有时是更好的一种表达。

（3）严格地对待他，但不要严厉地和他相处。

（4）我们需要有一些共同的"特殊时刻"，在这段特别的有限的时间里，放下所有的要求，随心所欲地待在一起。

（5）把他当成一个独立的、平等的人来看待，而不只是我们的孩子。

（6）让他自己做决定。为他的决定提供需要的支持。允许他决定后可能的失败的发生。

（7）看见他的优点，不要被他恼人的问题蒙蔽了双眼。出现问题时，更是要和他站在一起。

（8）仪式感，融会贯通在生活的点滴里，是灵丹妙药。

（9）如果已经很久都没有敲开他的"门"了，一走了之不是个好办法。真的走掉对他来说是个残酷的验证，我们不要让他"得逞"。别放弃，持续"敲"，直到敲开一道小缝，阳光就会慢慢洒进来。

（10）让我们自己成为更好的人，做更高级的榜样示范。

（11）一起做一些调皮的、冒险的甚至打破规则的事，别太严肃了。

（12）了解和学习他喜欢的事/人/物，在他两眼放光讲给我们听时，带着耳朵和心认真地听。在他喜欢的事上给他小惊喜。

（13）在该沟通感情时，坚决不说教。在需要教导时，带着感情。

（14）创造机会，让他关心我们。

（15）先处理好我们自己的情绪，再说话。在做得不好的地方，说对不起。

（16）邀请他一起参与家庭事务的决定。

（17）支持他有属于自己的空间，比如在自己的书房或者房间，按照自己的想法装饰布置。

（18）满足他的胃。

（19）给他写信，表达真情实感。

（20）尊重他的朋友，如果有条件，有机会，亲近他的朋友，请吃饭看电影，我们埋单。

（21）说话算话，实事求是，不翻旧账。

（22）用幽默化解责备。

（23）记住他曾经明说或者暗示的愿望，记在心里，找时机给他意外的惊喜。

（24）在他不需要帮助时，闭嘴走开。在他需要帮助时，义不容辞。

（25）重要的事只说一遍。

（26）尊重他无关底线的习惯，他的习惯完全可以和我们的不一样。

（27）对他的爱，说出来，不要默认他心知肚明。

（28）允许他愤怒、低落、抱怨，在他兴奋时不泼冷水。

（29）身在，人在，心在，认真地听他说话。

（30）微笑。

Chapter 18　生活中的育儿哲学

自从体检之后，我的那些"病"神奇般地都好了

在做了很久的思想建设后，我终于去体检了。

晕针晕血、不想称体重、隐约担心自己哪里有问题害怕面对等，是我拖延的理由。

但神奇的事情发生了，自从体检之后，我的那些"病"奇迹般地都好了，觉得整个人神清气爽，如释重负。

不仅如此，我还发现了体检和养娃竟也有那么多相似之处。

1. 当真的行动，焦虑就消失了

曾经的我壮如牛。实在怀念熬夜通宵第二天还能满城徒步的日子，也佩服快生孩子了还能健步如飞的自己。人到中年，谁还没点小毛病，道理讲得真真的，但真正面对，内心还是害怕，或者不敢接受。

因此，对待体检，我很焦虑，尤其是隐约感觉到哪里可能会有些小问题又不确定的时候。但当我开始真正行动，预约，早起开车出门时，这些焦虑就都消失了。

就像打开了一个神奇的开关。

焦虑同样伴随着我们的育儿过程。但仔细想想，我们的焦虑绝大部分

是因为我们"束手无策"——找不到方法，不知道方向，完全插不上手。可以说，站在"岸上"看着的时候，我们更容易焦虑，如果可以跳入水中，和风浪搏击，我们就没有时间焦虑了，更多的精力会花在如何解决问题上。

打开那个神奇的开关，体检从一个"预约"开始启动，养娃从一个不需要完美的行动开始，先行动起来，其他的后面再说。

2. 对待恐惧，唯一的办法就是面对

晕针晕血，所以对于抽血，我极其恐惧。以往每次不得不体检的时候，我总把这个项目无限往后推，先去查那些有的没的，等实在逃不过了，再硬着头皮上。

这次，我直奔采血处，撸起袖子，和护士小姐姐热情地互动。不知道是我心理作用，还是运气比较好，这是我有史以来抽血最没有感觉的一次。

当内心开始面对，恐惧也就不是那么可怕的事了。

孩子们在遇到不愿意面对的事情时，常常会选择逃避。比如因为作业没有做完，不愿意面对老师的检查，选择早晨不去上学。害怕面对考试，根本上是害怕面对考试的结果，甚至会有一些躯体化的表现——发烧、胃疼、拉肚子。一个谎言需要用更多个谎言来弥补，逃避不是一劳永逸的办法，它不能让问题永远消失，反而会在未来付出更高的成本和代价。

对于父母们来说，理解他们为什么会"逃跑"，陪孩子一起面对问题，理智地给予帮助，而不是情绪化地攻击和责备，是非常有必要的。

3. 诚实地面对自己：你并没有那么糟糕

我近期长胖了很多，实在是没有勇气站上体重秤。

在体检中心的时候，瞥了一眼屏幕上的数字，哇，虽然确实是比以前胖了，但是比我预估的还是轻了很多。原来我并没那么重哎，我立刻就飘

起来了，都敢把毛衣塞进高腰牛仔裤里穿了。

孩子是不是也是这样呢？当诚实地面对自己，你会发现，原来自己并没有那么糟糕。勇敢面对那个不完美的自己，可以有管理不好自己时间的时候，接纳自己经常会犯错误，这没什么大不了的，然后告诉自己：我知道问题在哪里，我下次努力做得好一些；我在这里做得不好，但我并不是一无是处。

这样做，他们就不会和自己过不去，就可以客观地看待自己，接纳自己。

4. 让问题从幕后走到台前，人反而更轻松了

把体检项目一项一项做完，就大概知道哪里有问题，哪里是瞎担心。这就像原来面前是一团乱麻，现在把他们理顺了。以前模糊一片无法聚焦，现在可以看得很清楚，有些地方被打了个结，那就集中注意力把这个结解开，有些地方可能有被打上结的风险，那就多防患于未然。这样做，虽然有些问题从幕后被真真切切地摆到了台前，但是人却更轻松了。我们对此有了掌控感，知道下一步该怎么做。

在和父母们沟通时，我常常收到类似的"大"问题：

孩子青春期叛逆，我该怎么办？

我建议大家把自己的困惑、孩子遇到的问题写下来，一条一条写在纸上。这可以帮助我们把眼前的一团乱麻一条一条捋出来。当我们这样做了，我们会更聚焦，有哪些具象需要解决的问题，有哪些是无谓的担心，或者是可以先放一放的。在这个过程中，我们往往就会找到方向，甚至是找到答案。

5. 在"困难"面前，我摆出拒绝的姿态，但实际上我需要帮助

娃爸在我预约体检中充当了"监工"的角色。他一催我，我就找各种理由，今天项目会，明天见客户，实在不行了，就怼他。但我内心深处知

道他说的是对的。在遇到"困难"的时候，我摆出拒绝的姿态，但实际上我是需要帮助的。

这像不像青春期孩子和父母之间的复杂情感？他们像一只刺猬，让人无法靠近。但是，他们内心深处渴求无条件的接纳和支持。他们需要一些时间去处理和自己的关系，并清晰明了地知道，他的父母在任何时候都不会放弃他。

6. 了解自己，珍爱自己，有些声音是可以抛在脑后的

上次体检的时候，一个阿姨非常严厉，她把一个小问题无限放大了，给我留下了很深的心理阴影，也造成了我对体检的抗拒。

孩子成长的路上，总有一些"危言耸听"的声音，或者遇到不太友好的人或事。比如，有些孩子不想学一门课，就是因为不喜欢那门课的老师，他可能曾经无意中伤害过孩子的自尊。

我们是谁，不是由别人定义的。最了解我们的人，是我们自己。了解自己，珍爱自己，在最艰难的时候，也不要通过牺牲自己来做对抗。我们无法左右别人是怎样的人，但也要永远记得相信善意。

当我发现了养娃和减肥的 10 个共同点，整个人都瘦了

我减肥比养娃的历史要更长一些。

作为易胖体质星球人，减肥几十年，事业仍未成功。最近，又开始走上奋战之路，我发现，减肥和养孩子之间，有很多相似之处。

1. 光说不减假把式 VS 光想不学两手空

首先是行动，首先是行动，首先是行动。

先行动，再完美。

扎心的是，置办了好几套赏心悦目的运动装备，一次都没有用过。

买了很多亲子育儿书籍，如怎么做好妈妈、如何做好爸爸、怎么和孩子沟通、别人的哈佛孩子怎么成功、青春期的刺猬如何拥抱，永远翻在第一页。

初心完美，态度良好，就是迈不开腿，动不了脑，神仙想帮我也难啊。

2. 少吃一口就想成为瘦子 VS 百米冲刺养娃

一口吃不成胖子，少吃一口也不会立刻成为瘦子。

减肥和养娃一样，都要循序渐进，均衡用力。我们极容易在开始时雄心壮志，气宇轩昂，过几天又像泄了气的皮球，回到原点。这是因为我们用力过猛了，只收到了短期的成效，但无法坚持，不可持续，更不会取得长期的效果。减肥会因此而反弹，养娃会不系统、不连贯。

百米冲刺，肯定跑不完马拉松。一日曝十日寒，也肯定养不好娃。

3. 科学饮食 VS 科学育娃

以前的我，减肥＝挨饿。吃最少的饭，不吃最好。白天不好好吃，晚上报复性吃，因为再不吃就饿晕过去了。用了很多力一次也没减肥成功过。

第一次没有节食、没有经历挨饿的痛苦就取得减肥的阶段性战果，真的是不可思议的人生第一次，原因竟然是好好吃饭，一顿不落地吃饭，以及最重要的科学吃饭：注意热量，营养搭配，细嚼慢咽，不喝饮料，不吃零食。

仔细想想，养娃也同样可以这样充满喜悦的，前提是不野蛮作业，不粗暴执法，用科学的方法，"营养均衡"，并坚持这样做。

科学，并不等于花哨的技巧。减肥回到认真吃饭本身，回到食材本身，并不是高深晦涩的学问。养娃，回到初心，回到本能，回到亲密、教养本身，其实也并不需要过多的技巧，遵循规律，不紧不慢，不多不少。

4. 记录体重 VS 分数参考

胖的时候是怎么也不肯上称的，害怕被那数字吓傻。我没看见，约等于没发生。衣服都瘦了，走路都喘了，还不让我自我安慰下吗。

其实称与不称，数字都不多不少。体重的数字不是结果，是过程，是工具，数据可以帮助我们更好地监控，更重要的是，我们可以以此来做复盘和调整。

孩子的考试分数，具有同样的意义。就算在转折的节点，分数也只是过程，从不是结果。我们要善于挖掘沉默的、冷酷的数字带给我们的丰富信息，运用它，而不被它绑架。

5. 了解自己的体质 VS 尊重孩子的内在编码

听过太多减肥的好方法，到自己身上就是不适用。了解自己比好的方法更重要。了解自己的体质，根据自己的生活习惯和作息规律来制定适合自己的可持续性的方法，才有针对性，才能持久。

别人的鸡汤，也不一定适合自家的娃。不要羡慕别人的早起，咱家娃就是有些"慢热"；不要羡慕别人短跑冠军，咱家娃耐力更好。了解我们的孩子，尊重他们的时区，遵循他们的内在编码，比即时的成功更有意义。

6. 减肥的瓶颈期 VS 养娃的拉锯战

有一段时间，很努力了但是体重就是没有变化。这是减肥进入了瓶颈期。坚持、坚守，会在一小段蛰伏后迎来新的阶段，失望、放弃，前面的努力就都打了水漂。

养娃也会遇到这样的平台期、拉锯战。付出了很多，却没有可视的回报。一些好的变化正在悄悄发生，只是它是滞后出现的。好的结果是送给坚持和等待的礼物。

7. 别人眼里的你胖了 VS 在别人的眼光里育娃

有时候看着瘦了，但重量没轻；有时候觉得胖了，体重没上去；有时候你明明瘦了，别人竟然说你胖了。别人怎么看你并不重要，你看起来怎么样也并不重要，重要的是不被外在带乱了坚定减肥的节奏。

对于有些父母来说，养娃也很容易受外部评价的影响。在意别人的眼光，怀疑自己的判断，在犹豫闪躲里浪费了宝贵的时间。没有什么方法是百分百完美的，也没有任何决定是完全正确的。确定了，就去做，相信自己，坚持向前走。

8. 不该减的不能减 VS 别丢了娃的"优势"

不想看到的是，减肥把不该减的地方也减了。减肥不能一刀切，使用科学方法的一个重要原因就是有的放矢，保持"优势"。

眉毛胡子一把抓，育娃也容易让孩子失去他原本的"优势"，用太多精力去补短板，也挤压了发现和发展孩子优势的空间。

有舍有弃，有失才有得，别让养育磨平了孩子的天赋。

9. 减肥路上的麻辣烫 vs 养娃征途中的自我放松

减肥是个持久战，中途实在想偷个懒假寐啥的、吃碗麻辣烫啥的，就对自己宽容一点吧。适度的"放纵"可以避免超限逆反，自我取悦后，继续前进。

养娃也同样不能时刻绷紧着神经，适时让自己放松一下，让孩子放空一下，放下完美主义，允许一些"失误"发生，可能会走得更远更好。

10. 独一无二的自己 VS 独一无二的娃

不管是胖是瘦，我们都是独一无二的自己。

不管是优秀还是普通，他们都是我们独一无二的娃。

珍惜拥有，且行且珍惜。

谁的青春不堵车

1. 一马平川的高架诱惑

前往工作的途中，有一条必经之路。如果直线向前开，肉眼可见的长时间红灯等待，队伍很长。日子很慢，不是"从前慢"，是"现在就慢"。

与之形成鲜明对比的是，只要把车头向左转45度，就是高架的上桥口，迎着太阳看过去，一马平川，车迹寥寥，绝对是焦急得百爪挠心时致命的诱惑。

第一次从这走的时候，就很迷惑。为什么放着那么一览无余的大马路不走，非要堵在这等红灯？我发挥了实战派的行动力，想的工夫，车已经欢快地奔上了"阳光大道"。一脚油门，开出去二里地。也就真的只开出去二里地，然后半小时内再也没有动过。

真相是，眼前的这条路，只要过了这个车流汇集的红灯，后面就一路畅通无阻。而那条高架，正是用"荒无人烟"发出诱惑，然后彻底把你堵在途中。

到达同一个目的地，绕开眼下的障碍，可能会在前方遇到更大的障碍。

2. 绕"坑"与打怪兽

这个场景让我联想到孩子的学习过程。他们学龄越来越大，进入初中，迈入高中，所学的知识越来越难，会有越来越多的障碍出现在他们面前。

遇到障碍，怎么办？是绕开走，还是死磕它，决定了不同的学习结果。

绕开走，无视它，当下可能是愉悦的。对自己抱以最大的"保护"，免受到"伤害"。绕开一个"障碍物"，甚至并不会影响什么，这是"障碍物"

给孩子的甜头和诱惑。于是，一个又一个都被他们绕过，一路坦途，轻松愉悦，他们也失去了锻炼深度思考的机会。直到遇到一个再也避不开的坑时，他们才发现了这个自己给自己编造的骗局，需要花费更多的精力才能让自己站起来，或者再也站不起来。

而死磕那个障碍，可能是痛苦的。有障碍，就有痛苦，这源于孩子们要去勇敢面对自己的"力不能及"，接受失败，花费更多的时间，耗费更多的体力，就算他们这样做了，障碍也不一定会在当下被解除。他们每天都要"打怪兽"，日子过得不轻松。但只要他们不放弃向怪兽宣战，最终最重要的，已经不是是否把怪兽打败，而是他们在这个过程中收获的思考、坚韧。

往往走过这一路，他们的能力都大幅提升了，这一级的怪兽也已经不再是对手了。

3. 时间会给坚持努力的人答案

有很多青春期阶段的孩子遇到学习方面的问题，甚至发展到厌学、逃学。遇到学习障碍不是单一原因造成的，学习能力、专注力、时间管理、领悟能力都是与之相关的要素。

一些孩子遇到了某个知识点的障碍，还没有完全解决，但他们一直没有放弃解决的努力，所以我们看到他当下的学习表现可能并不是令人满意，但是这只是暂时的。时间会给坚持努力的人答案。而那些对问题熟视无睹的孩子，用一块遮羞布掩盖着虚弱，即使他的智商更高，他对一个个障碍欠下的债，终有一天要一笔还上。

正因为努力的过程可能是痛苦、长期的，这对孩子提出了很大的挑战。有的孩子努力了很久，就是见不到效果，中途放弃了。他们不再相信努力的力量，也不相信时间给出的答案。你最想放弃时正是最重要的时刻，你是不是要再坚持一下？快餐的年代，连满足都渴求快餐式的，这对于孩子们来说，是致命的伤害。

遇到困难、解决问题是孩子成长的必经之路。从本质上来说，最后取得的成功取决于他们从克服这些困难的努力中，获得的耐力、勇气、信心。

是勇敢地解决当下的问题，还是避开问题侥幸偷生？想想我必经之路的那个高架，也许可以给我们一些参考。

4. 做难的、正确的事

我们有时候会看到很多孩子非常勤奋，每天都在学习，都在刷题，都在不断地努力，起早贪黑，但是并没有取得好的学习结果。如果只看到表面，可能会哀叹命运的不公，或者给孩子安慰：你已经尽力了，尽力了就好。

真相真的是这样吗？我们怎么做才可以给努力、愿意学的孩子更实际的帮助？如果我们仔细观察一下他的起早贪黑，奋笔疾书，可能会有一些发现。那些会了的知识重复做，没有搞明白的知识点和难点依旧是陌生的。结果是，不会的依旧不会，他付出的努力只是低性价比的回报。

这很难让孩子再上一个新的台阶。

对孩子来说，不仅要做正确的事，更要去做一些难的、正确的事。不仅要做自己擅长的、简单的事，还要集中精力解决重点问题。这才是真正的学习。

5. "开始做"和"感觉好"，你的孩子选哪个

每个人的精力都是有限的，孩子把精力放在哪里，如何进行分配，和他们的学习结果密不可分。有一个常常被提起的问题，到底是先易后难还是先难后易？先后顺序对清除障碍是否存在正相关？

我认为这并没有标准的答案，因人而异。有些孩子适合从简单的事情开始，这便于他更好地启动，并投入角色，"开始"对他们来说更难一些。有些孩子适合从难的开始，越做越简单，越做感觉越好，这样在结束的时

候有很好的激励反馈，一项任务结束时的"感觉"对他更重要。

如果我们以发现问题、解决问题为主要目标，就不用纠结于开始的先后问题，别人的经验都只是参考，适合自己实际情况的方法才最好。

6. 重拾信心的馅饼

作为父母，我们可以帮助孩子在"打怪升级"的过程中做点什么？在和父母交流的过程中，大家常常提起，孩子一提学习就头疼，即使内心想做作业也提不起笔来，久而久之导致厌学。为什么会是这样呢？

我们首先要观察一下孩子在学习过程中具体是遇到了什么问题，是不是长期积累了困难不能消化。一些分解的动作是必要的，把庞大的学习任务分解为可消化的每一条任务，这样对于他们来说就会更有动力去坚持。如果眼前有一块很大的饼，我们需要把这块饼切分成不同的小块，如果他喜欢吃芝麻馅的，那我们可以从芝麻馅入手，这里就是一个突破口，这个突破口可以帮助他重拾信心。

每天一道难题，甚至两天一道难题，不要着急地想一下解决所有问题。挑一个相对他来说最擅长的学科或者项目，有针对性地坚持下去，这样他可以将从中获得的一点自信转化为向前再走一步的动力。先开始，再完美。

我们也可以用一些可视化的激励技巧。比如你希望孩子坚持阅读，可以在家里布置一个书橱，待看书和已看书分栏放。每一次从"未看"到"已看"的挪动都是孩子对自己的激励。

PART 5

第三方养育观察

Chapter 19　不愿求助的孩子

青春期孩子"自救"背后的10个真相

1. 18岁以下的读者们

"青春期手册"这个公众号,是基于和更多父母共同学习成长的目的而建立的,因此内容的方向也更偏向于父母视角,站在父母角度,如何了解我们的青春期孩子,如何和他们相处,亲子关系如何经营等。

从后台的年龄分布构成里,可以很清晰地看到36~45岁的粉丝占了约65%的比例,46~60岁占比约17%,符合这个账号的目标客群定位。但有一个值得关注的数据:18岁以下的粉丝群体占比约4%。虽然占比不高,但对应的总人数还是超乎我的预期。这其中有一部分孩子主动添加了我的个人微信号,和我有过互动。

2. 孩子们"从何而来"背后的意义

我分析了孩子关注到我的公众号的几个可能的途径:
(1) 从朋友圈转发中发现这个号,并添加关注。(可能性低)
(2) 通过朋友介绍知道这个号,并添加关注。(可能性很低)
(3) 搜索"青春期",发现这个号,添加关注。(可能性高)

(4)搜索与青春期相关的词汇，如"游戏""暗恋""不想学习"等关键词，跳转到相应的内容，并添加关注。(可能性很高)

在上述的四个途径里，第三第四两种方式的可能性是更大的，从中我们可以有几个思考：

(1)处于青春期阶段的孩子会遇到很多困惑或自己无法解决的问题，这是常态。

(2)在孩子遇到成长的阵痛时，他们会搜索相关信息以解决自己的疑问，这是一种积极主动的"自救"行为，他们对自己是有责任感的。

(3)为什么遇到了问题，他们会选择求助于网络，而不是身边最亲近的父母？现实生活中的沟通渠道是不是畅通？是谁把他们推向了网络世界？这些值得父母们深思。

3. "自救"时，他们都做了什么

有部分孩子加了我的个人微信，在沟通中我也发现有几点值得我们思考：

(1)加了我个人微信的孩子都会主动和我互动，而不是"潜水"。互动的内容是提出具体明确的问题，效率高，目标感很强，这一点很多成年人都无法做到。当我们习惯了用成人视角去看待和解决问题，想想身边的孩子是不是也有值得我们学习的地方。

(2)有很大一部分比例的孩子都有很好的自我洞察，逻辑性强，对自己有很好的认知，他们甚至知道问题在哪里，但是缺乏正确处理的办法，并因此感到困惑。他们大部分的困惑，都指向自我价值感偏低。

(3)不是每个孩子都能做到"礼貌"，关于这一点我的理解是，他们并不是故意不礼貌，只是对自己的行为无意识，这本质上是源于他们社交能力的缺乏，即便这种社交是虚拟化的。从长远来看，孩子的这项能力更决定了他未来可以达到的高度，当我们过多困在眼前的学习、游戏、早恋等问题时，是不是完全忘了社交这个主要的软实力的培养。

(4)有些孩子会假借"父母"的身份来沟通,仔细思考这背后的意义,挺让人泪奔的。

(5)他们是孤独的,这种孤独很少源自父母不在身边,反而是父母都在,甚至保持高度关注,但是和孩子却落入无话可说的窘境。孩子小时候,遇到问题都会寻求我们的帮助,在我们怀里大哭一场,为什么长大后变得那么陌生,需要寻求网络的帮助?到底是科技进步了,沟通方式变化了,还是我们和孩子之间的关系变化了呢?

(6)能对一个陌生人倾诉,说明:第一,孩子有倾诉、表达的意愿;第二,他认为被倾诉的人是安全的;第三,这份倾诉不会被否定、被责备,或许他还从中获得了安慰,得到了支持。这三点,我认为对于父母是有参考意义的,尤其是我们困惑孩子为什么不愿意对我们敞开心扉的时候。

(7)有些孩子不和父母沟通,不是因为他们不想说,而是因为不知道怎么说。一个家庭里沟通的氛围,父母之间遇到问题的沟通方式,父母和孩子沟通时采取的方法,孩子都从中学习和模仿。当他们拒绝和我们交流时,我们应想一想这可以归因于何时何地。

(8)很多孩子不理解父母的想法,当自己做错了事,父母沉默时,他们很慌张,很没有安全感。有时候,冷暴力比暴跳如雷伤害更大。

(9)有些孩子遇到的问题并不是亲子之间沟通方法的问题,而是在他们眼里父母很"愚昧"和"无知"。这两个词听上去很刺耳,但对应到具体的事上,孩子说得似乎有些道理。就如我们把孩子当成我们心里的骄傲一样,孩子也同样希望他们有一个让自己引以为傲的父母,这完全不是指物质层面的,而是一个积极、有趣的父母。

(10)几乎所有的问题,都指向理解的需要和不被理解之间的矛盾。孤立地看,各自站在自己的立场,似乎都没有错,但所有的事物都不是孤立的,关系更是。真诚、充分沟通、换位思考,一个都不能少。

所有这些,如果不是和孩子们有了或多或少的交流,我也无法深刻体会。具象到我们的每个家庭里,我们可以从孩子的"自救"里获得怎样的思考呢？

爱孩子，我们对此深信不疑，但这不等于孩子对此坚信不疑。原因在哪里？找到了答案，也就找到了和孩子沟通的钥匙。

孩子遇到问题，为什么不愿意向父母求助

青春期的孩子不再像小时候那样叽叽喳喳，喜怒哀乐都写在脸上。他们会隐藏自己的想法和情绪，有些能自行消化，有些并不能解决，并因此累积成更大的矛盾爆发。

一方面，孩子看似平静的外表下，正经历着强烈的内在撕扯，和自己对抗。

另一方面，父母也存在着两种可能：

（1）对正在发生的一切毫不知情，孩子掩饰得太好或者父母太过迟钝。

（2）父母知道孩子遇到了一些问题，但因为孩子不愿意沟通，而父母也没有全面获取信息并进行消化的能力，因此显得特别无助，束手无策。

当孩子逐渐长大，确实并不是所有的事都需要父母介入，因为这不利于孩子的成长。日常小事的磨砺，能让孩子在克服与战胜中锤炼自信，变得强大。但遇到超出他们能力范围的事，必须求助大人的事，比如校园霸凌、严重的失眠、抑郁等，孩子需要知道那个界限在哪里，父母也要面向孩子敞开通道。

但是，为什么那么多孩子遇到困难不愿意向父母求助呢？

1. "告诉你，你也解决不了"——没有一起解决问题的能量

父母不是全能的，不可能每个问题都解决得很好，但这不是孩子不愿意求助的原因。

孩子遇到问题时，如果父母总是以"我也不知道"来搪塞，久而久之孩子就会关闭求助的通道。因为他没有得到答案，也没有得到支持的

态度。

孩子可以接受一个"我也不知道"的父母，他更希望看到一个在"不知道"面前，愿意付出自己的时间和努力，去和自己一起探讨、寻找答案的父母。

从孩子长远的成长来看，父母和他们共同探索的过程，比获得标准答案更重要。

2."告诉你，你又把问题甩给我，我更无助"——只讲些空话、大话

孩子遇到困难，父母常常会加油鼓劲：

"我相信你，你一定可以的！"

这样做并没有错，一些孩子遇到一些小问题，在父母的鼓舞下，确实可以依靠自身的力量得以解决。

但大多数时候，光鼓励，不提供实际的适时适度的有效帮助，孩子并不会因此获得战胜困难的资源。

次数多了，这种"被营造出来的看上去很美好"在孩子眼里就是空话、大话，他们甚至会想：

"你都说我一定可以了，如果我还是要求帮助，是不是显得我太无能了呢。"

3."告诉你，会被批评、指责，还不如不说"——没有站在孩子的年龄思考

孩子遇到的大事，在父母眼里可能是件特别简单的小事。

当孩子在这件事上跌了跟头，父母忍不住就会责备：

- 这么简单的事，你怎么可能都做不好呢？
- 在这件事上你都吃过多少次亏了，你怎么就这么不长记性呢？
- 你根本就没用心，你太让我失望了。

这是站在成人的视角去看待和评判十几岁孩子的问题，看到的自然都

是不成熟。

试着躬身站在孩子身边，回到孩子的年纪，回到那个年纪的自己，也许会做出不一样的选择。

4."告诉你，你总会把你的想法强加给我"——思维控制

孩子没有找到答案，但这并不意味着他就一定要接受你的答案。

这类的矛盾在青春期家庭中尤为明显。父母往往会把几十年来总结的正确经验传授给孩子，并要求他按照这个唯一的标准答案行动。

孩子想通过自己的跌爬滚打找到属于自己的答案，他们想证明：我就是我，我和你不同。即便他们知道父母说的是对的，也不愿意照搬照抄，这其实是多么可贵的精神。

他们会走得慢些，但累积了经验，也深化了思考，收获了对自己的探索和理解。

明知道求助就会变成一种父母思维的控制，孩子怎么会求助呢？

5."你的态度让我感觉不被公正地对待"——不能一分为二，有一说一

孩子想要看到父母的态度。

做错了事，错在了哪里，绝大多数孩子显然都了然于心。

但没有绝对的对错。一件事，做错了，背后也有好的初衷。师生关系出了问题，老师在整个过程中有没有可能有做得欠妥的地方？和同学发生冲突，同学有没有处理得不好的地方？这些问题，应该和孩子的行为综合在一起考虑。

一分为二，有一说一，中立客观，公开讨论。

父母是否是"公正"的，对孩子的心理和行为有巨大的影响。

如果父母总是把所有问题都推到孩子身上，孩子怎么可能再求助呢？

6."我有一个完美的形象，怎么能展示脆弱"——没有为优秀孩子敞开求助的通道

有些父母喜欢"高举高打"，在公众场合放大孩子的优点，这让孩子在外人面前有一个完美的形象，是公认的"别人家的孩子"。

这部分孩子确实非常优秀。但是优秀的孩子在遇到问题时会更累，他们和父母都遵循着被默许的潜规则。

父母：你不可以做得不好。

孩子：我不能展示我的不好。

这阻碍了孩子向父母求助。

父母往往容易忽略优秀孩子的心理健康。他们的困苦被外在的光环所掩盖，如果出现问题，他们更辛苦，更挣扎。

不管别人看到他飞得多高，父母都要潜心关注他飞得累不累，这能让孩子有喘息的空间，也让他们知道，如果他想停下，想歇一会儿，并不是什么羞耻的事。

青春期孩子的"可怕"行为

十几岁的"可怕"孩子，折腾得爸妈心力交瘁。当一个个"可怕"行为侵袭而来时，你会怎么办？你有没有把一些原本这个年龄段正常的行为"灾难化"，误以为那就是孩子一辈子的样子？

1. 孩子没有朋友

青春期孩子的朋友关系重要性会在某个阶段超越父母关系，成为他们非常重要的一种成长改变。他们会从与朋友的相处中，寻找认可，确定自己的定位，并因此探寻"我是谁"。同时他们也从中学会社交，这个"微型社会"，是他们未来社交的雏形。

如果你的孩子无法和同龄人相处，或者把自己隔绝在同辈之外的时间

超过了合理时间，需要引起重视，可以给他们一些建议：

• 感受到什么，就会践行或传递什么。你觉得有信心，你的行为才有信心。因此，努力自信一些。

• 真诚地对待朋友，当面、公开地表达你的赞美或反对。

• 微笑，再微笑。

• 对朋友抱有好奇心，表达真诚的兴趣。

• 扩大社交圈，鼓励他们参加一些活动，或者，陪同他们参加一些活动。走出去，才有机会。

• 别害怕拒绝，也许你发起的下一次邀请就会被看见。

• 父母以身作则，真诚社交。孩子会观察你的行为，或者模仿你最糟糕的习惯。

2. 孩子交了"坏朋友"

很多父母和孩子的"战争"是由孩子选择了父母不赞同的朋友而引起的。

近朱者赤，近墨者黑。孩子也理解这个道理。但往往因为我们与孩子沟通时的激进，不恰当的表达，反而使孩子们之间的关系更紧密了。

试试不同的方法，不控制孩子的朋友圈，对他们友好，营造舒适愉悦的环境。启发他们看朋友身上的优点，也探讨做得不好的地方可以怎么改进。你越放松，你的孩子会越容易向内探索，他们可能会厌倦那些不好的朋友，或者，朋友的坏行为在他的感染下有质的转变。

3. 如果他们正遭遇校园暴力

不仅是肢体、言语上的暴力，情感上的冷漠，也构成恃强凌弱的一部分。不仅是面对面的，发生在网络上的欺凌也不能忽略。

当孩子发出求救的信号时，我们一定要认真对待。孩子之间的矛盾交给孩子去解决，并不是在任何情况下都适用的。如果孩子不寻求帮助，父母也要对恃强凌弱和攻击行为保持警惕。

公开，是解决这类问题的一个重要原则。当事各方在一个约定的场合，充分表达，是非常有必要的。当事各方不仅包含被欺凌方、欺凌方，在某些场合下，还应把旁观的孩子纳入在内。创造一个公开的平台，充分对话，澄清后果，这是对各方最好的保护。

当我们聚焦解决眼前的暴力问题时，往往会忽略欺凌行为背后的心理意义。让每个孩子感觉到归属，并教给他们如何以建设性的方式运用自己的力量，欺凌便不会发生。

教给孩子们自律、责任感，尊重自己和他人，以及解决问题的能力。

4. 无法躲避的性教育

孩子对于性的价值观可能和我们有很大的不同。

受传统观念的影响，我们这一代父母中的绝大多数还做不到大方开口和孩子谈性。我们很多人对这个话题都是讳莫如深的，更别提给孩子相关的引导和教育。

即便避免谈论性，也是一种性教育，这会让孩子感觉性是神秘的，是坏的。这并不能阻止孩子对性感到好奇。如果通过非正规的途径去了解性知识，可能给孩子带来潜在的伤害。

性是生命旅程的一部分，应该是美妙的。

父母要尽可能做到克服自己的心理障碍，开放地和孩子谈论性话题，并将讨论而不是达成一致看法作为目的。或者，选择专业的性教育机构，送给孩子一堂青春期的课程，对孩子都将是很有帮助的。

5. 如果发现孩子正在自伤

十几岁的孩子，有自己的隐私、独立的生活习惯、穿衣风格，在他自伤且不想让你知道的时候，你是很难发现的。

了解情况的最好办法，是当他不像他自己了，或者有突然的焦虑、愤怒、沉默等异常表现时，你需要特别关注他是否存在自伤行为。

宁愿感觉到疼痛，也不愿意没有感觉，这是他们对正在经历痛苦的自救。也可能，他们因为内疚，用自伤的方式来惩罚自己。

当你发现孩子正在自伤，他一定正经历痛苦。这个时候父母最不应该做的就是：

告诉孩子没有什么值得烦恼或难过的。这会让他们觉得你对他们不理解，没有真正的关心，也解决不了他正面临的问题。

你内心无比着急，想和正在自伤的孩子谈谈他们内心的想法，但是你永远不能强迫孩子这么去做。他们很可能不愿意交谈，并且不愿意接受任何人的帮助。默默的守护和陪伴，是最重要的。让他们有安全感，无论发生什么，你都支持他、爱他，永远在他的背后守护他。不要让你过度的关心逼得孩子窒息。他们需要一段自己领悟的旅程，谁也代替不了。

如果你发现他正在频繁这样做，且自我伤害的程度很深，你一定要果断寻求专业帮助。

6. 不想看到"自杀"这个字眼，但却是不能回避的人生课题

让你的孩子意识到眼前的困难，只是一种暂时性的问题，并不是容易的事。所有的问题充斥着大脑，他们认为那就是人生的全部了。他们因此丧失自信，并无法控制事情的发展，这会诱导孩子以一种"永久性的解决办法"来解决眼前暂时的困难。

"死亡""自杀"的话题不应该是禁忌，反之，是需要和孩子作为常规开放讨论的话题。问问他们，当一个人丧失信心的时候，他可以选择什么样的方法去找回他们呢？回顾你过去的这个阶段，你遇到了哪些困难？你从这些困难中获得了什么？

从孩子过往克服困难的经历里，带他们复盘，让他们找到内心深处的力量，这些前置的教育，日后会形成很好的铺垫。

当然，如果发现孩子有严重的自伤、自残行为，一定要及时寻求专业帮助。

Chapter 20　矛盾的"父母时刻"

孩子青春期，10 个矛盾的"父母时刻"

青春期的孩子正处在一个不断探索，寻求自我同一性的特殊阶段，父母们同样也迈入了特别的"父母时刻"——迭代养育方式、接受心理分离、寻觅新的角色定位。

青春期的阵痛，不仅是孩子的专属，父母同样面临着巨大的心理挑战。

站在漩涡的中心，总会看不清来时路，将去向何方。

爸爸、妈妈这个角色，因为孩子而被赋予。十几岁的孩子，十几岁的爸爸、妈妈。他们第一次当孩子，我们也第一次当爸爸、妈妈。

我们困惑、焦躁、手足无措，是可以被理解的，无需自责。

但即便如此，我们肩负的养育责任并不能因此被减轻一点点。空杯心态，接受变化，终身学习，确实是可以帮助我们学习成为更好的父母。

身经百战，我们永远在路上。

这个过程，充斥着角色转换中的矛盾，内在心理语言和外在行动之间的失衡，纠结又拧巴，困惑又挣扎。

但也就是在这样的矛盾里，我们不断探寻、修炼，有机会成为一个更完整的自己。

和那么多父母接触后,我发现了父母们常见的10个矛盾时刻。这将帮助我们反思自己偶尔的"孩子气""任性""不合理",更好地了解自己,在想和青春期孩子较劲的时候,有意识地"抽离"。

1. 失控?可不行

很多父母的焦虑源自"失控":

害怕失去对孩子的控制,因此必须要抓住点什么,以证明自己是对的。你必须听我的,只要不听我的,就是叛逆。

害怕失去对未知的控制,因此必须做点什么,做什么都行,以证明自己是有价值的,这样才能安心。

青春期的孩子义无反顾奔涌向前,父母还没有学会放下。很多矛盾,正是源于"企图控制"与"九头牛也拉不回"之间的角力。

父母"不做什么"比"做什么",在孩子青春期来得更重要。

2. "默默"当然会被"听到"

如果一个青春期的孩子总是和你亲密无间、窃窃私语、滔滔不绝,真的是你所期待的吗?

你认为什么才是好的亲子关系?风和日丽?必须且只有通过语言才算是交流?

"听到",让我们更有安全感。"说出",保证我们有这样的安全感。

我们企图用自己不断的"说出"刺激孩子的"听到"。我们也期待孩子"说出",以让我们可以"听到"。

我们在这个思维的循环里习惯了总要说点什么,也习惯了总要听到一些反馈,才觉得那是正确的,且是唯一正确的。

可是,青春期的闭口不言与之形成了强烈的反差。

"默默",也可以是一种力量。在"默默"里,更能听到心跳的声音。

3. 为什么总有下一个

孩子玩游戏的时候：

"有这时间，你多看书多阅读该多好呢？"

孩子看书的时候：

"你作业做完了吗，书背了吗，就在这看课外书？"

我们把自己置于不同的语境和环境下去阐述一个观点，我们随机、没有规律，孩子混乱了，他还没有足够的能力去消化那些变通。

父母总有比当下更高的期待，总有"下一个"，这是激励，还是贪念？

4. 你不说，我怎么懂

一个误区是：必须孩子说，我们才能知道。

这也是很多父母特别痛苦的事：

他不愿意说他怎么了啊！他不说我怎么知道呢？怎么给他提供帮助呢？

遇到问题的孩子，如果能清晰地用语言表达出他到底怎么了，而且愿意表达、倾诉，类似逃学、自伤这些问题就不会真的发生了。很多时候他们只有一个模糊的感觉，他们也说不出自己怎么了。

了解孩子的窗口，必须是多渠道的。老师、朋友、最近的行为、习惯的变化，发型、着装的变化，房间里的摆布、使用的语言习惯、文字、睡眠等等。

以上所有，归结为两个字——用"心"。用心了，你自然会懂。

5. 到底想怎样

我们一遍又一遍地说：

"你要乐观一点啊，积极一点，阳光一点，不要被失败打倒！"

可当孩子犯了错，我们认真、严肃地教育完，十分钟后，他又神气活现出现在我们面前时：

"我希望你好好反省，你怎么能十分钟就恢复了？十分钟的反省能叫反省？那肯定不深刻啊，你肯定没把这当回事啊！"

我们常常习惯专注于自己想看到的——想看到孩子严肃地反省，最起码"夹着尾巴做人"几天吧。

我们到底想怎样？如果孩子一直在错误面前萎靡不振，我们会满意吗？那我们希望他反省多久才合适呢？

6. 两三天对冲无数次

我们无数次"眼看着""容忍着"孩子的一个个小问题的存在。

但当它以一个被滚到很大的雪球出现，并挡住去路时，我们总希望雪球这个"问题"立刻、马上消失。雪球不服——你也太小看我的韧性了。

冰冻三尺，非一日之寒。让冰雪融化，也绝不能奢望两三天。

接受问题，就像你容忍那些无数次一样。

调整心态，问题不是恶魔，我们可以与之共存。

积极行动，从现在开始，坚持改变一点点。

我们需要给时间留一点时间。慢慢走，比较快。

7. 说绝对的话

"到此为止，以后再也不会管你了！你爱怎么样怎么样！"

妈妈常常放出狠话。有多少能真的做到？

睡一觉，心就软了。第二天，该做饭做饭，还不是自己默默承受。

也许，第二天你没这样做。但是，心理上，熬不过三天吧。

火白发了，气白生了，"狼来了"太多了，孩子也不当回事了。什么好处也没落着。

还是可以说"大话"的，对着空气说，对着树洞说，把情绪发泄掉。但尽量别对着孩子说，如果你不能真的放下。

8. 你准备好了吗

患上流感及时就医是显而易见的常识。但是流感已经发生了，头痛、脑热、吃药、挂水，总是逃不过了。

在明知流感高发的时节，提前做好预防，吃好睡饱补充维 C 就能很好地竖起防御的屏障。这叫未雨绸缪。

很少有青春期家庭会为即将到来的青春期阶段做未雨绸缪的准备。当孩子遇到了问题需要去解决的时候，一些损失已经不可避免了。

通过前置的学习，我们可以避免一些损失的发生。当我们更好地了解青春期阶段的孩子，学习和他们沟通的方法、技巧，理解他们的内在需求，我们就在内在调试好了迎接孩子青春期的心理基础。

孩子的青春期，最需要做好准备的是父母。这一点，越早理解越好。

9. 拣芝麻，丢西瓜

在幸福面前，我们总习惯抓住更大的那个。

在困难面前，我们却更容易抓小放大。

孩子走到青春期，当我们发现一些问题时，常常有意无意地把最核心、最重要的那个藏到身后。

通过解决无数个小问题，让自己变得忙碌，变得"有事在干"，这样，我们的焦虑似乎就能减轻一点点。

这是我们对自己的"保护"。当我们绕着走，害怕触及那个核心时，问问自己，是因为什么？

你有答案。你一定会有自己的答案。找到了，你就明朗了。

10. 那还用说吗

我们认为自己是最了解孩子的人。

我们也理所当然地认为，我们怎么想的，孩子都知道——那么显而易见，还用说吗？

事实是，当有一天孩子问你：

"你爱我吗，你爱过我吗？"

你会不会惊到晕厥——我那么爱你，我做这一切都是为了你，你竟然不知道我是爱你的？

当有一天孩子回来晚了，你劈头盖脸骂他一顿。你的心理语言是：这么晚了，万一遇到危险怎么办？也不知道晚饭有没有吃？有没有吃好？我好担心你啊。

孩子的理解可不是这样的。他们只看到你骂他的行为，不能体会到你是因为担心和关心。

别跳步骤，把心理活动语言化，说慢一点，再慢一点。

不写解题过程，直接得出答案的，都是零分。

看清矛盾的本质，父母需要做的最重要的 3 件事

1. 总是陷入矛盾的父母

在孩子的教养过程中，父母们的焦虑时常来于我们自身的矛盾状态，比如：

• 希望孩子成为一个有思想、有主见的人，但一旦他们按照自己的想法行事、"反驳"我们的意见，我们就接受不了。

• 对于手机，我们觉得完全不让孩子接触是不现实，也不合理的，但在孩子去练习自主管理时，又不断去干涉——没收、断网、摔碎手机。

• 心疼孩子很辛苦压力很大，觉得他们需要有一些放松，但孩子一旦不把时间花在学习上，尤其是这个缓解压力的方式，不是我们期待中的那样时，就会特别暴躁。

• 有些题我们连看都看不懂了，心里想的是：也太难了，孩子太不容

易了。表达出来的是：你怎么这么笨？上课到底好好听了没有？

• 我们希望孩子面对困境有勇于挑战的勇气，经历挫折有复原力，但一看到孩子深处困境中，就焦虑不安，立刻出手相助，告诉他应该怎么做，或者直接帮他解决了问题。

• 和自己说了几千几万遍，冷静，不要发火，好好说话，但一走进家门，一看到孩子，一张嘴，就陷入无休止的愤怒里，然后是无限的自责。

• 我们这样说：只要健康就好，其他一切都是浮云。我们这样想：上不了好初中怎么办？考不上高中怎么能行？我们这样做："逼"着孩子，你得再努力一点，再努力一点。

还有很多这样的矛盾状态。有一位爸爸在和我沟通时说："第一次当父母，实在是无从下手，等小二子重来一遍时，就有经验了。"

如果不提高底层思维能力，也许在某些"点"上我们确实有了经验，但在"面"上，还是不能应对其他层出不穷的矛盾和困难。

2. 我们这么矛盾，本质原因是什么

画面1：我们驶入非常拥堵的道路，在滚滚车流里进退不能，极其烦躁。幻想着如果我们的车可以飞到空中，就能看清更大范围内道路的全貌，就可以选择相对而言最畅通的那条路。即使依然会遇到堵车，我们对堵点会有充分的准备：提前加满油不至于趴窝在路上，预估好时间不至于错过约定的时间节点。

画面2：我们站在山脚干着急，仰头看不见山顶，低头找不到去山那边的路。明知道向上爬就可能看到不一样的景色，但我们的精力都被消耗在山脚下满眼都是石壁的一块块"困境"里，没有向上攀爬的力量。

身处青春期这个特殊的阶段，你们有没有过和上述两个画面类似的感觉？心有余力不足，一切行动变得艰难，有时候是无助。

如果我们可以把自己和眼前的"困境"分离，让自己站得更高一些，

就能看得更远、更全面，就会知道途中的那些困难都是必经之路。我们可以提前做好准备去应对而不是抱怨深陷其中，我们可以绕开一些坑，可以不再那么闪躲，而是勇敢、坚定地向着目标前进。

我们这么矛盾，本质上，是我们自己的"功力"不够。做父母需要用功，智慧地用功，在繁琐里保持独立思考的能力，以保证自己可以"站"得高，"看"得远，焦虑就会减轻很多。

3. 应对矛盾，父母需要做的最重要的3件事

(1) 系统地学习。当我们足够"专业"，我们就会变得坚定。坚定自己的判断，坚定我们的目标。

碎片化地看朋友圈的鸡汤、育儿心得、励志故事，偶尔听一堂名师课，看似在学习，但并不能全面地构建我们的知识体系。再好的方法、理念，如果不能被串联起来，不能应用到自己的育儿实践，都是无效的。

系统化地学习是父母应该终身践行的事业。阅读是最便捷、投入产出比最高的工作。静下心来，认真读一本书，你会慢慢发现收获是惊人的，很多困惑都将迎刃而解，而你在面对问题时，就会淡定很多。

(2) 未雨绸缪的爱。在和我沟通的不少家长里，有孩子已经休学了半年及以上的，有沉迷手机严重影响学业的，有在性教育上完全缺失导致孩子受到伤害的。我能感受到大家的焦虑、困惑，还有后悔：要是早一点学习了解青春期阶段的相关知识，也许就可以少走很多弯路。

未雨绸缪是非常必要的，前置性学习，怎么都不嫌早。相比于发现了问题去弥补，如果可以把问题消灭在萌芽状态，孩子是不是可以少受一些伤害。

但这并不意味着，只要我们未雨绸缪了，孩子就不会遇到问题。而是当我们再遇到问题的时候，会知道发生了什么，知道如何用更科学的方法去解决。

(3) 科学处理问题的思维方式。我们被一个个问题所困扰，如果我们

可以把这些问题归类，可以发现一些共性。比如，沉迷游戏，孩子需要学习的是如何面对诱惑；作业总是拖到最后一刻才完成，孩子需要学习的是如何进行时间管理；对同学斤斤计较特别敏感，他们需要学习的是人际关系、环境融入；总是发脾气，不知道理性解决问题，他们需要学习情绪管理……

我们看似在帮助他解决一个个具象的问题，本质上，我们是在教给他处理这些问题的思维方式。他们会从中学习：父母遇到类似问题时是怎么做的，父母是用什么方式、思路教我们的。理解这一点，可以帮助我们以一个更高的格局来面对我们和孩子眼前的困难。

问题永远不会消失，只会以不同的形式出现。如果孩子可以通过青春期的练习学会科学处理问题的思维方式，他们在人生路上的行走会更从容。

而这将是我们留给孩子最宝贵的财富。

矛盾自纠守则18条

（1）想让孩子听进去更多我们的话，我们就得尽量说更少的话。

（2）如果我们对孩子表现出极度的否定和不信任，那么他们为什么一定要试图去证明自己是值得信任的呢？

（3）循规蹈矩、按部就班的孩子，风和日丽，言听计从，但也发展不出独立思维。挑战"旧秩序"，自我革命的孩子，可能血雨腥风，但这也是心智发展的标志，在探寻自我的路上遇见更多的可能。

（4）在很多问题上，父母不再是全能的超人，我们不行动、没反馈可能是因为无能为力，但从孩子的角度，他们可能会将此定义为父母对他完全不在乎。

（5）想和孩子保持亲密的关系，首先需要保持适当的距离。比如：进门前先敲门，询问他的意见而不擅作主张。

（6）我们希望他变得更好，但常常给了他"你真差"的感觉。

（7）孩子开始有很多假想观众，但实质是这个阶段他们眼里只有自己。不要给他们扣上"自私"的大帽子，那是忽然膨胀的自我意识。

（8）对孩子来说：自责或者懊悔时，表现出的却是愤怒。

对父母来说：心疼或者无助时，表现出的却是愤怒。

（9）希望他长大，这样他就成了他自己。害怕他长大，这样我们就只剩下我们自己。

（10）有时候我们只追求一个标准答案，却不知道真正的问题是什么。

（11）我们时常对自己感到不满，却笃定我们一定是对的，孩子必须按照我们的指令执行，这样他也才算是对的。

（12）关闭着的房门，拒绝和我们说一句话的孩子，内心渴望的却是我们最深的理解和最真诚的交流。

（13）我们说着一套，做着另一套。比如：冷漠地说"随你便吧，无所谓"，眼里心间却满是担忧。

（14）满嘴是爱，面目狰狞。

（15）希望孩子成为比我们更好的人，却一直用"旧的自己"当老师。止步不前的视野和格局撑不起更高的天。

（16）越想堵住的，越是会爆发。

（17）像成年人那样思考、行动、对结果负责，这是我们渴望看到的成熟，但如果他们真的这样做了，做得越来越好，"背叛"和"被抛弃"也许会在我们脑海一闪而过。

（18）如果孩子得到了某个重要他人充分的认可，他也会更认可自己，就不会费尽心思去渴求每个人的认可。这个重要他人，尤其指父母。

当我们理解了这些字面矛盾背后的本质，我们大致也找到了帮助孩子一起顺利走过青春期的方法。

Chapter 21　养育的迷思

为孩子付出所有，却养出一个"仇人"

在孩子的重要成长阶段，父母缺席会给孩子的健康发展带来不可逆转的影响。但我们往往容易忽略的是，父母过于投入，过度付出，同样会给孩子造成伤害或者隐形的伤害。

一个妈妈给我留言：

"自从孩子上了初中，我几乎把所有时间都扑在他的学习和生活上，但他对我跟仇人一样，刚刚又对我大吼，让我滚，我太绝望了。"

孩子的愤怒背后隐藏着很多情绪——有对当下没有完成某件事的焦虑，有对父母施加的有形或无形的压力感到烦躁，有对自己的失望，对无法达到父母期待的愧疚。

留言里这位全情付出的妈妈，一直在反思自己还有哪里没有做到位。但也许问题并不出在她做得太少，恰恰是因为做得太多，做得"太到位"了。

1. 孩子的成长需要松土而不是填坑

一个事无巨细的妈妈，会让孩子觉得人生只有完美才是唯一的答案。而成长，正是由无数个不完美的点阵叠加而成的。

如果把父母养育孩子的模式比喻成撒开一张超大的蔓延到天边的网格,既有边界,也同时拥有自由的空间,孩子透过网眼可以呼吸到新鲜空气,他们就能健康地成长。但全身心扑在孩子身上的妈妈,容易把每个网眼里都填满内容。原本应该由孩子来填的部分被妈妈越俎代庖,原来留作呼吸的地方被塞得密不透风,孩子感受到的就不是流动,而是窒息。

即便是以爱之名,这样的压抑给孩子的伤害也是致命的。成长的过程就像破土而出,这本身已经需要耗费极大的精力,如果父母不是松土,而是继续盖上厚厚的一层,孩子得付出多大的代价才能见到阳光?如果父母无法等待漫长的发芽过程,直接帮他们拨开土层,不是依靠自身的力量,亲自去经历阵痛、挤压,孩子也不会发展出生命力。

2. 别自恋,把聚光灯留给孩子

我们对这样的口头禅并不陌生:
"你看,我为你付出了多少!"
"我就说吧!我说得没错吧!"
"好在我当时做了那个决定(找了那个老师/报了那门课/选了那所学校……)!"

潜台词是:你看,都是因为我,我英勇神武。要没有我,你哪能这样?

孩子在成长的不同阶段,对这份潜台词会发生心理上的递进变化:

- 心怀感激:是的,多亏了有你。
- 一些愧疚:每次都是你。
- 听腻了:就你能,全是你的功劳。
- 自我怀疑:如果没有你,我独立去做,是不是完全搞不定?

父母的"自恋",容易让孩子走进认知的误区。他们无法分辨,这次的成功,到底是因为父母,还是因为我自己的努力?到底我自己的能力是怎样的?因为我能力弱,所以爸妈才会每次都"拔刀相助"吗?如果离开了爸妈的帮助，我是不是完全不行？他们可能既想摆脱，又没有独立的能力。这让他们变得不那么自信，也容易自我否定。

不是每个父母都理解"默默无闻"的真正含义。在家庭教育里，默默无闻不是无所事事。"默默"是站在孩子背后的持续托举，"无闻"是把舞台留给孩子，让他感受到聚光灯下自己的闪闪发亮。

3. 到底是谁的人生

一个孩子给我留言：

"我的妈妈对我非常好，也为我做了很多。但我最近常常怀疑人生的意义，这到底是我的人生，还是妈妈的人生？"

被过度关注的孩子，确实容易产生这样的错觉。当我们对孩子的要求抱有某种执念时，我们需要反思的是，我们是不是正在把自己未完成的心愿附加在孩子身上，让孩子代替我们去完成。

孩子有他自己的人生，他不需要背负父母未完成的使命。他只需要轻装上阵，去成为他自己。

而父母也有自己的人生。我们并不是为了孩子而活，首先我们要成为我们自己。年龄从来不是止步的理由，成长也不是孩子的专利。我们陪伴孩子走过青春期，本质上也是我们作为父母的修行旅程。既关注孩子，也关注自己。同频成长，才是教育的最好状态。

4. 首先是丈夫/妻子，其次才是爸爸/妈妈

很多家庭确实是因为孩子的教育，把父母双方连接得更紧密，这是一个好的现象。相比于任何一方的缺席，父母双方站在同一条战线上，共同关注孩子的成长，对孩子的健康发展是很有帮助的。但是，在一个完整的家庭里，最重要的关系首先应该是夫妻关系，其次才是亲子关系。爸爸或者妈妈把绝大部分的精力放在孩子身上，而忽略了自己，忽视了夫妻关系，从长远来看对孩子的成长是不利的。

影响孩子一生的幸福能力并不是从书本上学到的。他们首先会观察自己的家庭，观察自己的爸爸和妈妈，并从中学习，一个好的伴侣是怎样的，夫妻之间的互动模式是怎样的，孩子和家庭之间是什么样的关系，什么才是幸福的家庭。他们对家庭或积极或消极的理解，就是在这个时候建立起来的。由此，他们会建立对未来家庭生活的构想，理解什么是爱和责任。

很多青春期孩子表现出来的问题，是为家庭做出的个人牺牲。稳定、温暖的家庭环境，是我们给孩子最大的支持。我们首先是丈夫或者妻子，其次才是爸爸或者妈妈。

身为父母的"累"，到底累在哪

1. 青春期家庭的"累"隐藏着一个共性问题

在和青春期家庭的沟通中，听得很多的，是"心累""崩溃""我自己也要被搞出问题了"。一些父母，觉得自己也行走在抑郁的边缘。

我复盘了和大家的沟通过程，发现了一个共性问题：

父母的累，很大一部分不是解决问题的累，而是在走到解决问题面前的途中，就先把自己累趴下了。

这就很像一个孩子一直自我纠缠在他必须完成作业中，消耗自己的能量，但却总是无法走到开始行动那一步。

2. 那些没有走到解决问题的累，父母累在哪

（1）抱怨——累。

孩子青春期，父母遇到了前所未有的挑战，如果不能及时调整养育策略，用不对方法，很多问题会接踵而来，这很容易造成父母阶段性的心理失衡。

如果此时家庭内部的各个成员之间又无法给予协同支持，父母一方会处于孤立无援的境地，这会加剧养育的心理失衡。

抱怨——不仅抱怨孩子，也抱怨境遇，抱怨生活，抱怨为什么唯独是他遇到了这些困难。

当把自己包裹在这些情绪里，沉浸在"受害者"角色里，就把自己陷入问题之中无法抽离，因而无法解决。或者能看见问题就在前方，但没有能量走到它面前去，因为在路上，自己就已经枯竭了。

(2) 求安慰——累。

有些父母的求助过程，是为了验证自己的"正确"。

秉持着一套固化的价值判断标准，他困惑的是，为什么这套完美的标准用在孩子身上不管用。他唯一希望改变的是孩子，自己不愿意做一丝一毫的改变。

因而，他需要找到一个人，或者更多个人，来成为自己的"同盟"，为自己的"正确"加分，以便于他更强势地去声讨孩子。

过度求安慰的父母想解决问题，但那个问题的方向在一开始时就发生了改变，这同样让整个家庭在更多个问题中越陷越深。

我理解父母的抱怨和求安慰，这样的累，积极的意义是，倾诉本身就是一种解压。父母需要改变的是意识和理解自己的"模式"，并勇于去打破那个模式的循环。

3. 有一种累是做了很多努力，却得不到孩子的任何反馈

视而不见、无动于衷、淡漠冷酷……

青春期孩子的这些反应，让很多父母在付出后感到无比心酸，怀疑自己付出的价值，困惑为什么孩子如此不知道感恩。

我们都是在正向反馈的激励下越做越好，父母也不例外。因此，很多时候，我们发现无法与孩子互通，也看不到他们的任何变化，就特别容易沮丧。

我们当然不会真的放弃，即便心里想了无数回。

但是，当孩子说"我又没让你这样做"时，却也不是完全没有道理。

本质上，我们怎么做，与孩子无关。

我们做什么，是因为我们的角色是真的想为孩子做点什么，但同时也是我们自己的需要。

父母角色下，不是因为被认可才去做，而是因为作为父母，我们需要这样去做。

做我们该做的事，把它们做细致、做完整，然后坚定地站在那里。

努力去得到一个好的结果，但如果结果不好，也不妨碍我们去做那些必要的、正确的事。

我知道这样很累。对于这样的累，我给的建议是：

（1）如果你内心里实在觉得想不通，抹不直，先休息一下也是完全可以的。给自己放个假，然后再回来。

（2）把自己的事先做好。做好工作，过好生活，对自己好。

天塌不下来。

就算天塌下来了，孩子的自救能力也不一定比我们差。

4. 把力量集中在解决问题上，你需要为这个"累"做好哪些准备

走到问题中去，行动起来，是缓解焦虑的唯一方式。

当我们真正投身到解决问题中，很多"累"我们会浑然不觉。但我们依然需要为这个"累"做足够的心理准备。

(1) 耐心。

极有可能，在短期内，你的投资和回报是不对等的，这需要我们有足够的耐心。

(2) 放下完美主义。

"他曾经那么优秀""原本他可以……"，放下这些回不去的过往，珍视现在，感受当下的一切喜怒哀乐、成功和挫败。孩子需要过真实的人生，

你也需要看到真实的孩子。

(3) 从一点小事做起，从能做的事做起。

想无数遍，蹉跎无数回，不如一个小小的行动。动起来，从伸手就能够到的事先开始，然后你会发现一扇扇小窗慢慢被打开。别说你什么都做不了，你只是期待太多，要求太高。

(4) 你是最了解孩子的那个人。

这也意味着，你不能把责任甩出去，不能把希望寄托在别人身上。你可以寻求一些资源，为自己助力，但最终，你需要回到自己理解和解决问题本身。

在亲子关系中，本质上，需要解决的并不只是具象的问题，而是经由问题，来达到彼此的磨合、理解和成长。

你不能人为剥夺自己和孩子这样的机会。

当孩子评价自己"毫无价值"时，问题到底出在哪

1. "幕后黑手"是你吗

一个妈妈给我留言：孩子时常觉得自己毫无价值，自我评价很低。

类似情况在青春期孩子里并不是个例。青春期是孩子自我认同形成最重要的时期，他们通过一系列持续的行动来验证，我是一个什么样的人，要成为一个什么样的人，可以成为一个什么样的人。

这个过程漫长而艰辛，当孩子觉得自己毫无价值的时候，你是什么样的反应？

责备——你怎么可以这么想呢？

安慰——谁说的，你最棒，你看你有那么多优点啊。

焦虑——我的孩子未来该怎么办呢？还有未来吗？

自责——是我没有做好，都是我毁了孩子。

这些都无济于事。我们需要思考的，是什么原因导致了孩子的低自尊？我们可能是那个"幕后的黑手"吗？尽管我们是完全无意识的。我们是不是曾经一心只想孩子更好，用挑剔的目光去寻找他需要提升的地方——那些"弱点"？

当我们总在孩子的耳边说：

"你看，你这儿不行。"

"我就说吧，你没有能力管理好自己。"

"学不好这门课，就是因为你没有努力。"

那他得付出多少倍的努力，用多大的力量才能首先与那些武断的负面评价抗衡，从负到零，再到形成积极的自我认知？

2."加二"，说明"其实你并不差"

美国教育家丽塔·皮尔森教授是一位有40年教龄的老师。她在TED演讲《每个孩子都需要一个冠军》中分享了她的教育之道。

她给学生做了个测试，一共20道题，有个学生错了18道。丽塔·皮尔森教授在他的试卷上写了个"＋2"，还在旁边画了个笑脸。

学生来问他："我是得了F吗？"

"是的。"

"那你为啥要在我的卷子上画个笑脸？"

"因为你在进步啊，你还做对了两题呢！现在你再看看卷子，是不是可以少错些呢？"

"是的，老师，我下次一定会考得更好。"

丽塔·皮尔森教授总结说：

显而易见，"减十八"会对你的心灵造成致命的打击，但如果用"加二"的话，说明"其实你并不差"。

同样，如果你偶尔有机会参与孩子的作业评估，发现他错误率有些高，你手里的红笔可以怎么做呢？在做错的地方愤恨地打上叉，一个比一个更用力,还是试着在他做对的区域,把一个大勾分解成每道题的小勾?

打更多个叉也不能改变卷面的结果,但多打一个勾,却可能改变孩子的心态和状态,让他从中看到一点光亮。你会怎么选择?

3. 还剩下一点点水,我可以走出沙漠吗

你会说这难道不是一种自我欺骗吗?他明明就是做得不对,难道不应该让他去面对那个真实的结果吗?

他确实需要面对真实的自己,但可以以更积极的策略。行走在沙漠,身边唯一的矿泉水瓶子里还剩下一点点水。你希望你的孩子如何思考:

- 太糟糕了,所有的水都喝完了,我再也走不出沙漠了。
- 幸好,还有一点点水,我一定可以走出沙漠。

同样是"需要走出沙漠"这个艰难的课题,心态不同,结果也会截然不同。看到自己不曾具备的,更要看到已经拥有的,这是一种积极的思维方式。将已经拥有的作为一种资源,它甚至可以成为关键时刻最重要的力量。

这种自我肯定是一种胜任力的信念。胜任力不是高高挂在墙上的奖状,而是相信自己有做好这件事的能力。具备胜任力的孩子有更强烈的成就动机,遇到艰难险阻不会轻易放弃,在任何时候都更相信自己的价值。

对于绝大部分孩子来说,智商并不存在本质的差异,缺的不就是这种相信自己、不折不饶的意志吗?

4. 我们赋予孩子的刻板印象,就成了孩子的模样

青春期的孩子对外部反馈非常敏感。他们不仅会高度关注他人对自己的语言评价,也会揣摩表情、语音、语调里隐藏的意义。

作为孩子生命中的重要他人,父母对孩子的评价对于他们来说具有非凡的意义。

"我们眼中的孩子什么样,他就会成为什么样的人。"

孩子会践行我们赋予他的刻板印象——如果我们认为他是积极进取的,他更容易成为一个有担当的人;如果我们总是抱怨他的坏脾气,他的脾气也真的会越来越差。

以我们传递出来的信息为参照,孩子会不断进行自我认知的校准。在一次又一次验证之后,他们的"模样"就被塑造得越来越清晰。

你希望孩子成为什么样的人,就去做一个那样的人,以那样的方式去对待他。

"不知道",是真不知道还是借口

遇到困难的父母,常常会提到一个词"不知道"。

不知道孩子为什么会这样,不知道该怎么和他交流,不知道要不要去找老师帮忙,不知道这种崩溃的状态到底还要持续多久,不知道自己还能撑多久。

我理解这种苦恼、无助,字里行间的困惑,无能为力的挫败感,还有深深的自责。但那些刺眼的"不知道"让我如鲠在喉,我竟然体验到自己一闪而过的愤怒(是的,是愤怒),然后是谅解,然后是深深的共情。我想,这些也是我在面对自己的"不知道"时的感受。

青春期,孩子混乱,父母迷茫。我们确实会面对很多未知,展现在我们面前的,是我们成为父母以来不曾遇到过的课题——孩子突然就不和我们亲近了,回家后把自己锁在房间里,突然就暴躁愤怒甚至极端。明明看着那个熟悉得不能再熟悉的他,却仿佛被什么遮住了视线,怎么也看不清,感觉到无比陌生。家庭里充斥着一点就着的导火索,无时无刻不紧绷着的看不见的弦,或者愤怒,或者冷漠,还有战战兢兢。

那些"不知道"深深地印刻在我的脑海,我一直在想,这些"不知道"到底意味着什么,会带给孩子什么样的影响,对养育的推动到底有怎样的阻碍?

1. 我们确实会真的"不知道"，不过这并没有关系

孩子进入青春期，身心剧变，大脑重塑。养育除了一腔热血，更需要有科学支撑。比如为了更好地了解孩子，我们需要学习脑科学相关知识，我们也需要学习如何重新定位我们的角色，以进行有效的亲子沟通，所以掌握一些心理学的基础知识在这里就是必要的。

我们不是一开始就会这些的，我们会遇到养育的盲区。这很正常，"不知道"并没有关系。重要的是，当发现自己"不知道"时，要拿出学习的真诚和热情。越是前置的学习，我们遇到的困惑就会越少，在遇到问题时，对孩子的帮助就会越大。

当父母需要终身学习。也许在自己的事业上，你已经非常成功，但在父母这个岗位上，我们永远要抱着空杯的心态。从0到1，从不知道到知道，我们不需要做到完美，但需要保持持续学习的状态。

2. "不知道"背后的"伪装"，我们不想撕开自己的伤口

"不知道"可能是实情，也可能是伪装。

"不知道"在很多情况下是可以给我们带来便利的。因为我并不知道，所以我就可以规避一些自己的责任；因为我不知道，我似乎就不用直面那残酷的现实；也正因为我不知道，眼下我就不用顺着那个裂开的缝隙去看看里面究竟有什么。也许孩子的那个问题，却是自己的伤口。

其实，我们可能有过一闪而过的念头，知道问题可能在哪里。但是在下一秒，就遏制住了自己去探究的行动。撕开伤口太疼了，我们还没有准备好这样去做。因为我们不愿意去面对那个挫败的感觉，根本上是不愿面对自己未被解决的问题。所以我们看似在忙碌着解决问题，但并没有触及问题的核心，甚至在对它进行保护。

"不知道"是个非常好的掩护，这个"不知道"背后，是我们自己的功课。

3."不知道"永远不是养育的借口

真的不知道就去学习，伪装的不知道就从做好自我建设开始。但不管是哪种，不知道永远不能成为我们逃避养育责任的借口。

父母的责任不仅仅是养育孩子，更是让自己内在的小孩成长。是我们把孩子带到这个世界上，也因为孩子，我们才成为真正的父母。我们有责任和义务带领他走过人生的繁花似锦和满路泥泞，这段旅程，遇到再大的困难，我们都不能放弃。

当孩子又有一道题目空在那里没有做的时候，我们问他："为什么不做啊？"

他回答："我不会，我不知道。"

我想你可能会有些生气。生气的不是他不会，而是在这道"不会""不知道"的题上，并没有圈圈画画的痕迹，那是思考的痕迹。

在我们"不知道"的时候，孩子并不会质问我们——你为什么不会？你真的"圈圈画画"思考过了吗？你为什么不理解我？他更多的是通过问题把这种"控诉"表达出来，这个时候，让我们把目光从孩子的问题上拉开一点，拉远一点，想一想，我们自己还可以做些什么。

急着否定孩子，你或许没把他们当成真正的家庭一员

1. 你把孩子只是当成孩子，还是一位真实的家庭成员

一位妈妈和我抱怨孩子，越说越激动，本来是想交流孩子沉迷手机游戏，一股脑从逃学、撒谎、不懂礼貌、目无尊长、不懂感恩、不关心家人，说到不做家务、生活邋遢，好生气，真的好生气。付出了那么多爱和心力在孩子身上，却没有得到他们任何积极的反馈。伤心、无助，哦，还有挫败。

当我们把目光从聚焦孩子的学习转移到作为一个家庭成员，他的家庭

融入和参与感上，这个领域我们会不会觉得有那么一点陌生？仔细想一想，在我们朝夕相处的日常点滴里，孩子的哪些行为体现了他也是作为家庭生活不可或缺的一分子，真实、平等地存在着？除了耕好自己的"一亩三分地"，他是否也和其他家庭成员合作过，"互惠互利"过？是否也同样承担着能力范围内的一份家庭责任？

我想，当父母抱怨孩子不懂感恩、关心的时候，大多就是在抱怨这份"责任感"的缺失吧。当我们突然有一天，突然有那么一刻意识到孩子在这个家里"只知索取，从不付出"的时候，我们可以问自己。

在此之前很长的一段时间，我们是否给予了孩子作为家庭重要一员参与的机会，是否给过他们学习和展示的空间，是否引导过、鼓励过。他们"责任感"的缺失，是不是恰恰就是我们"纵容""漠视"的结果？

我们一起种下的因，凭什么只要求孩子来承担那个"果"呢？

2. 不需要、你别管、笨死人、太慢了、看不得、熬不住

我们站在成人的视角，去看待和理解家庭生活里一些"理所当然"的行为，看到垃圾桶满了就去倒，地上有水就去拖掉，晚上需要把阳台的衣服收回来，吃完饭桌子要清理干净，都是再正常不过的事了。我们认为我们看到的，就是所有人看到的，包括孩子。我们认为他们也会这么想，因为这是和1+1=2那样共识到完全不需要再多花一个词去解释的常识。

可是，想想我们的孩子，他们如我们所期待地那样"理所当然"做着这一切吗？他们无视，可能是有意的，因为"我就是不想做啊""不做又怎样"。还有更多的可能是无意的，因为在他的概念里，"这是爸爸（妈妈）做的""这什么时候成了我需要做的事了"。

他们的概念里"没有"，这并不完全是他们的错。也许他有一个非常勤劳的妈妈，还没等他离开床，就以迅雷不及掩耳之势帮他整理好了房间。也许他有一个非常体贴的奶奶，"孩儿啊，学习够辛苦的了，这个你别管，有我呢！"也许他有一个有些急躁的爸爸，"怎么这么笨，这点小事都做不

好，走开走开！"也许，他身边还有一些"他们"，忍受不了他的慢，熬不过他的邋遢，看不得他的"痛苦"——"算了，这么费劲，还不如我直接做了。"

孩子就是在这样的一个个不需要、你别管、笨死人、太慢了、看不得里，"心安理得"地把自己高高挂起。他们因此丧失了锻炼的机会，对于参与家庭生活的意识也慢慢萎缩。

他们不会凭空学会打扫卫生、整理床被，不会凭空学会如何关心他人，当我们为孩子付出一切却在自己生病时只有冷漠，我们是不是想过，曾经有那么一刻，我们给予了孩子对我们关心的机会吗？我们愿不愿意去学习做一个六十分的"懒"妈妈，"傻"妈妈呢？我们舍不舍得让孩子承包一个"包干区"，让他肩负起这个家里的部分责任呢？

3. "镜子"里的另一个我

还有一些生活技能，孩子并不完全是从"练习"里学会的。他们有很强的社会学习能力，尤其是从身边最亲近的父母身上。

"孩子是我们的一面镜子"，并不只是一句字面意义上的比喻。当我们看到孩子身上的一些问题时，我们应当首先反思那个问题是不是也正发生在自己身上。只不过成人有很多隐藏的工具，而孩子总是直接利落。

我们的一言一行，孩子都看在眼里，我们如何管理自己的情绪，我们如何和另一半相处，我们抱以怎样学习和生活的姿态，我们如何对待长辈，我们如何面对困难，我们的这些行为模式都在潜移默化中教给了孩子。同样的问题，当我们自己都做不到，怎么能强求孩子一定要做到呢？

当一个智慧的父母，不是教孩子怎么做，而是做给孩子看。这样，我们就把行为的目标，"改造"的对象从孩子转向我们自己。改变他人很难，改变自己就容易得多。

别喂孩子吃那只"苍蝇"

1. 憋着一口气的妈妈

看电视剧《隐秘的角落》,印象最深刻的画面是,妈妈让朱朝阳喝牛奶。

"喝吧。""有那么烫吗?""这不正好吗?""不喝就倒了。"

我想起有一次在机场,就快要到登机的时间了。一个孩子正慢条斯理地吃着饭,妈妈焦躁地等在一旁,冷冷地、幽幽的眼神,看得人不寒而栗——

"没事,你慢慢吃,慢慢吃。赶不上飞机,我们就不去了呗。"

"不喝就倒了""赶不上就不去了",听上去每个字都对,但放在当时的语境里,却又觉得哪里有问题。问题出在哪呢?

(1)朱朝阳的妈妈是真的尊重孩子"现在不想喝牛奶"的想法吗?

这是个很有趣的逻辑:因为我想让你现在喝,你就必须现在喝。如果你现在不喝,就是对我的违抗。如果你反对我,那你就再也不要喝了——"不喝就倒了"。

妈妈最关心的并不是儿子喝不喝牛奶,而是自己的要求有没有在即刻得到满足。她眼里满是孩子,但孩子又是根本不存在的,他只是个完成自己心愿的"道具"。

(2)着急登机的妈妈是真的想陪孩子慢慢吃饭吗,真心地认为赶不上也没关系,可以下次再去吗?

妈妈"憋着一股气"说这些话,明明是着急、愤怒的情绪,被压抑成云淡风轻的洒脱,并没能安慰自己,也许更气愤、焦虑了吧。

孩子得到宽慰了吗? 我不知道他的感受。但我搜寻记忆深处类似的体验,记得那可能是一种"吃了苍蝇"的感觉。

问题解决了吗? 欲擒故纵,不是总能解决问题,也不是对每个年龄段的孩子都适用。孩子小的时候,听到"我们就不去了呗",激将法可能管用。等他们长大些,在同样的情景下听到这句话,动作更慢了也说不定:不去就不去了呗,这可是你说的。

他能轻易地识破成人的"谎言"——你根本不是这样想的,让你得逞我就输了。

2. 企图通过压抑自己来施加压力

这两个案例里,透过妈妈和孩子之间互动的行为,我们来探索表象背后隐藏着什么。

(1)两位妈妈都表达出了对自己的压抑,但她们的目的是将通过压抑营造的压力环境传递给孩子,让他们屈服,最终达到自己的目的。

(2)她们表现出来的"宽容",本质上是一种"控制",是要占领心理上的制高点。看似她们"让步",实际上是逼得孩子无法喘息。

(3)她们营造的是对立的氛围,孩子不傻,不友好不能带来行为的改变,只会加剧裂痕。

(4)在她们和孩子之间隔着一块磨砂玻璃,她们看不见孩子,只看见自己和自己的幻象。亲子之间没有通路,也无法形成良好的互动。

真实的生活不是电影,"正话反说"一点也不有趣。用表面的风和日丽掩饰内心的波涛汹涌,在那么敏感的孩子面前,真的有用吗?有一个孩子曾经和我说:我妈阴侧侧说着那些话时,我的感觉一点都不好,我有被"吊打"的感觉,还不如真把我揍一顿来得痛快!

3. 别喂孩子吃那只"苍蝇"

我想,长期使用这样的沟通方式,孩子确实是会受到伤害的。

(1)"吃一只苍蝇"的感觉真的不好,这代表着一些情绪被压抑,没有流动的通路。尤其对孩子来说,他们并没有更多样的渠道去分散自己的压力,这会形成内伤。

（2）孩子感受不到来自父母真实的情感，他们也会从中学习。原来担心可以用愤怒来代替，对他人肯定时，不表达出来，却以提出更高的要求来代替，很焦虑却以否定和忽视它来处理。这不是一个健康的模式，虚无感是最隐形的伤害。

（3）习惯了"正话反说"，容易把自己都弄丢了。原本是个"套路"做给别人看，但是到了最后，连自己也分不清哪个是真哪个是假。

如果你觉得简单，沟通就并不复杂。如果你觉得复杂，就会制造出更多的复杂。亲子沟通和一般的人际沟通有很大的不同，但核心本质却很相似，比如坦诚，比如好好说话。

我们的一点"真"孩子都能感受到，我们的一点点"假"更是会被放大无数倍。如果爱，就真诚表达我们的爱；如果生气了，就客观地表达我们因为什么而生气。

你我都需要，在真实里，做一个智慧的父母，而不是乔装成一个完美的父母。

Chapter 22　家庭自助指南

9 种不同的父母类型

和很多父母做过交流后，我总结了 9 种不同的父母类型。当提炼出每种类型的特征，亲子沟通中的困惑就能看得更清楚一些。

1. 自我否定型

在孩子身上发现问题后，这类父母往往首先就会自我否定，觉得正是因为自己的教养方式出了问题才影响了孩子。孩子的问题全是自己的错，并因此觉得自己很失败，很愧疚。

自我否定的父母在面对孩子的时候，起不到教养的引领作用。因为怀疑自己，在决策面前左右徘徊，不能给孩子提供稳定的支持环境。同时，也更容易把对自己的愤怒发泄到孩子身上。对自己的愤怒和对孩子的愧疚夹杂在一起，孩子可能会感受到一个"飘忽而奇怪"的爸爸/妈妈。

2. 抱怨型

"我真后悔生了他，我真后悔嫁给这个男人，怎么是我遇到了这么个家庭。"抱怨型的父母想把孩子塞回肚子，希望时光倒流，用无数个"如果"给自己搭建一个虚拟的避难所，本质上是对现实的否定和回避。这个世界上没有"如果",光阴也回不去,解决问题的唯一办法就是去接受、面对、向前走。

容易抱怨的父母往往是"牺牲者""受害者"心态,他们不一定自我否定,但是极易造成孩子的自我否定,如果孩子长期处在这样的教养环境里,很容易自我贬低,怀疑自我的价值。

3. 极度悲观型

把当下当成永远。

在孩子表现出一些问题的症状时,极度悲观型的父母会无限放下当下的困境,并把这种困境看成一个线性延续的状态:完了,我的孩子现在就这样,他这一辈子都好不了吧。我的孩子现在这样,他还有什么未来。他要是再不调整过来,哪里跟得上节奏,他这一辈子不就毁了吗。

过度悲观是对孩子的"诅咒",负面的心理暗示会让孩子处在一个负能量级里。想让孩子往上走,却在背后拽着他的衣角。悲观到极点,也可能放弃了抵抗,不仅对父母,对孩子也是很大的伤害。

4. 控制型

控制型父母希望一切都在掌控范围内,他们所有的焦虑集中在孩子没有按照他们的想法去实现,大到求学目标,小到生活琐事。在他们眼里,他们的标准才是唯一正确的,孩子阅历浅,经验不足,父母不指明具体的方向孩子肯定会走弯路。对他们来说,失去控制是比违背真理更恐怖的事。

被控制的孩子像一个被操控的机器,严重失去自我,他们很难聚焦形成自我认同。从外面看一切似乎都风和日丽,但这是虚假的繁荣。他们可能是一个"空心人",严重依赖外部力量,当不得不去独立时,往往手足无措。

也有一些孩子会在被过度控制后,和父母产生激烈对抗,讽刺的是,在青春期阶段，那些"被控制后顺从"的孩子没有人认为会存在问题，而这类"自我革命"的孩子却是问题的焦点。如果他们能从这种对抗中找到自我，他们就重获了新生。只是，控制型的父母是否可以允许这种血雨腥风？

5."双面人"型

"双面人"父母在与我沟通时展现出来的对孩子热烈的爱，和在孩子面前的冷酷判若两人。

不理孩子，不积极回应孩子，严肃冷漠，希望以这种方式给孩子压力：爸爸/妈妈现在很生气，我得赶紧知错就改。冷暴力，本质上也是一种情感控制。

孩子真正领悟到的是什么呢？是真的拒绝，是我爸/妈放弃我了，他们很少能在这种养育方式中变得更好，更可能"破罐子破摔"。

6. 自言自语型

有些父母会发大段大段的内容给我，说起很多件事，有的有关联，有的各自独立；有些是问题，有些是感触，有些是抱怨。

开始看的时候我有点懵，看多了就意识到他们只是在寻找一个"树洞"。找一个可以安全倾诉的地方，让自己的情绪有个出口。至于是不是要给问题找一个答案，并不是主要目标。

倾诉本身也是一种疗愈。

7. 验证型（蜻蜓点水型）

和自言自语型长篇大论不同的是，验证型的父母总是言语简短，直击要害。

可以看出，在他们求助之前已经做了很多思考，已经从繁杂的信息里找到了核心的问题，并已经大致找到了答案的方向。对于他们来说，沟通的目的只是验证自己的思考，如果获得的建议和他的思考是比较吻合的，他就很快能得到答案。

这类父母在求助前已经有了针对性的思考，也是更容易给孩子提供帮助的类型。

8. 蜗牛型

通常情况下，这类父母的提问也非常简短，但和验证型不同的是，他们的简短源自对问题不理解，有疑问但不知道具体要问什么，是缺乏思考的一种表现。

他们需要一步一步地引导，才能慢慢呈现问题的全貌。这个过程，也是厘清问题的过程。

但是，慢一点并没有关系。只要慢慢卸下背负在身上的压力，找到问题的核心，也能给孩子提供有效帮助。

9. 管道型

有一类父母看着在听你说话，但实际上他们听不见你说的任何一句话。就像是把自己封闭在一个密闭的管道里，在他和别人之间，隔着厚厚的隔音的管道壁。

他们想寻求帮助，但丝毫不会受任何人的影响。根深蒂固的思维和认知，让他们非常的"倔强"。有时候会感觉到他们的反馈是在另外一个轨道上，而且永远在那条固定的轨道上。那是他们思维里的墙。

我管这类叫作管道型，还因为他们的思维是直线的，没有拐弯。表现在对孩子的理解和支持上，不懂得变通，一条死理认到底。

6条青春期家庭"自助"指南

运营公众号以来，和很多青春期家庭有了链接。每个家庭就是一个小窗口，透过窗口我们可以看到，在青春期这个特殊的人生阶段，孩子的迷惘，父母的困惑。

这其中，有欢笑，有泪水，有教训，更有最深的感动。

必须承认，虽然结果并不总如预期那般美好，但在这个过程中，亲子双方都做了大量的努力，以期彼此理解，共同成长。

这个双方，显然也包括孩子。他们的努力，或张扬或隐蔽，但都需要被看见。

被看见，就是一种最好的疗愈。

在从公众号后台进一步走进我的个人朋友圈的几千名好友中，我和大部分有过交流。他们中很多是妈妈，部分是孩子，极少数是爸爸。

仔细回顾了这些留言及互动信息，有一些特别的感受，也有一些发现，这些发现里隐藏着家庭内部可能的问题所在。

1. 问题太大

优化方法：尽量聚焦。

比如："青春期的男孩该怎么引导？""青春期女孩该怎么培养？"

类似这样的问题，几天几夜也回答不完吧。通过微信，想要在简短的交流中获得答案，显然是不现实的。

问题太大，也说明我们没有聚焦到具体的问题。"聚焦"是倒逼父母思考的过程，通过聚焦，我们得以把模糊的感觉具象化，才能给孩子提供针对性的帮助。

或者，在"聚焦"的过程中就已经找到了答案。

2. 问题太多、太细碎

优化方法：

（1）试试合并同类项。

（2）找出当下最重要的那个问题，其他暂时放下。

比如，在同一次留言里，大量的问题同时被列举。"他总是在刷手机，说了也不听""房间里一团乱从来不知道收拾""理科作业从来不打草稿只是口算，错误率很高"，等等。

问题太多，太细碎，就无法抽离出重点。什么都想解决，什么都解决不了。

试试将这些困惑写在纸上，然后看看有哪些是共性的——可以被放到同一个篓子里。

这种共性可以有两种概括维度：

维度一：事项本身是属于一个大类，比如同学关系、老师关系，都可以归到社交。

维度二：背后的原因可能有共性，比如都是因为成就感缺乏的心理补偿。

这个思考的过程是非常有帮助的。

合并同类项后，我们更能看清哪个是最重要迫切需要解决的，其他的就可以暂时放下。由于项目的减少，我们的焦虑也会随之降低。

同时，透过纷繁复杂的现象，去寻找背后的共性，非常有利于对养育行为的反思，提高养育的质量和效率。同一条线上一连串的问题，只要解决了其中一个，另外的也极可能迎刃而解。

3.有关沟通模式

优化方法：

有意识地关注自己在和陌生人沟通时的方式，这种方式里极有可能藏着家庭沟通、亲子沟通的模型。思考这个模型有没有可能是造成亲子矛盾的障碍。

比如：一个妈妈在添加了我的微信后立刻就拉了一个群（我不知道群内是谁，猜测是她的家人）。她把问题高度凝练、分类输出，并明确了需要解决的几个方面，有那么一刻我恍惚自己参加了一个项目组。可以看出这位妈妈是一位高效、果断、干练的职场女性或者管理者，但是我也不禁产生疑问，她是否正是因为把职场的角色带进了亲子沟通，给沟通带来了障碍呢？

还有少部分父母在我通过了好友申请后，没有任何交流、没有预约就拨打语音电话。这让我联想，在家庭内部，父母是不是以自己的意志为唯一标准，无视孩子的自主安排，随意侵占他的空间？

我们对自己太熟悉了，有些行为就成了自动化的行为，不需要思考就这样去做了。有意识地去观察自己，尤其是在遇到亲子危机的时候。慢下来，我们的一点点改变也许就能找到答案。

4. 头痛医头，脚痛医脚

优化方法：

未雨绸缪地学习，持续地学习，把父母成长当成终生的事业。

比如：遇到了问题立刻、马上求助，一刻也不能等，一旦孩子情况有所好转，就立刻放弃学习。过几个月，同样的问题或者类似的问题再次出现，又进入到焦躁的循环。

父母好好学习，孩子天天向上。

父母的生命周期有多长，学习就应该持续多久。

学习不仅是在遇到问题之后，那是"补救"，损失已经发生了。学习更应该是未雨绸缪的，是为了避免问题的发生，或者当问题发生时，可以用更科学的方法，更从容的姿态去应对。

学习不是心血来潮，一日曝十日寒，而应该是持续的、系统的。只有这样，我们才能在养育上不功利，才能真正提高底层思维能力。

5. 父母自身是极度不稳定的

优化方法：

放过自己，包容自己，爱自己，让自己足够平和、稳定。

比如：一个妈妈在深夜发来的语音里，可以听出她情绪的波动。为孩子担忧，整夜睡不着觉，也对自己自责、攻击。

我也收到过另一位妈妈发来的"我也抑郁了""我也想从楼上跳下去"等信息，可以看出她自身也处于非常不稳定的状态。

当青春期的孩子处在电闪雷鸣中，如果父母也狂风暴雨的话，可想而知会产生多么灾难性的后果。

我们都带着各自的问题走来，成为父母，没有谁是完美的。对自己多一些宽容和爱护，把自己整合到一个平静、祥和的状态，至关重要。

我们只有让自身变得平和，而不是焦灼在情绪里，才能把精力真正聚焦到解决问题中。

当我们自身充满能量，才能给予孩子更多的力量。

足够平和、稳定的父母，才能兼容波涛汹涌的孩子。

6. 眼里全是问题，孩子就真的会成为一个"问题"

这是我特别有感触的一点。

很多时候，我们总习惯盯着孩子身上的问题，以至于这成了我们观察他的全部。被问题包围的孩子，出现越来越多的问题。

但我们永远也不能忘了，每个孩子的身上都有一些点闪闪发亮。这些光芒，需要被看到，需要被润泽，在关键时候，它们更可能成为战胜"问题"的资源。

别让问题遮住了我们的双眼，别吝惜看到孩子的好。终究，孩子会长成我们眼中的那个模样。

30条爸爸妈妈的自白

（1）你牙牙学语、蹒跚学步就在昨天，仿佛一夜之间你就长大了。相比于你需要我们，是我们从心理上更需要你。我们需要一点时间来消化你的长大，你会等我们吧。

（2）向你发火之后，我们常常很后悔。责备自己为什么明明那么爱你，却要用难听的话、糟糕的情绪来对待你。

（3）有时候，我们也觉得自己好渺小。工作、生活时常让我们有些累，我们多么希望你也能给我们一个拥抱。

（4）喜欢看你奔跑在阳光下的样子，小时候你就是这样跌跌撞撞奔向我们的，我们还可以一起创造这样的机会吗？

（5）我们也会悄悄比较别人家的爸爸妈妈。常常有那么一刻，我们会问自己，如果我们再努力一点，是不是可以给你更好的？

（6）如果你突然不想说话，也没有关系，你可以直接告诉我们吗？只能从你的表情去猜测你怎么了，这让我们很担心。

（7）我们知道需要更好地理解你，我们努力这样做，但总是做得很糟糕，为此我们常常感到无助。如果可以，你愿意告诉我们你的需要吗？

（8）看过很多很多次你的背影，从喜悦到一丝落寞的五味杂陈。有时候我们会这样站很久，直到你远去。

（9）当我们发现自己对于你再也不是万能的，纠结、迷茫、困惑、自责会常常伴随着我们。谢谢你包容这样的我们。

（10）想到未来有一天你也会独立去面对生活，就像我们离开自己的父母时那样，特别想拥抱你一会儿。

（11）欣喜地看着你一天天长大，只是看见自己头顶冒出的白发，想到可以和你在一起的时间更少了，就有些慌张。

（12）你又到很晚才睡，我们怎么可能睡着。悄悄听着你的声音，就像小时候低声细语怕把你惊醒那样。实在熬不住，向你发火了，你感受到的是愤怒，其实我们想表达的是心疼、舍不得。

（13）希望你快乐，希望你发自内心的真实的快乐，而不是被绑架在虚拟里，比如网络、游戏。

（14）你开始有了不想和我们分享的小秘密，没有关系，等你想说的时候，我们随时愿意当你的树洞。

（15）不管爸爸和妈妈是怎样的人，是否在一起，我们爱你的心都是一样的。我们不是总能用对方法，或者好心办了坏事，谢谢你可以原谅我们。

（16）喜欢看你眼里的光，嘴角的笑，那样我们也觉得很温暖。

（17）你眼里有泪的时候，泪也会在我们心里。

（18）不知道从什么时候开始，我们在你面前变得特别小心翼翼，害怕自己说错了话，影响你的情绪，你也感觉到了吗？你觉得我们这样做是对还是错？如果可以的话，我们特别想听到你的建议。

（19）对你不满的时候，我们常常对自己更不满，觉得是自己的原因没有教好你，心里很沮丧。

（20）当你紧闭房门时，感觉你离我们越来越远了，我们也不知道该怎么办，是该靠近你，还是真的给你空间远离你呢？

（21）你开始懂得欣赏异性，或者被异性喜欢，我们并不全是忐忑，也会欣慰。那份纯真的美好值得你珍藏，未来很长，让它成为鞭策你变得更好的力量。

（22）特别害怕，因为我们自己的认知不够而成为你的天花板。

（23）开始听不懂你的语言，看不懂你和同伴之间的暗语，羡慕你们的年轻，年轻真好。

（24）好好学习不是你唯一的出路，但却是最轻松的那条。经过很多年后，我们才终于明白这个道理。

（25）当我们因为你的事而烦恼，我们因此抱怨的时候，有没有伤害到你？对不起。谢谢你，成为爸爸妈妈这个角色让我们有机会思考，我们的人生也因此变得更完整。

（26）多么希望可以成为你无话不说、勾肩搭背的朋友，开心时一起欢笑奔跑，不愉快时也可以翻脸争吵，遇到困难互相支持一起克服。

（27）我们有那么多缺点，谢谢你包容我们的不完美。

（28）我们常常也很矛盾，希望你花更多时间在学习上，又不想让学习夺走你全部的时间。希望你可以轻松一些，又不得不加入争分夺秒的大军。希望你一切顺利，又希望你也遇到一些挫折。鞭策你，又心疼你。你可以和我们一起找到一个平衡点吗？

（29）你也希望有一个让你骄傲的爸爸妈妈吧，可能有时候我们会走得有点慢，但我们不会停止努力去做得更好。

（30）不管我们之间曾经发生过什么，如果时光可以倒流，我们依然会毫不犹豫地选择你做我们的孩子。

1.

"如果我妈骂我的时候我不说话就是我哑巴了，我说话了，就是我跟她顶嘴，让我有一种里外不是人的感觉。"

这是一个初中女孩给我的留言，生动再现了很多家庭里亲子沟通的场景。

父母需要思考，我们为什么会这样说，这样做，想得到什么，是真正关注孩子，还是关注孩子给我们的感觉，还是关注我们自己在亲子关系中的地位？

2.

孩子平时考试没考好，是件很好的事。也许这个"结果"可以成为一个工具，用来给自己警醒，给一直的散漫刹个车，给烦躁一盆冷水，给出一个信号：嗨，哥们，你需要注意了。

3.

一个成绩优异的孩子说：

我每天很努力地去做好每一件事，但除了偶尔的悲伤，我感受不到任何的喜怒哀乐。

只关注学习，忽略孩子的感受，对孩子来说是很危险的。为了学习而学习，当学习的目标达成，或者在达成目标的过程中遇到挫折，孩子的"垮掉"会来得猝不及防。

4.

孩子不会"突然"做出某个行为——突然离家出走，突然不去上学。如果父母觉得突然，可能的原因是：

（1）平时对孩子的关注太少，以至于孩子做出了"大事件"他们才会关注到，或者说，孩子只有做出"大事件"才能被关注到。

（2）父母心底里知道发生了什么，但出于"自我保护"的需要，不愿意面对和承认，所以用"突然"来撇清自己应该负的责任。

5.

一个初二男孩的妈妈：

"每次和孩子沟通他都是不耐烦的样子，真的不知道该用什么方式，为什么他们就不能理解父母呢？"

我问她理解自己的孩子吗，她说有什么可理解的，我给他吃给他穿，要什么给什么，他还有什么不满足的吗？

我们认为孩子还在追求物质的给予，孩子已经在追求精神的满足。懂孩子，比要求他理解我们更重要。

6.

影响学业水平的他山之石，是孩子的内在整合能力。

如果他们能自我理解，有很好的情绪管理和调节能力，可以自我洞察，他们往往在学业表现上也不会太差。

7.

一些父母寻求帮助的时候，并不是为了解决问题，只是为了证明"我是对的"，寻求验证，满足自恋。

8.

不限制孩子的可能性，不以自己的格局和视野定义他们，给他们一切可能的支持。接受他们成为一个最平凡的普通人，也祝福他们可以达成的非凡成就。

9.

提供支持让孩子感觉到"舒适"，并不是指要孩子一直处于开心、愉悦的状态，而是他可以和他的任何一种情绪"舒服"地待在一起。

悲伤时，不用刻意表现出开心；想哭时，不用刻意挤出笑容；紧张时，不用刻意云淡风轻；兴奋时，不用刻意压抑自己飞扬的心。这就是和自己"舒服"地待在一起。

10.

有时候孩子生气并不是因为父母，但父母却成了他们攻击的目标。因为他知道他的情绪在父母这里是安全的，不管他表现得有多么糟糕，他都不会失去父母的爱。

如果我们不能理解这个逻辑，把孩子的情绪当成是针对我们的而和他理论，在他情绪波动时做不到接纳和包容，孩子理想中的那个稳定环境就会坍塌，这将把他推到漩涡里。

11.

晚上工作，精神不集中的时候，效率真的很低。孩子也会遇到这样的时刻吧，责备他们不专注根本无济于事。

他们缺乏的不是对"需要专注"的提醒，而是帮助他们专注的行为。或者，干脆放空一会儿，再回来。

12.

如果我们为了避免出现问题，为了避免不必要的"牺牲"，而从来不让孩子自己做决定，他们将永远都不能培养出自己的责任感，我们也不会知道他到底可以承担多少责任。

13.

看电影，"你选择英文的，便于练英语听力"；

留头发，"去把头发剪短，洗头太耽误时间了"；

去旅行，"详细查下目的地的历史知识，最好能背下来"。

父母眼里只有学习和孩子花样生活需求之间的矛盾，是很多家庭亲子关系的主要矛盾。

父母"功利"，孩子抗拒。

14.

"知识工作者越来越多地表现为可视的忙碌，因为他们没有其他办法证明自己的价值。"

在孩子的教养过程中，我们是否也曾无意扮演这种可视忙碌的状态，因为我们也想证明自己作为父母存在的价值。

15.

看《深度工作》这本书，联想到在青春期孩子的教育上，也需要深度工作。当把自己淹没在孩子的各种外在表现里，各种问题里，根本没有精力或者没有意识去思考问题背后本质的原因是什么，因此只能把大部分的时间用来救火，缺乏深度工作的方法和环境。

深度工作的另一个延伸含义是深度思考。把自己从局内人的位置拉出来，站到更高的高度，用更宽阔的视野去判断、思考，将更有利于我们看清原本的角色。

16.

最好的投资是投资给孩子的教育，让他有机会成为更好的人。

给孩子留下一堆财富，但他却没有掌管财富的能力，那这些财富都只是过眼云烟。如果孩子能发展出创造财富的能力，将生生不息。

17.

高度专注是非常重要的品质。对孩子来说，这不仅能提高他们的学习效率，更有助于他们的深度思考。

当更多的深度思考替代了肤浅思考，他们会获得更好的个人体验。这种体验让他们沉浸、积淀，更有自信。

18.

当孩子和我们争论他应该在晚饭后还是晚饭前做作业,这并不是关于家庭作业的争论。对于他来说,这是他是否可以自主安排自己的时间,并是否可以自己为结果负责的争论。这也是对我们是否信任他的决策能力的考验。

19.

发现孩子的问题而不即刻、当下指出,是个重要的策略,也是作为父母的修炼。

20.

想让孩子听进去更多我们的话,我们就得尽量说更少的话。

比如一次只说一个重点,重要的话只说一遍。如果可能有问题出现,并不是由于语言极简,只是因为孩子还没有习惯这样的训练。

21.

当孩子回家不愿意说话时,他可能只是真的不想说话,不代表他们对我们的拒绝,也不代表他们想要脱离家庭生活。

给予他这个自我修复的空间。

22.

走过漫长的成长阶段,孩子需要动力驱动。这些动力可以来自外驱,比如他人的积极评价、朋友的喜欢,但外驱都是不可控的。

只有内驱才能更持久、健康地支持发展。比如喜欢自己，赞赏自己，可以看到自己的进步，欣赏自己的每一点努力。

23.
实地观察孩子们玩彩虹伞滚球团体游戏，发现一个有趣的现象：

当孩子们第一次玩，还没有摸清楚技巧的时候，反而是表现最好的时候。那个时候他们会专注地看着球，跟着身体本能的感觉，真正全身心的参与和体验。

但当他们在一次次练习后，脑袋里都是技巧的时候，反而容易失败。这个时候他们往往只看见技术而忘了本能。

24.
坚持并不总是件很酷的事，如果方向不对，坚持就与正确背道而驰。

坚持只是一种形式，坚定才是核心本质。别急着出发，别只顾着埋头苦干的坚持，你不需要非常用力，但你需要足够灵活。

25.
如果心是空的，再好的写作技巧也写不出好文章。

26.
当孩子对某件事情无法保持专注时，与其责备他的注意力低下，不如思考这件事是不是对他来说太难了，或者是太过于简单了。

当一项活动和自己的能力相匹配时，我们才能得到更好的体验，也就是体验到心流，我们才能够对此保持足够的专注。

27.
我们总是想一件事情，想要摆脱它的企图只会加强我们对它的注意力。

比如，我们总是对孩子强调"不想要"的东西，例如"不要用手机"，这往往强化了孩子对手机的关注。

28.
有时候我们满眼都是孩子，其实心里装的全是自己。

对孩子的嘱咐、要求，都是为了满足自己的心理需求。我们的个人价值经由孩子来体现，我们做不到的，希望孩子来实现，我们把焦虑发泄在孩子身上。但孩子是个完全独立的人。他和我们不同，也不附属于我们。沿着他的脉络，修剪他的枝叶，让TA成为TA自己的样子。

29.
当孩子不愿意说话的时候，并不一定是情绪不好。相反，可能他进入了深度思考，正在进行优质的内部整合，从中他会有质的成长飞跃。

不打扰，是最好的支持。

30.
真正地了解孩子，支持孩子，而不是一味地要求孩子。

31.
如果你怀疑、不相信自己的孩子，那么看待孩子的方式就变成所有事情都会为这种怀疑、不相信找证据。

32.
在不被控制的自由下，孩子才能发展出真正的自控力。

33.
急诊治不好慢性病。

34.
相比于社会交往能力，如何和自己相处是更难也更重要的课题。

学会和自己相处，是可以经历繁华，也可以忍受寂寞。在最喧嚣里也能看清自己，而不被纷繁迷惑。他们可以真实地和自己对话，听见自己。

35.
慢一拍，慢一步。

一个等待的时间，可能给孩子自我发现、自我调整的空间。等待也给自己按下一个暂停键，我们可以更充分地观察、思考。

一个短暂的停顿，不会让问题变得更糟。青春期孩子的问题不是急性病，是长期累积而成。

36.

父母的战战兢兢和负面暗示，营造了一个消极的场域，初心是想帮助孩子，结果是无形中又给孩子增添了很多压力。

37.

孩子在朋友面前提及父母的状态和次数，可以作为衡量"父母"这个角色优劣的一个参考维度。你的孩子羞于谈你，还是引以为豪，你有留意过这个方面吗？

38.

理解孩子。不是嘴巴上说说的理解，或者为了达到自己的目的而伪装的理解，是真真切切的理解，站在孩子的角度，体会他的处境、心情，支持他的理想、追求，给他最大的空间，等待和尝试。

39.

向前看，不翻旧账。

40.

反思我们自己在孩子教养过程中犯过的错，我们想改正有多难，孩子改正他们的不良习惯也会有多难。

换位思考，感同身受，给他时间和空间，慢下来后反而有惊喜的发现。

41.

青春期的孩子常常感到"无趣"，旧的世界已经被他碾压，新的世界他还在其中跌跌撞撞。有时候会撞到墙，有时候看不清前方，偶尔会有一道光闪进来，一会儿又微弱地消失不见。

我们责备这时的孩子"颓""蔫"，是不理解他冲锋陷阵路上的挣扎、纠结，就算再勇猛的战士，也有过怀疑明天的一刻。

陪伴他在低谷时接纳自己，是作为父母可以给他的支持。化蛹成蝶，需要他自己经历阵痛，在艰难的时刻，给他撑一把伞，微风袭袭，是最温柔的语言。

42.

和孩子说话，他不理，父母觉得沮丧、挫败。

和孩子说话，他及时回应了，有的父母仍然觉得沮丧、挫败，原因是觉得孩子的回答很敷衍、虚伪，不是发自内心。

你看，孩子也不容易吧。我们的情绪并不完全受孩子行为的直接影响，而取决于我们怎么想、怎么看。

43.

"走出去"是最好的老师。

没有了灵感，就出去走走吧；觉得时间少到不够用，也出去走走吧，不矛盾，磨刀不误砍柴工。

除了学习，还有生活。经由生活，孩子可以更好地学习。

44.

一直顶着好学生的光环，一旦在学习上遇到挫折，这类孩子首先会不能接受这样的自己，不愿意相信自己能力的不足。他们通过不好好上课、不做作业等方式来逃避、掩饰，此时他们非常无助，需要帮助。

45.

乘机安全须知里一再强调，当危险发生，首先要给自己戴上氧气面罩，再给孩子戴。

在青春期的教养里，只有首先调整好自己，以更好的精神面貌出现，才能给青春期的孩子更好的支持。

46.

在千头万绪里，找出最困扰你的那一个问题。

在这个问题下，找出当下最能做出的一个改变。

然后行动。

47.

一位妈妈深夜发来信息，孩子白天上网课的时候睡觉，什么也没有听进去。她一着急，晚上的时间也都用来批判了，结果晚上的时间也废掉了，两人不欢而散。

当孩子犯了错误，我们要相信他对此是有意识的。他会自责，后悔，也想清零重来。责备在这个时候并不会有任何帮助，反而会激发他的逆反。

不是所有的问题都需要即刻被解决，你也不必一定在当下要一个答案。

"今天"是可以被暂时清零的，让今天的话题到此为止，我们可以和他一起规划从明天开始，我们该如何避免可能遇到的"坑"，如何更细致地规划时间，有什么样的辅助手段，可以帮助我们去抵御诱惑。

这样做，是更具现实意义的。等大家都心平气和时，可以再回来聊一聊，那个"今天"发生了什么？或者，那个偶发，在后来得到了纠正，完全不必再旧事重提。

48.
若干年后，孩子可能忘了那些曾经发生过的具体的事，但也许他们会记得当时的感觉。

那些感觉看不见摸不着，根植在记忆的最深处，它们被尘封，直至多年后的某一个瞬间被激活。

他们循着这些感觉走到不同的地方，这些感觉也成为他们的气质。

49.
和谐家庭发现问题，直面问题，解决问题。

问题家庭害怕问题，躲避问题，掩盖问题。

我们不可能阻止问题的出现，但我们可以选择如何面对问题、处理问题。

50.

一个妈妈很着急：孩子说自己不想学习，学习就是为了成绩为了排名，总拿自己和同学比，然后发现自己的弱点，总说自己很失败。

我问她：你日常是怎么评价孩子的？是不是经常拿他和别的孩子比较？平常沟通更多围绕的是孩子的优点还是缺点？是否特别聚焦学习？是否在问题上过度关注？

她若有所思。

51.

妈妈对孩子的怒火有时是对爸爸不满的转移。

把孩子当成媒介，把两个人的问题演变成三个人的，谁也没有从中获益。

52.

教孩子学会责任感，首先是对自己负责。

对自己的身体、健康、时间、学习负责，是在青春期阶段首先要学会去做的事。

只有自己成为更好的人，才有能力去对别人负责。在对自己负责的过程中学习的方法，形成的信念，也能帮助孩子更好地学会担当。

53.

我们缺的不是对孩子的爱，而是和他们链接的能力。

54.

当依恋被满足,独立才更容易实现。

55.

有些青春期孩子的叛逆是以特别温顺表现出来的。

这样的叛逆更隐蔽。越压抑,爆发力越强,伤害越大。

56.

能区分想不想做和是不是必须做,体现了孩子的成熟。

57.

保护孩子的幽默。

有幽默感的孩子一般都是乐观的,他们会以积极正面的心态去面对困难和挫折,而不拘泥于困境。他们的人际关系不会差,社交能力一般也比较好。

有幽默感的孩子会自嘲。自嘲可以化解尴尬,调节气氛,润滑关系。这是一种由内而外的自信和强大。

他们也更"轻","轻"可以让他们走得更长久。

58.

孩子有权利抱怨。

"这周的作业好多""老师处理那件事情不太公平""同桌讲话没被批评为什么只批评我"。

当他们抱怨时，他们需要的是被看见、被接纳。他并不会真的不做作业，还是会尊敬老师，还是会和同桌做朋友，但如果他感受到的不是理解，而是上纲上线的反驳，他们可能真的就罢工了。

59.
孩子是父母情绪变化的敏感探测器。
在稳定的环境里，他们才能更稳定。这就是父母需要保持情绪平和稳定的原因。

60.
安全感不是来自无限的自由，而是来自有限的自由。孩子轻轻一撞，墙就倒了，会增加他的不安全感。

61.
妈妈累了，抱怨爸爸不帮忙。
爸爸是真的不帮忙，还是没有帮忙的机会？
很多时候正是妈妈的存在感太强，使得爸爸完全插不上手。
妈妈要求太高，对一切都要求做到尽善尽美，吓跑了爸爸。
妈妈控制欲太强，一切都要在自己的掌握之内，把爸爸挤到了旁边。
做个懒妈妈，慢一点，"傻"一点，会给孩子和爸爸更多的空间，解放了自己，也融洽了家庭关系。

62.

愤怒是块万能布。

当真的愤怒时，孩子表现出愤怒。但表达愤怒的时候，背后的情绪还可能会有愧疚、悲伤、孤单、无助、沮丧。

我们千万不能被孩子的愤怒给骗了。

63.

当妈妈有了更多的自我实现，而不是以一个牺牲者的姿态站在孩子面前时，自然会少了很多控制。

64.

一个孩子在情绪好转后和妈妈沟通，他当时不想讲话，把自己关在房间里，是不想让自己的情绪变得更差，也不想把这些坏情绪扔给父母。

我们看到孩子表现出来"不好"的一面，但也许他已经或者正在做最大的努力，不让"更不好"发生。这是他隐藏着的对自己、对家人最好的保护。

65.

一个特别的现象，如沉迷于看言情小说、玄幻小说的，大多发生在五、六年级，以及部分初一的孩子身上。

这个年龄段的孩子正从儿童迈入一个更立体的、真实的世界。他们需要用一个完美的、理想化的世界去对冲这种真实，并过渡到真实。这是一个过渡空间，也只是发展中的一个小阶段，不用反应过度。

66.

一个家庭对手机这件事深恶痛绝；但另外一个家庭却非常期盼他们的孩子玩一会儿手机，孩子确诊为抑郁症，他对什么都提不起兴趣。

一件事，不存在绝对的对与错。立场不同，情境不同，答案不同。

不要抱怨自己当下的"悲惨"，幸福是个比较级，痛苦也是。你该庆幸，更糟糕的事情没有发生，这样在最恶劣的环境里，你就能看到更积极的那一面。

67.

一个名列前茅的初一孩子，如果没有考到第一名，或者跌出前五名，妈妈就非常焦虑，觉得孩子出了问题。妈妈是这个班"骄傲"的家委会成员。

有时候，需要调整的不是孩子的行为，而是父母的预期。不切实际的预期，源自对孩子缺乏了解，源自对孩子不同的发展阶段缺乏判断，也可能源自父亲/母亲的自恋。

68.

父母有一种越来越常见又隐秘的情绪状态——"害怕"孩子。

为什么害怕？

（1）不希望看到不好的结果，佯装岁月静好，什么都没有发生过可以短暂地自我蒙蔽，也可以逃避对自己养育技能的否定。

（2）不想接纳孩子的感受，这个感受也极有可能是自己曾经的痛苦。

（3）内心不愿意真正面对问题，因为直面也是痛苦的。

本质上，这些都是对现实的逃避。

"害怕"孩子，是一种纠结，会导致亲子关系中的不平衡，被掩盖的问题不会自然消失，会在黑暗中越长越大。

疏通的方式，是把孩子当成一个"普通人"，把自己也当成一个"普通人"。

两个真实、坦诚的普通人之间，充分沟通，礼尚往来，有一说一，就回到了现实，而不停留在虚妄。

69.

改变自己能改变的，但不强求一定要做多大的改变，从一点细小的改变开始就可以。比如说话的语速放慢一拍，比如在想发火前，再多数一秒，少说一句。

不奢求别人的改变，不把别人是否改变作为问题能否解决的决定性因素。比如，如果爸爸就是无法做到你认为的合适，就是无法给你支持，你要学着接受，不要自我纠缠，在能做到的情境下，寻求一个最优解决方案。

70.

感谢我们遇到的所有困难。所有的练习，都是在为下一个阶段做准备。

通过既往的练习，有了作战经验，有了思想准备，有了不同的观察视角，学会了科学的方法，在未来的路上，我们会更从容、更淡定。

71.

把目标放在心里，在行动时把它忘记。

放在心里的目标是我们内化要去的方向。明确后，就把它放在那，然后去行动。

在过程中，专注当下，享受每个当下的投入，才能走得更久更远。

72.

孩子认为自己已经做到了他力所能及的最大化，并因此对自己有良好的形象管理、正向反馈，不管这是不是符合我们的预期，都应该给予积极的回应。

换一句话说，孩子的感觉良好比更高的标准在此刻对他更重要。

73.

不是抓紧每一分钟学习，而是抓紧学习的每一分钟。

74.

我们的孩子，绝大多数都会成为一个普通人。未来，他们不管处于怎样的社会阶层、经济地位，都能"优雅地生活"是一种重要的能力。

为孩子打开有审美、有趣味的生活之窗，一场音乐会、一部话剧、美术展、音乐节、猫主题咖啡馆、美好的主题下午茶、江畔的落日、晨曦的日出……

父母做个有心人，不会花多少钱，但会给孩子呈现更丰富美好的生活场景，孩子的人文、艺术素养也会在潜移默化中提升。

75.
相比于为孩子做了什么，对孩子影响更深远的，是不同的妈妈气质所营造的场域带给孩子的感受。这也极大地影响孩子的内在气质。

有的妈妈对孩子非常好，但却完全不能给孩子"安心"的感觉。如果妈妈总是焦虑、情绪不稳定，她把孩子"保护"得越好，孩子就越缺乏安全感。他常常会不知道因为什么，总是悬着一颗心，提心吊胆，不能完全放松下来。

妈妈的内在环境对孩子有着极其重要的微妙影响。一个持续焦虑的妈妈，即使外在表现得云淡风轻，孩子都可以敏锐地感知到，并内化为自己的情绪底色。

76.
我们以为是自己在陪伴孩子成长，从另外一个视角，是不是孩子也在等着我们的成长？当我们感觉到隔阂、无力、茫然时，试着问问自己，当孩子不停向前走出去很远时，我们是抱持着身为父母的权威与骄傲站在原地，还是也付出了很多努力与内省和孩子一起并驾齐驱？

我们被孩子落下了吗？

77.
再"强悍"的孩子，在言语的充分表达上也是占据下风的。他们并不总能准确全面地表达，尤其涉及情绪这样的主观描述。当他们尝试过一次、再一次，当需求不被理解，情感没有得到回应时，他们先是失望，挣扎，然后接受，关闭表达的渠道。

他们想表达，想寻求理解的需求并没有因此消失，原本他们最理想的渠道是自己的父母，尝试无果后，他们可能转向其他渠道。比如另一个可以部分替代这种情感需求的老师、同学、朋友、其他亲属，或者游戏、早恋对象、陌生人。

78.

我一直在想，父母的有效期是到什么时候？只到18岁把他送离我们身边就万事大吉了吗？只要他们能独自远行了，就和我们无关了吗？所以我们才那么着急于眼下短期的得失吗？听到越来越多大学叛逆、中年"叛逆"的例子，那是我们想要的吗？因为他们是离开了我们后才有的叛逆，我们就可以撇清责任吗？

79.

当孩子想要一双乔丹鞋时，他们一定是因为虚荣、物质吗？如果这并没有超出我们的经济承受能力，也不是孩子无礼傲慢的要求，我们的孩子为什么不配拥有一双乔丹呢？

在我们有能力为孩子提供与家庭条件匹配的物质条件时，压抑孩子的需求，只会起到适得其反的效果，当我们不神化"物质"，不觉得"物质"是神秘的，孩子也就不会变得"物质"。

80.

一个14岁的女孩给我留言：我是父母眼中的乖乖女，可是我好累，我特别想体验当一个坏孩子是什么感觉。

一个高三的女孩，在自己表现不好的时候，就觉得自己不配洗澡。那天她说，"我已经一个星期没有洗澡了"。

最残酷的事，不是孩子不能成为更好的人，而是他不能成为他自己。他活在太多人的关心、期待和眼光里，而本该是主角的那个"自己"却成了路人。

81.

孩子的行为，并不总是如我们想到的、看到的那样合乎逻辑。他的恶语相向，可能是因为害怕失去；他的愤怒，可能是因为内疚；他想靠近你，却摆出了拒绝的姿态；他已经接收到了你的爱，他需要验证这个爱是不是真的，会不会转眼就离他而去。

我们要读懂这些背后的语言。

82.

当孩子发现你真的"再重要的话，只说一遍"的时候，他会觉得你的话"说话算话"。

于是，你就用更少的话表达了更大的能量。

83.

很多时候，我们会屏蔽孩子在说什么、想要什么，只关心自己心里的需求，虽然这个需求看起来也是为了孩子好。

眼里满是孩子，但从来没有看见过孩子。未被看见的孩子，慢慢退缩到了墙角。

84.

纯粹有力量。

努力就是为了自己而努力，不是为了达到某个刻意的目标。学习就是专注学习本身，不是为了得到一次旅行的奖励。阅读就是专注阅读本身，不是为了得到别人的赞赏。成长就是专注成长本身，不是为了父母的期待。

专注学习后带来的惊喜，专注阅读中获得的快乐，就是最有力量的奖赏。

85.

"反正我努力了也学不好，干脆就不学好了。"

"我反正也完成不了作业了，这和不做也没什么根本区别，还不如不做算了。"

不是A，就必须是B。这种"非黑即白"的思维方式，没有中间地带，也没有缓冲空间，它把更多的路堵上了，扼杀了可能性，也把自己逼进了狭仄的迷宫里。

当孩子这样做时，父母应该想一想，日常自己是怎么说、怎么做的。

86.

对于孩子来说，面对错题，还有另外一层心理含义。他们面对的不仅仅是知识点的晦涩艰难，更是面对自己的"挫败"，自己在某方面"能力的不足"。不是每个孩子都能做到义无反顾地挑战自己，他们需要一些勇气。

87.

给家里的植物浇水，当我以非常快的速度浇灌它时，一部分水就会顺着泥土的表面溢出来，淡到地上。当我放慢速度，浇一会儿等待一会儿时，水会被更好地吸收，如果我们足够静心，甚至都能听到泥土的呼吸。这个不着急地等待，就是一个有意义的留白。

孩子们也一样，他们需要一定的"空白"来消化吸收，补充能量，自我修复。

88.

纵观孩子们的学习生涯，在制度和规则的框架约束之下，他们有多少能真正自我掌控的时间？他们能自行决定可以做什么、怎么做的空间有多大？

每个孩子心中，都有一个让自己感到舒服、安宁、平和的理想中的状态。

如果孩子拥有控制感，这个状态常常能被满足，他就是丰润的，是能活出自己的。

适时被满足时，孩子也不会出什么大问题。

总是不能被满足或者从来得不到满足，孩子就"分裂"了。

更致命的是，孩子已经"裂开"了，父母还让他们加足马力向前跑，这对孩子来说无疑是雪上加霜。

89.

执意想让孩子做些什么的时候，自己先去做，竟有神奇的效果。比如：

当我们希望孩子多阅读时，我们自己先去大量阅读。

希望他积极乐观，我们自己先去发现身边的小美好。

希望他放下手机，我们自己先放下，做些更有意义的事。

当我们因为他的愤怒而愤怒时，让自己先冷静下来，理智说话。

90.

没有完美的孩子，他们的成熟过程就是与不完美共存的过程。

对于一个孩子来说，一个不完美的他才是真实的，他有缺点、有优点，可以客观地看待自己、了解自己、珍视自己。当他们学会接受自己的不完美，客观地看待自己的长处和短处，懂得发挥自己的优势，在劣势面前不卑不亢，他们就更容易找到自己的路径。当他们足够成熟的时候，就不会再偏执于全面的平庸，而是有能力将优势发挥到最大。在经历挫败时，也依旧相信自己的价值。

91.

更多的时候，孩子需要的并不是一个答案、一个建议、一个评判、一个正确的道理。

当他愿意倾诉时，他需要的是一个听众。这个听众足够包容、接纳，他会更愿意倾诉。

在倾诉中，他将得到疗愈。

92.

孩子在学校累了一天，回家在作业前以他自己的方式调整放松一下，我们时常"看不得""看不下去"。我们盯着他有没有迅速投入学习状态，似乎这样我们才安心。当他们没有这样做时，我们就会焦虑时间被浪费了，睡眠时间被压缩了，成篇成篇的正确道理就开始洋洋洒洒了。我想，每个晚上，正是孩子觉得父母"唠叨"的高峰吧。

孩子的一天，比我们的一天紧张、疲惫得多，他们时刻处于输入状态。所以，多些理解，有时候也学习"睁只眼闭只眼"吧。当他们感受到了理解，才能更愉悦、更轻松，也才能更快速地投入新的战斗。

93.

别人怎么说、怎么看，最多作为参考。你最了解自己的孩子，知道怎么样才最适合他。

你得把握主动权，不要把孩子的人生交到其他人的手里、嘴里、眼里。

94.

父母和青春期孩子的矛盾焦点，很大一部分来源于：父母按照成人的经验，来判断哪些想法不切实际、哪条路不能走、哪些事不靠谱。而青春期的孩子希望自己亲自走一遍，再来验证。

父母希望把自己的经验直接告诉孩子，这样他们就可以少走弯路，少踩坑。但孩子并不需要这些直接的经验，他们一定要自己去试，他们并不认为会有"牺牲"，这是必须要走的路。

95.
严格地对待孩子，但不要严厉地和他相处。
在该沟通感情时坚决不说教，在需要教导时带着感情。

96.
你必为——说，孩子才会懂你。
其实——听，你才能真懂孩子。
听比说重要，懂孩子比要求他懂你更重要。

97.
你太对孩子负责，他就不会自我负责，因为总有人帮他完成。
你太着急，孩子就更不着急，因为反正有人为他顶着。
你走到后面，孩子才能站到前面，他才能理解什么是"谁的人生谁负责"。

98.
想要走近孩子，先要做到保持适当的"距离"。
进门前先敲门，询问他的意见，倾听他的想法，而不擅作主张。

99.

当孩子得到了重要他人充分的认可，他也会更认可自己，他就不会拼尽全力想要每个人的认可。这个重要他人就是父母。

100.

心理咨询里有一条重要的原则：走在来访者的身后，绝不能走到来访者前面去。

这个方法论用在青春期孩子的教养里也再合适不过。

一个优秀的家长，是出色的幕后，是啦啦队，是鼓励师，是值得信赖的依靠，但永远不要把自己放到主角的位置。

当聚光灯射向孩子的舞台时，不管他正演绎着怎样的剧本，喜悦还是悲伤，顺利还是挫败，都是他需要去完成的一幕又一幕。

那是属于他自己的舞台。如果他忘了台词，如果他疏于练习，如果他重重摔了一跤，眼看着，他就要演砸了，你也不能强行登上他的舞台，帮助他完成那个剧本。

你只有两件事可以做：

（1）坚定地站在他的身后，坚定地相信，稳稳地承接住一切。在他移步换景的刹那，他回过头，可以看到幕布后的父母，他知道，即便他演砸了，有人在后台等着他、迎接他、拥抱他。

（2）你可以告诉他，人生不只有一出剧本，每一场都是下一场的演习，从上一场总结经验，向新的舞台出发。

孩子的舞台，让他尽情去演绎吧！